幼儿教育课程模式

简楚瑛 著

CURRICULUM MODELS IN
EARLY CHILDHOOD
EDUCATION

第 **4** 版

南京师范大学出版社

图书在版编目（CIP）数据

幼儿教育课程模式/简楚瑛著. — 4版. — 南京：南京师范大学出版社，2018.1（2021.11重印）
ISBN 978-7-5651-3651-1

Ⅰ.①幼… Ⅱ.①简… Ⅲ.①学前教育－课程－教学研究 Ⅳ.① G612

中国版本图书馆 CIP 数据核字 (2018) 第 028439 号

书　　名	幼儿教育课程模式（第4版）
作　　者	简楚瑛
责任编辑	万　斌
出版发行	南京师范大学出版社
地　　址	江苏省南京市玄武区后宰门西村9号（邮编：210016）
电　　话	（025）83598919（总编办）　83598412（营销部）　83598297（邮购部）
网　　址	http：//www.njnup.com
电子信箱	nspzbb@163.com
照　　排	南京凯建图文制作有限公司
印　　刷	江阴金马印刷有限公司
开　　本	787毫米×1092毫米　1/16
印　　张	21
字　　数	340千
版　　次	2018年1月第1版　2021年11月第2次印刷
书　　号	ISBN 978-7-5651-3651-1
定　　价	48.00元
出 版 人	张志刚

南京师大版图书若有印装问题请与销售商调换
版权所有　侵犯必究

作者简介

简楚瑛

【学历】

台湾政治大学教育研究所博士

【经历】

台湾新竹师范学院幼教系、台湾政治大学幼儿教育研究所教授,香港教育学院幼儿教育学系教授,华东师范大学幼儿教育学系客座教授,南京师范大学鹤琴讲坛教授,美国加州大学洛杉矶分校(UCLA)、美国哈佛大学(Harvard)、加拿大卑诗大学(UBC)教育学院访问学者。

【著作】

简楚瑛.幼儿·亲职·教育.台北:文景书局,1988.

简楚瑛.方案课程之理论与实务:兼谈意大利瑞吉欧学前教育系统.台北:文景书局,1994.

简楚瑛.幼儿园班级经营.台北:文景书局,1996.

简楚瑛.方案教学之理论与实务.台北:文景书局,2001.(简体字版由华东师范大学出版社于2005年出版)

简楚瑛.幼儿教育与保育之行政与政策(欧美澳篇).台北:心理出版社,2004.(简体字版由华东师范大学出版社于2005年出版)

简楚瑛.幼儿教育课程模式(第三版).台北:心理出版社,2005.(简体字版由华东师范大学出版社于2005年出版)

简楚瑛.课程发展理论与实务.台北:心理出版社,2009.(简体字版由北京教

育科学出版社于2009年出版）

  简楚瑛编审. 简楚瑛,陈淑娟,黄玉如,张雁玲,吴丽云,译. 幼儿语文教材教法. 台北:心理出版社,2009.

  简楚瑛,黄洁薇,编著. 生活学习套（第3版）:幼儿班、低班、高班教学资源手册（各1~10册）. 香港:教育出版社,2018.

  简楚瑛,黄洁薇,编著. 生活学习套（第3版）:幼儿班、低班、高班学生用书（各1~10册）. 香港:教育出版社,2018.

  简楚瑛,欧阳远,编著. 生活素养资源套:托班、幼儿班、低班、高班教学资源手册（共8册）. 北京:现代出版社,2018.

  简楚瑛,欧阳远,编著. 生活素养资源套:托班、幼儿班、低班、高班学生用书（共38册）. 北京:现代出版社,2018.

第4版序

蓦然回首,还清晰地看见近二十年前的自己,坐在桌前、看着窗外的雪景、思考着课程以及课程模式相关问题时的情景。当时我比较关心的问题,好像是各种模式的实质内涵以及它们之间的差别。经过近二十年的岁月,我对其中几个模式做过学术性研究,也尝试操作过其中几个模式的实务教学,我慢慢地体会到课程模式的价值,也慢慢地看到,其实在这些都称之为课程模式之际,其中还是有课程本身以外的差别。以前,我看到的一般是模式之间课程内容的差别;现今,我深刻体会到课程内容背后之信念以及追求之目标对教育结果的影响力,也看到多元的信念在幼教课程与教学里百花争妍的美丽与魅力。

事隔近十年,再看本书第3版时,觉得好像房子有些陈旧,需要修整一下,做些改变。于是,第4版增修的三个重点如下。

一是,增加了一些课程模式。有的未必完全符合本书对课程模式的定义,但因为它们是正在发展中的模式,值得肯定并应支持其后续发展为更成熟的模式。例如,安吉游戏教育、金字塔课程模式;有的是在中国幼儿教育领域里有独特的、先驱的地位者所创立的,例如,陈鹤琴与张雪门创建的课程。

二是,将课程模式在概念上分成两类:一类是课程本身的模式,如第二篇里的模式;另一类则是有配套支持系统的课程模式,如第三篇里的模式。我个人主观上觉得第二篇里的模式之生命可能容易消逝,第三篇里的模式之生命可能容易延续传承。其主要原因是,一套好的课程模式需要通过教师去运用出来,此时,教师的专业素养就会影响课程实施的效果。因此,教师素质需要通过系统化、品管化的职前与在职进修制度去维护与提升,该课程模式原有的系统也随之获得了维护与提升,课程模式才能传承下去;同时,行政上的领导与管理也是促成良好课程延续的重要因素之一。

三是,强调教师在教学与课程里的重要性并使其外显化,强调教师是课程模式精神传递的关键人物。

在此感谢在我的幼教行旅中,成就我和协助我的师长、同学、学生、朋友与家人;也感谢南京师范大学出版社徐益民副社长、幼教分社万斌总编辑,费心地协助本书的修改。

另外,亦感谢沙迪亚赛祥笛幼儿园邓美云老师接受访谈并提供相关信息(第七章);感谢 Jef J.van Kuyk 博士提供数据(第八章);感谢台北蒙台梭利幼儿园创办人胡兰女士多年来提供研究场域,供笔者进行相关的研究工作(第九、十五章);感谢程学琴老师与林炎琴教授提供数据(第十三章);感谢曾任世界学前教育组织(World Organization for Early Childhood Education, OMEP)的世界主席孔美琪博士提供数据(第十四章);感谢台湾大学附设幼儿园园长戴曼女士与老师们提供研究场域,供笔者进行相关的研究工作(第十五、十六、十七章);感谢华东师大王振宇教授提供有关陈鹤琴与张雪门的资料(第四、五章)。

笔者才疏学浅,虽尽心写作,但难免会有疏漏、错误与不足之处,敬请读者能不吝指正,让笔者有修改之机会。

简楚瑛　谨志

2018 年 1 月

目录

第一篇　导论

第一章　课程与教学的基本问题
第一节　课程与教学的关系　003
第二节　课程与教学关切的问题　007

第二章　课程模式的定义与要素
第一节　课程模式的定义　015
第二节　课程模式的要素　016

第三章　幼儿教育课程模式导论
第一节　美国幼儿教育课程模式发展简史　018
第二节　幼儿教育课程模式之间的比较　022

第二篇　幼儿教育课程自身的模式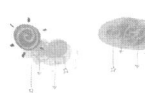

第四章　陈鹤琴课程模式
第一节　陈鹤琴课程模式的发展源流　031
第二节　陈鹤琴课程模式的理论基础　033
第三节　陈鹤琴课程模式的内涵　034

第五章　张雪门行为课程模式

第一节　张雪门行为课程模式的发展源流　040

第二节　张雪门行为课程模式的理论基础　041

第三节　张雪门行为课程模式的内涵　043

第六章　河滨街课程模式

第一节　河滨街课程模式的发展源流　047

第二节　河滨街课程模式的理论基础　049

第三节　河滨街课程模式的内涵　050

第七章　卡蜜—迪泛思课程模式

第一节　卡蜜—迪泛思课程模式的发展源流　058

第二节　卡蜜—迪泛思课程模式的理论基础　059

第三节　卡蜜—迪泛思课程模式的内涵　061

第八章　直接教学课程模式

第一节　直接教学课程模式的发展源流　071

第二节　直接教学课程模式的理论基础　073

第三节　直接教学课程模式的内涵　073

第九章　人类价值教育课程模式（SSEHV课程模式）

第一节　人类价值教育课程模式的发展源流　077

第二节　人类价值教育课程模式的理论基础　079

第三节　人类价值教育课程模式的内涵　079

第十章　金字塔课程模式

第一节　金字塔课程模式的发展源流　089

第二节　金字塔课程模式的理论基础　090

第三节　金字塔课程模式的内涵　096

第三篇　幼儿教育系统中的课程模式

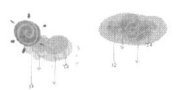

第十一章　蒙台梭利课程模式

第一节　蒙台梭利课程模式的发展源流　107

第二节　蒙台梭利课程模式的基本教育信念　109

第三节　蒙台梭利课程模式的内涵　116

第十二章　华德福课程模式

第一节　华德福课程模式的发展源流　135

第二节　华德福幼儿教育系统的基本教育信念　136

第三节　华德福幼儿教育系统的课程内涵　139

第十三章　瑞吉欧幼儿教育系统与其幼教课程模式

第一节　瑞吉欧幼儿教育系统的历史源流　145

第二节　瑞吉欧幼儿教育系统的基本教育理念　146

第三节　瑞吉欧幼儿教育系统的内涵　150

第四节　瑞吉欧方案教学的实施程序、教师角色与案例　161

第十四章 高瞻课程模式

第一节 高瞻课程模式的发展源流 178

第二节 高瞻课程模式的理论基础 180

第三节 高瞻课程模式的内涵 181

第十五章 安吉游戏教育

第一节 安吉游戏教育的历史背景与发展现状 189

第二节 安吉县幼儿园隶属的行政组织系统 190

第三节 安吉游戏教育的理念与基本哲学 194

第四节 安吉游戏教育的课程与教学 196

第五节 安吉游戏教育对幼儿教育的启示 200

第十六章 IB 课程模式（又称国际预科证书课程模式）

第一节 IB 课程模式的发展源流 202

第二节 IB 课程模式的理论基础 203

第三节 IB 课程模式的内涵 205

第四篇 课程模式实践案例的探讨

第十七章 蒙氏课程与方案课程实例：让课程与教学看得见

第一节 课程结构的定义 212

第二节 课程结构实例：蒙氏课程 216

第三节 课程结构实例：方案课程 230

第四节 课程发展实例：蒙氏课程的发展 239

第五节 课程发展实例：方案课程的发展 241

第十八章　课程模式、课程决定与教师教学关系的实例探讨

　　第一节　课程发展与课程决定：以"动物园"方案为例　250

　　第二节　教学上的两难问题　263

第十九章　课程模式、教师角色与"以幼儿为中心"理念的实例探讨

　　第一节　班级里师幼教室言谈案例之分析　279

　　第二节　讨论与反思　291

参考文献

中文部分　302

英文部分　308

第一篇

导 论

在谈课程模式之前,本篇先就课程模式所涉及的课程与教学之间的关系,所关心的问题(即"什么时候"以"什么方法""教些什么给孩子"),课程模式的定义、要素,幼教课程模式发展史,以及本书介绍的所有幼教课程模式之间的比较等,做一个导论式的陈述。

第一章
课程与教学的基本问题

第一节 课程与教学的关系

关于课程与教学的关系,最为简化的说法,就是"课程"(Curriculum)是指"该教什么",而"教学"(Instruction)则是指"如何去教"(Oliva, 2005; Parkay & Hass, 2000; Sowell, 2000)。仔细地说,奥利瓦(Oliva, 2005)认为课程是教育的方案、计划、内容,以及学习经验,而教学则是教育的方法、教学活动,以及课程的实践与呈现;课程的决策讲求计划性,教学的决策讲求方法论;课程计划先于教学,在计划制订过程中,既为课程也为教学而做决定。约翰逊(Johnson, 1967)则定义课程为具结构性的预期之学习成果,而定义教学为教学者与一个或多个学习者之间的互动。麦克唐纳和利珀(MacDonald & Leeper, 1965)将课程看作为了进一步行动所做的计划,而教学则是将计划付诸实践。

课程是教学的蓝图,教学是课程的实践,课程与教学都包含在学校或教育系统之下,两者的目的都是使学生学习与成长。为了达成教育目的与目标,课程与教学缺一不可,两者之间的关系非常密切。奥利瓦(Oliva, 2005)提出以下四种模式来说明课程与教学间的关系。

一、二元模式

该模式将课程计划与教学实务区分开来,认为课程是课程计划者所做的事情,而教学则是教师的行为,因此课程与教学各自独立、互不影响(如图1-1所示),例如,出版社设计课程、出版教科书,教师使用教科书教学,却没有参与课程计划的过程,而教师的教学,也不影响出版社的课程设计。这就是课程与教学各自独立的二元模式。

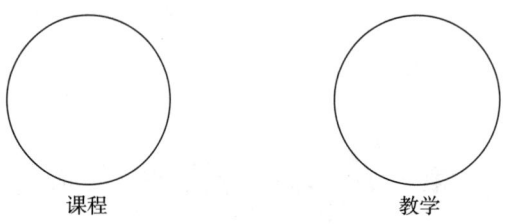

图1-1　课程与教学关系图之一

资料来源:Oliva, P. F. Developing the curriculum (6th. ed.). Boston, MA: Allyn & Bacon, 2005: 8.

二、连锁模式

该模式将课程与教学视为一个整体,相互联系、彼此不可分离(如图1-2所示),例如,全语文的课程与教学取向之教室环境,皆布置成具有丰富、自然的语文资源之情境,如在教室中贴出每日菜单的海报,以文字书写,教师则依照海报内容一一介绍餐点;在此情境中,菜单是教材、课程的一部分,同时也是教师教学活动的一部分。

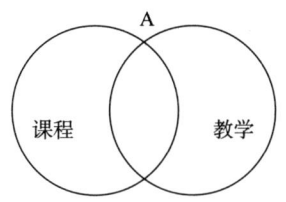
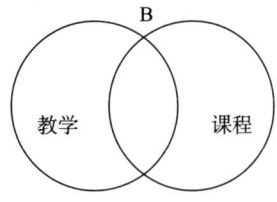

图 1-2 课程与教学关系图之二

资料来源：Oliva, P. F. Developing the curriculum（6th. ed.）. Boston, MA: Allyn & Bacon, 2005:8.

三、同心圆模式

在此模式中，课程与教学同属教育系统之下的系统，且两者是层级关系，一个包含另外一个，如图 1-3 的 A 与 B 所示。A 表示课程的层级在教学之上，也就是说教学完全依循课程来决定；B 则表示教学的层级在课程之上，教学是主角，而课程是教学的衍生物。A 显示的是，教师的教学范围均在设计好的课程范畴内；而 B 显示的是，教师是已设计好之课程的诠释者，教学内容会因教师的个人经验与专业能力，而被以举一反三的方式或个人的方式诠释，使得教学范围大于课程的范围。

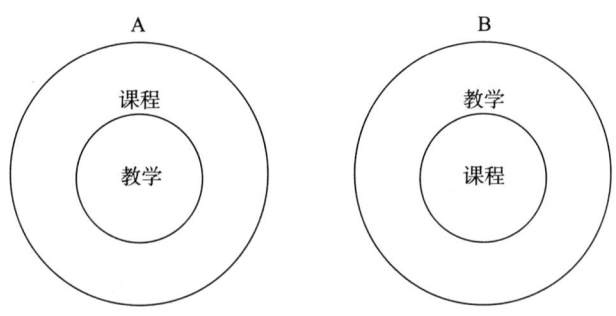

图 1-3 课程与教学关系图之三

资料来源：Oliva, P. F. Developing the curriculum（6th. ed.）. Boston, MA: Allyn & Bacon, 2005: 9.

四、循环模式

此模式将课程与教学包含在一个循环系统之中,重视课程与教学之间互相回馈的机制。课程与教学两者的实体虽然分开,但是两者之间却有持续不断的循环关系——课程先确定之后,教学才随之而生,在教学付诸实践与评鉴之后,又回过头来影响课程(如图1-4所示)。例如,建构式的课程与教学之间,就存在着循环的关系;建构式的课程是教师依照教育目标所做的规划,然后在教学中实践,在教学过程中,学生与教师共同建构新的想法与概念,再用于发展后续的课程,因此课程和教学的关系持续循环、互相影响,并作为一个整体,都包含在教育系统之下。

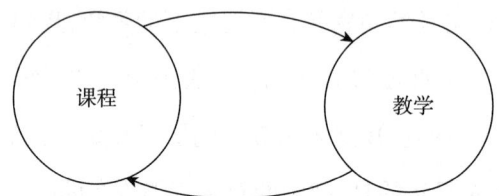

图1-4 课程与教学关系图之四

资料来源:Oliva, P. F. Developing the curriculum(6th. ed.).
Boston, MA: Allyn & Bacon, 2005: 10.

随着教育的演变、时间的迁移、教育新知的发展,以及新观念的产生,课程与教学的观念、定义以及两者间的关系也随之改变。上述的模式没有"对"和"错"的分别,而是从不同角度、不同情境对所呈现的课程与教学间的关系进行的分析。总体而言,不会有人反对以下对课程与教学之间关系的描述(Oliva, 2005)。

(1)课程与教学是互相有关联,但却是彼此不同的两个东西。

(2)课程与教学是两个既互相牵扯,却又互相独立的东西。

(3)课程与教学可以被分开来研究与分析,但都无法独立地发挥其功能。

第二节 课程与教学关切的问题

基本上,课程设计所关心的应是在"什么时候"以"什么方法""教些什么给孩子"。课程模式即是针对"何时教""如何教"以及"教些什么给孩子"提出的一套具体做法与理论依据。下面即针对"教什么""何时教"及"如何教"三个方面的问题,来看有关幼儿教育课程模式所关切问题的文献。由于一个理论基础对实务层面的影响是全面性的,因此在谈到上述三个问题时,会有数据重复应用与解释的现象,或是探讨内容归类时难以决然分割的情形,在此先做说明。

一、"教什么"的问题

自古以来,"何谓真理""何谓知识"以及其"起源于何处"一直是哲学家思考的主题。由于对"知识"这个概念有不同的看法,就使得教学时在"教什么"以及"如何教"的问题上产生了一些分歧。什么才是"知识"?对于这个问题,基本上有以下三种观点(Case,1996)。

(一)经验主义的观点

英国的洛克(J.Locke)、爱尔兰的贝克莱(G.Berkeley)和英国的休姆(D.Hume)是经验主义的代表人物,他们认为知识是由后天的经验所产生的,个体的知识是通过个体感官的经验形成的。实证主义知识论的观点被引申到心理学派的观点中,其对"学习"的看法是:能分辨新的刺激的过程(知觉学习)、能侦测刺激联结的过程(认知学习),以及将新的知识应用到别的情境的过程(迁移学习)。20世纪上半叶的学习理论即被此派观点所主导着,沃森(J.Watson)、桑代克(E.Thorndike)和赫尔(C.Hull)是主要代表人物,其根据经验主义对知识源起的观点,产生了心理学上的行为学派。行为学派理论用在课程与教学领域时,编序教学法(programmed instruction)(Skinner, 1954)是最有名的代表,本书的直接教学课程模式即属于持此观点的模式。持经验主义观点所设计的课程与教学有以下四个特性。

(1)知识的主要来源是经验,知识是通过对外在世界的认知所形成的,因此认为知识是客观性的存在。

(2)课程目标是以行为分析方式来陈述,且以学业目标为主。

(3)学习成果是以结构式测量方式来评价。

(4)从学习的起点到学习的终点,整个学习步骤的秩序均以直接的、讲授的、逻辑的方式呈现。

(二)理性主义的观点

笛卡尔(R.Descartes)和康德(I.Kant)是理性主义的代表人物,他们认为知识是客观地、永恒地存在于个体之外的,理性是自然存在的,是先天即存在于个体之内的。学习是由内而外的,并非由外而内的。教育的目的在于启发理性而不在于经验的充实。持此观点的学者主张:儿童与生俱来即有不同的结构,这些结构会依年龄的变化而依序地发展,皮亚杰(Piaget)为此派的创始者与代表人物。本书中的河滨街、卡蜜—迪泛思、金字塔、蒙台梭利,以及高瞻等课程模式,都持此类观点。持理性主义观点所设计的课程与教学的特性如下。

(1)知识来源是靠理性作用形成的,人有先天理性,并可以促使发现真理,真理是普遍的、永恒性的存在。

(2)课程以启发理性为主要目标,因此所提供的学习内容以事物法则、原理、系统观念等永恒不变的和普遍性的知识为重点。

(3)学习方法上强调启发式教学方式,是学生中心教学法与教师中心教学法的折中。

(三)社会历史理论的观点

黑格尔(G.W.F.Hegel)和马克思(K.Marx)等人认为,知识不是起源于客观的实体世界,如实证主义者所主张的;也不是起源于主观的认知世界,如理性主义所主张的;更不是如皮亚杰(Piaget)所说的来自于个体与客观世界的互动过程。社会历史学派主张:知识来自于社会、文化和历史,个体是社会、文化和历史的承继者,同时也是社会、文化和历史的创造者。

社会历史理论的观点被引申到心理学的观点中,即成为社会、文化心理学派的重心,维果斯基(Vygotsky)为主要代表人物。他们认为知识是经由个体与社会、文化和历史的互动过程所产生的,并特别强调社会性互动和社会文化脉络在建构知识中的重要性。持社会、历史、文化观点所设计的课程与教学的特性如下。

(1)知识是个体与社会互动后所产生的,"何谓真理""何谓知识"要放在文化情境脉络中来诠释。

(2)课程目标要引导学生进入其所处的社会、文化和历史的知识思想体系,进而培养学生进行自由地思考的能力(Stenhouse, 1975)。

(3)学习方法强调同学互动、师生互动以及与环境、情境间的互动;重视合作学习和情境学习;支持"学徒制"或"合法的表面参与",即先让生手象征性地参与社会实务,直到其精熟之后,才使其担当全部的角色责任。

(4)课程评价,重视学生的学习过程。

从知识论的观点来看幼教课程模式,可以发现基本上,本书中的几个模式都未从知识论的观点来看应该教什么给孩子这个问题,但由于哲学为一切学科之母,因此当哲学影响到心理学领域,而心理学又作为影响到幼教课程模式主要(或唯一)的学科,追溯各模式对知识的看法时,应当用推论的方式来予以归纳。就直接教学课程模式而言,影响课程内容的因素主要是实证心理学,它强调环境的重要性;除人类价值教育课程模式和华德福课程模式受哲学与人智学影响外,其余的课程模式深受发展心理学、认知及生理心理学的影响,强调学习者本身所具备的生理基础、认知结构与发展顺序,以及与外界互动后对本身认知结构的影响。

社会、文化和历史对个人知识起源的影响力,只有金字塔课程模式与瑞吉欧课程模式被直接提及。斯博德克(Spodek,1988)曾提到自19世纪末期以来,幼教课程的发展多数是以儿童发展心理学为其理论之基石。以儿童发展心理学为课程理论或课程发展的基石本不是问题,但问题出在以它为课程发展的唯一基础,这样会使得课程内涵窄化,并脱离学生的生活情境。同时,发展心理学告诉我们的是"实然"的信息,即孩子在不同时期会有什么发展状况;而无法告诉我们"应然"的方向,即应该培养什么样的孩子?应提供什么样的知识才能培育出所预期的孩子?这部分的探讨就要牵扯到哲学、社会学和伦理学领域。另外,认知与发展心理学近些年来的研究成果和新发现在各模式中也较少看到有所着墨。

课程模式本身意味着课程是可以事先予以概念化的,然后再传递给不同地方的教师,教师即可以一致性地施行在不同学生身上。在运用这样的想法与做法时,要注意社会、文化、历史与个体发展之间不可分割的关系,换言之,即主张教育目的是培养儿童的独立自主性,强调以儿童为中心的课程模式。在理论上强调知识是儿童内在心智建构的结果,比持经验主义观点者更以儿童为中心,但从情境脉络角度来看,可以看出在谈知识建构时,其将焦点放在个体上,强调知识是由内建构而形成的,笔者便要问其道德价值观、情感走向等问题,以及自我是如何建构出来的?诚如布鲁纳(Bruner,1990)和蔡敏玲(1998)所怀疑的:"有那么一个超越文化的、本质上的自我,由人的普全性质所界定的自我吗?"从教学案例来看,亦可看出知识论起源有忽略社会、文化、历史观点所带来的潜在危险性,例如,当一位教师对知识的定义、起源有固定的观点,在使用与自己理念不同的课程模式时,他所表现的教学行为绝大部分还是依自己原有的信念进行(Kagan & Smith, 1988; O'Brien, 1993; Spidell, 1988)。这就可以说明为什么有时候到一所标榜是某种课程模式的幼儿园参访时,会发现不同的教师在执行该课程模式时,符合该课程模式精神的程度会有所不同。依此类推到儿童身上,在思考应教些什么、如何教以及何时教给他们时,不能忽略幼儿所生活与成长的文化、社会和历史背景。这种背景范围可以小至父母的文化价值观,大至其生活的小区、学校、城市、国家的文化价值观,甚至时代的文化背景。笔者认为,唯有将个体知识的建构过程放到与社会文化体系的互动系统中去对照时,才能称为"以儿童为中心"的课程与教学。

归纳前面探讨应该"教什么"的内容后,笔者认为在发展课程、做课程决策及实务教学时,除了以心理学做参考外,还应参考包括社会学、哲学、人类学和课程研究等相关领域的知识,不断地建构自己的课程内容与教学方法。

二、"何时教"的问题

在思考何时可以介入教学时,有两个基本的问题浮现出来,即关于关键期和准备度的问题。

(一) 对"关键期"观念的检视

洛伦兹(Lorenz)发现动物的铭印现象(即指个体出生后不久的一种本能性的特殊学习方式)。铭印式的学习通常是在极短的时间内完成,且习得的行为持久存在、不易消失(张春兴,1991)。

威塞尔和胡贝尔(Wiesel & Hubel,1965)探讨剥夺对猫的视觉刺激对猫视觉系统发展的影响。方法是自猫出生开始即将其一眼蒙住,不予视觉刺激,结果发现将那只蒙住的眼睛打开后,另一只未蒙过的眼睛中只有85%的猫能对刺激有所反应;而有15%的猫,其两眼都无法对刺激有所反应。这些研究强调关键期的重要性。关键期的观念即成为幼教界用来强调幼教重要性的依据之一,好像过了关键期,幼儿的学习就无法补救了。

后来有研究,如乔和斯图沃特(Chow & Stewart,1972)针对猫视觉刺激被剥夺对猫视神经系统的长期影响做追踪性研究,结果发现视觉刺激被剥夺的猫会逐渐建立其视觉系统应有的功能,同时经过训练后,视觉刺激被剥夺的猫可以在威塞尔(Wiesel)与休伯(Hubel)所说的关键期之后恢复功能。

布鲁纳(Bruner,1997)指出,至目前为止,神经科学的研究告诉我们,关键期指的不是过了这个关键期的时期,学习就无效了、关闭了,而应该说关键时期指的是脑部在弹性上的转变,亦即脑部被重塑、改变之能力的转变,而这种脑部弹性能力转变的发生是终生都存在的(Greenough, Black, & Wallace, 1987)。脑部能力的弹性不是在某特殊环境下仅靠特殊经验才能培养的,而是在正常环境下即已提供了许多有助于脑部发展的刺激与途径的情况下也可以的。换言之,认为儿童学习有关键期的看法是指过了关键期时刻儿童就无法学习的观念,现在应该是已被终身学习的观念所取代了。关键期对课程发展的启示是:由于幼儿脑部改变与塑造弹性上的特殊性,就应在教学方法上探讨可以如何去教导才能让幼儿这种弹性的

特性充分发挥功能,而不是只一味地强调在"年龄"上的关键期。

对于教师而言,关键期的重要点应该放在对儿童感官问题(如白内障、视觉失衡、慢性内耳炎)的认定与处理上,因为如果这些问题没处理好,其影响的确是长期的,甚至是永久的。

(二)"准备度"的问题

从多元智能理论和后皮亚杰学派的观点来看,个人的能力可能会在不同的领域而有所不同,例如,儿童在某些他们熟知领域中是能够表现出如成人般的推理模式的。每个儿童由于先天资质的差异和后天成长环境的影响,使得教师在碰到"何时应教给儿童什么东西最恰当"这个问题时,所要考虑的"个别差异性"情况就显得更复杂,且更需专业知识与技能去做判断与选择。对"准备度"的定义也就需要在注意儿童的个别差异性的认知上去思考,而不应只是从年龄或学前准备度的角度去思考。

研究显示(Bauer & Mandler, 1989; Meltzoff & Moore, 1983; Pinker, 1990; Wellman & Gelman, 1992),幼儿的认知能力远超过成人的预期,同时对幼儿知识产生的起源有了新的诠释(Carey & Spelke, 1994; Gopnik & Well-man, 1994),例如,福多尔(Fodor, 1983)提倡的特定领域知识(Domain-Specific Knowledge)和类理论知识(Theory-Theory, Theory-like or Theory-based Knowledge)。福多尔认为,不同的知识领域有其领域内的解释原则,知识的取得受限于个体已有的结构或倾向,不同的领域有不同的限制(Constraints)。知识的取得深受已习得的特定领域的知识影响,推衍该理论至学习中,即学习者不论其年龄大小,只要在某种特定领域内的既有知识相同,那么幼儿与成人都可以相同的运思结构来解决问题。类理论知识提倡者认为,幼儿自出生就已具备了类似理论性的知识,称之为"朴素理论"(Naive Theories 或称为 Framework Theories)(Wellman & Gelman, 1992),幼儿根据自己已具备的知识去思考所面临的问题,在不断地尝试与修正的过程中逐渐形成与成人相似的理论,称之为"特定理论"(Specific Theories 或 Explicit Theories)。认知心理学中的特定领域与类理论的观点对"准备度"概念的提示至少以下两点(Watson, 1996)。

（1）所谓学习的准备度应是幼儿认知倾向（Cognitive Dispositions）与教学内容形式间的配搭。

（2）在不同的领域内会有不同程度的准备度，因此各知识领域的准备度的发展时间会因人、因知识领域的不同而不同。

归纳上述知识理论与提示，笔者赞同沃森（Watson，1996）所说的：准备度的问题不仅是"何时教"的问题，同时要考虑"如何教"以及"教什么"的问题。

三、"如何教"的问题

皮亚杰和维果斯基两人在知识建构论的观点上存在着差异性和共同性。从教、学有关的部分来看，两人的理论都强调知识的产生在于个体与环境的互动，个体是主动的学习者。两者间最大的不同点在于维果斯基强调文化在学习中所扮演的角色。

社会文化学派认为每一个社会都有其表征系统，该系统将社会中的文化呈现出来，这个表征系统所蕴含的意义是由社会成员所共同建构、塑造、承继、创新而成的。因此这对于"如何教"的问题的启示至少有以下两点（Salomon & Perkins,1998）。

（1）教学角色的主动性：根据维果斯基的鹰架理论（Scaffold），儿童的学习是在他人提供幼儿最佳学习区内所需要的指导、示范、鼓励、回馈下幼儿所进行的，在解决问题中建构与内化知识的过程。此时，"他人"（包括同学、教师、父母、其他成人等）就需是主动性的角色，例如，频繁地互动、立即地回馈、因人因情境的不同而给予不同的指导。与其提供事先准备好的信息直接教导、纠正错误等方法，不如通过解释、建议、自省等方式去诱导学生做出反应。

（2）学习是建构知识的过程而不是传递知识的过程：社会文化学派主张知识是靠个体与社会、文化互动所产生的成品，因此它深具情境脉络性与变动性。教学方法就要注意教学情境（包括社会、学校、班级的情境）的意义、内涵与重要性。

从教学角色的主动性观点来看，本书所提及的课程模式都强调对教师角色的关注，不同点在于：教师是主动性角色还是被动性角色；是直接介入还是间接介入，以及介入的程度。在实践层面上,教师主动介入的程度应该如何？何时教师应主动介入学生的学习,何时不应介入？何时介入可称为引导,何时则称为干扰学生的学习？应如何介入？如何判断介入的导向？这些问题都是课程模式未必交代,但在教学中必定会碰到的问题。当一位教师面临"如何教"的问题时,若他(她)服膺(或标榜)某一种课程模式时,就需回溯到该模式的理论基础去思考答案；若某位教师并不认为课程该以模式方式运作,而是强调配合师生、情境等因素而自行设计课程时,就需思考自己的教育观、儿童观和教学观,在追溯与建立自己的课程理论基础的过程中,思考"如何教"的问题。

第二章 课程模式的定义与要素

第一节 课程模式的定义

扎伊斯(Zais,1976)指出,课程模式可谓是以简要的、概念的、总结的及综合性的方式对于一套课程的表达和说明,包括课程目的、内容、教学方法、评价、师生关系等要素,以及各要素间的关系。一个课程模式,就是代表某种课程理论以及根据该理论所进行的某种课程发展与构想。

埃文斯(Evans,1982)指出,课程模式是教育计划中的基本哲学、行政与教育成分的概念性的表征,它包含了内部一致性的理论前提、行政政策和教学秩序,以及要达到的所预期的教育成果。这种概念性的模式可以作为教育决策时的基础。当决策转换成行动时,就称之为模式的应用。

本书将课程模式分成两类:一类课程模式(如第二篇里的各模式),其产生的影响力在课程本身;另外一类课程模式(如第三篇里的各模式),是除了课程本身外,还有系统性的元素,例如,师训系统、地方行政系统的搭配等,使得该课程模式得以有更久远的传承轨迹。

第二节 课程模式的要素

从课程模式的定义来看,每一种课程模式都应有其理论基础以及课程本身所包含的要素。

一、理论基础

课程模式的理论基础基本上应包括心理学、哲学、社会学和知识论的观点,但过去幼教课程模式的教育目的实际上深受心理学和哲学观点影响,其中包括了基于幼儿发展与学习的假设而设立的教育目的。

二、课程要素

(一)教育目的

每种幼教课程模式虽受其哲学思想影响而具有不同的教育目的,但归纳起来看,可以分成两个显著不同的目的倾向:一是倾向于社会化的目的;二是倾向于学业性的目的。另一种按教育目的进行的分法是:为未来学习与未来生活做准备(具有这种目的的课程模式是偏于由上而下的课程设计)、丰富学生的经验(具有这种目的的课程模式是偏于由下而上的课程设计)两种目的。

(二)课程内容

课程内容通常是与教育目的息息相关的,按课程内容的弹性程度可以将其划分成三种基本类型:第一种类型是事先设计好,且不能改变的,为固定式的内容;第二种类型是由学生决定学习的内容,因此没有固定式的学习内容;第三种类型是教师提供一个学习的范围,在这范围内,学生有选择与决定的机会。

课程内容除了可以从弹性程度上来划分外,也可以从另外两个角度来区分:一种是有认知倾向或社会情绪倾向的内容;二是倾向于读、写、算技巧能力或是倾向于认知技巧的培养(如探索、归纳、问题解决策略等技巧)。

课程内容谈的是"要教学生什么"和"如何安排要教给学生的东西",前者牵涉到的是"课程范围",而后者指的是课程的"组织原则"。

课程范围是指内容的广度或多样性。有的模式所包含的内容范围可能很广,例如,美学(绘画、音乐、舞蹈、戏剧等)、认知技巧(分类、序列、推理等)、基本概念(时间、空间、数字等)、学业(读、写、算)、社会—情绪技能(自我控制、成就动机)都包括在内;有的模式可能只强调其中几项技能。

组织原则主要是指课程内容纵向的"继续性"与"程序性"(指哪些学习内容在前、哪些在后)的安排和横向上的"统整性"(指不同学习内容间的互相联系与统整安排)。

(三)教学方法

一般教学方法有讲述法、讨论法、实验法和角色扮演等。若从师生关系来看,教师的角色可以从唯一主角的主导性到辅导者介入程度的不同,而形成不同的介入方式;也可以从集体教学、小组教学和个别教学的方式来看各模式的主要教学方法。

(四)评价

评价基本上是依据教学目标,通过测验、量表、晤谈和(或)观察等方法与技术,搜集到量化和(或)质性的资料,采取观察观点,对学生之学习结果做价值判断的历程。

第三章
幼儿教育课程模式导论

第一节 美国幼儿教育课程模式发展简史

虽然本书介绍的幼教课程模式涉及全球范围,但限于笔者能力有限,本章介绍的幼教课程模式发展简史以美国为主。

在20世纪50年代晚期,美国所具有的系统性的幼教课程其多样性是有限的,最早具体且系统地提出幼教课程内涵的是1837年在德国创设幼儿园的福禄贝尔(F.W.A.Frobel)。到了20世纪初,一些美国幼教学者〔如布洛(S.Blow)与皮博迪(E.Peabody)〕(Weber,1969)开始对福禄贝尔的幼教理念、哲学观、教具和教学内容提出质疑性的看法,批评福禄贝尔的课程太结构化、太僵化以及不够科学化。后来,进步主义者〔如希尔(P.S.Hill)、杜威(J.Dewey)与桑代克(E.Thorndike)〕的加入,使得幼教课程在20世纪60年代前深受进步主义影响。到了20世纪60年代,由于早期介入方案的出现,例如,"提早开始方案"(Head Start Project)和"继续方案"(Follow Through Project)的实施,以及联邦政府研究经费的支援,促使不同课程模式产生与发展。因此,幼教的发展与早期介入方案是息息相关的。在美国历史上,对幼教感兴趣的高点是在20世纪60年代和20世纪90年代,间接地也就带动了对课程模式之探讨的兴趣(Goffin,1994),以下即针对美国幼教课程模式的产生与发展的背景因素与发展轨迹加以追溯。

在1965年"提早开始方案"出现之前,美国的幼儿教育大致有三种系统:幼儿园(专收5岁大的幼儿)、托儿所(Day Nursery,现称Day Care,收2岁大的幼儿,有的收比2岁还小的幼儿),以及3~4岁幼儿园(Nursery School,专收3~4岁大的幼儿)。

美国自18世纪末起就有托儿所的存在,是全日制的,专门为母亲在外工作的家庭提供托育的服务。因此,其主要的服务对象是低收入家庭,其提供的服务是属于社会工作的性质,而非专业教育的性质。

幼儿园(Nursery School)盛行于20世纪20年代初期,是半日制机构的方案,其服务对象是以有钱家庭为主,服务重点是为家长提供养育子女的建议和丰富幼儿社会—情绪层面的生活,而不是为了减轻职业妇女的压力,或是帮助文化不利的或被忽视的幼儿。

幼儿园的服务被视为幼儿第一次经历的正式教育,虽然多数公立学校不提供幼儿园的服务,但它常被视为公立学校教育向学龄前的延伸。在20世纪20年代到20世纪60年代"提早开始方案"出现之前,幼儿园深受"智力不受环境影响"的理念所影响,使得当时幼儿园的目标倾向于培养幼儿积极的社会—情绪的发展。

从历史上来看,在20世纪60年代以前,上述三种系统是分别独立且服务不同的族群的,虽然课程的重心都在培养幼儿社会—情绪的发展,但还是有从保育到为幼儿做上学前准备的不同程度。

亨特(Hunt,1961)以及布卢姆(Bloom,1964)的研究指出:人类智力会受环境影响而有所改变。这样的主张被大众所欢迎与接受,政治人物即以此为政治诉求;发展心理学家开始探讨学前教育对幼儿长期与短期的影响力。1965年"提早开始方案"和"继续方案"等幼教方案的出现是基于以下两个主要的前提:① 出生后的前五年是幼儿发展的关键时期;② 早期的经验可用来预测幼儿的未来能力。幼儿"提早介入方案"的出现,最初的假设是贫穷家庭中的孩子由于家庭环境的因素,而无法接收到足够的刺激,导致他们产生文化不利的学习背景。因此,若能提供早期介入,即可帮助这些幼儿追上中等家庭背景出生的幼儿的状态,有助于这些幼儿未来在正式学校的学习,也有助于打破贫穷家庭循环于文化不利环境下的困境。所以"早期介入方案"的目的属于"补偿教育"(Compensatory Education)。1957年,苏联发射第一枚卫星的消息震惊美国,课程的改革与对幼教的重视应运而生。由此,20世纪60年代,美国幼教得以蓬勃发展,幼教方案也得以不断创新。这是由学术界、政治界和社会的共同关切而造成的局势。

自1965年"提早开始方案"开始后,幼儿园、托儿所、3~4岁幼儿园逐渐合并,其服务对象、服务重点不再像以往那样壁垒分明。心理学家认为,传统幼教领域所提供的课程强调社会—情绪的发展,对低社会经济水平背景家庭的孩子帮助不大,加上心理学家强调智力的可锻炼性,因此他们主张幼教课程应强调认知和学业上的协助或丰富化。各种不同类型的提早介入之课程形态(Programs),由于其所基于的学习与发展心理学的观点不同,以及对于教育目标的认定不同,导致20世纪60年代不同课程模式的出现。

美国联邦政府欲了解未来幼教政策的走向,因此提供经费给研究人员,企图找出哪一种课程对孩子最有益处。这种期望是基于美国人相信可以通过科学来改造社会之信念所影响,幼儿发展和幼教课程模式间之比较的研究巅峰情形大约维持了十年左右。自20世纪70年代末期到20世纪80年代初期,有关幼教方案效果的研究指出:幼教效果到了小学后就逐渐地消失了。这种研究结果出现后,研究者对探讨哪一种课程模式对孩子最有益处的兴趣降低了,取而代之的是探讨到底幼教课程是否真的有助于文化不利孩子未来的发展。由于欠缺显著差异效果的说明,加上联邦政府对相关议题支持度的降低、大样本比较设计与实施上的困难等因素的影响,使得研究方向转到全日托影响方面。由于当时加入工作行列的妇女人数众多,将幼儿放入托儿所的情形愈来愈多,因此这成为另一研究重点,此时的研究重点在了解全日托对幼儿的发展,尤其是情绪方面的发展,是否有害(Adcoketal., 1980; Applegate, 1986; Donofrio, 1989)。普遍来说,虽然研究者对幼教课程模式的兴趣转移了,但还是有一些研究人员继续做长期的追踪研究(Coppleetal., 1987; Howard, 1986; Lazar & Darlington, 1982; Leeetal., 1989; Schweinhert & Weikart, 1980; Weikart, 1989),同时也对不同课程模式所产生的不同效果进行分析,以及对幼教在教育改革中所扮演的角色等议题感兴趣(Pinkett,1985;Stallings,1987)。这些因素互动的结果,使得幼教课程模式于20世纪90年代再次受到重视。

20世纪90年代对课程模式探讨的焦点不再是寻找哪一个模式最好、最有用,而是应如何去设计幼教课程,以及应不同特质孩子的需要与能力,协助他们发挥最大的学习潜能。接着,第三波的研究趋势是幼教课程与家庭环境互动的影响力,亦即每个幼儿自家庭环境中带了很多家庭文化特质到学校,再参与学校活动,这两种文化的互动对幼儿的影响是什么(Goffin,1994)。这种研究趋向即在否定了"有一个理想模式,适用于任何环境下,任何一位小孩身上,且是最有效果的模式"的概念。

虽然在20世纪90年代幼教再次被重视,但这时人们关心的焦点已与20世纪60年代关心的焦点有所不同。20世纪60年代幼教受重视的原因在于单一的、经济的和文化不利因素对幼儿产生的不良影响;20世纪90年代人们再度重视幼教,已不只是因为幼教是减轻贫穷影响力的一个途径,它同时被视为增进美国国际竞争力和幼儿成功地完成国民教育的一个基础。

从美国幼教课程模式发展的历史来看,我们得到的启示是:每个幼教课程模式的产生都有其文化背景、社会脉络与历史意义。随着社会的进步与时代的发展,各种课程模式是否可以延续性地生存或是移植到他国去,应该视课程模式本身的理论基础的合时性和可调整的弹性空间的大小而定。

第二节 幼儿教育课程模式之间的比较

从表 3-1 各幼教课程模式间的比较来看,可以归纳出一些结论。

一、历史层面

从历史层面观之,河滨街和华德福课程模式出现于第一次世界大战之后,瑞吉欧、高瞻、卡蜜—迪泛思和直接教学课程模式出现于第二次世界大战之后,蒙氏、人类价值教育、IB 课程模式亦是因应世界和平与多元文化交融的愿景而产生,金字塔课程模式和安吉游戏教育则是新出现的课程模式在 20 世纪 90 年代才开始出现和发展。

幼教课程模式多数是以战后、移民、多元文化背景、特殊儿童或低社会经济地位的儿童为主要教育对象。

二、系统层面

大部分的幼儿教育课程模式以 3~6 岁年龄层的孩子为教育对象,河滨街、蒙台梭利、华德福、IB 课程模式有延续到高年级的规划,这几个模式毕业的学生可以受到小学、中学的衔接教育。

大部分幼儿教育课程模式的理论背景都深受心理学的影响,高瞻、卡蜜—迪泛思和直接教学课程模式更是以心理学为其理论的唯一来源;安吉游戏教育亦是以心理学为其理论基础,不同之处在于安吉游戏教育注重幼儿在游戏中的学习;陈鹤琴课程的基础也不仅是心理学,还在其课程设计论述里综合了哲学与教育学;金字

第三章 幼儿教育课程模式导论

表 3-1　各幼教课程模式之比较

	课程模式 变项	陈鹤琴课程	张雪门行为课程	河滨街	卡蜜-迪泛思	直接教学	人类价值教育（SSEHV）	金字塔	蒙台梭利	华德福	瑞吉欧	高瞻	安吉游戏教育	IB
历史层面	起源时间	1920s	1930s	1916	1960s	1964	1980s	1990s	1907	1919	1960s	1960s	2000s	1997
	起源地	中国	中国	美国	美国	美国	印度	荷兰	意大利	德国	意大利	美国	中国	美国
	创始人	陈鹤琴	张雪门	Mitchell	Kamii & DeVries	Engelman	Sai Baba	Kuyk	Montessori	Steiner	Malaguzzi	Weikart	程学琴	国际文凭组织
	起源时针对的教育对象	一般儿童	一般儿童	中等社会经济地位孩子	低社会经济地位孩子	低社会经济地位孩子	所有4～6岁孩子	移民儿童	低社会经济地位孩子与特殊孩子	工厂员工	一般儿童	低社会经济地位孩子	农村儿童	一般儿童
	年龄层	学前儿童	3～6岁	3～14岁	3～6岁	3～12岁	4～6岁①	2.5～7岁	0～18岁	3～18岁	3～6岁	3～4岁	3～6岁	3～12岁
系统层面	理论基础	进步主义，儿童心理学，教育心理学，陶行知学院	课程论，陶行知学院，杜威，福禄贝尔，蒙台梭利	浪漫主义，杜威进步主义，心理动力论，发展心理学	皮亚杰，辛克莱，科尔伯格，塞尔曼的理论	行为主义	"心育"的哲学	皮亚杰，维果斯基，加德纳，西格尔，范格特的理论	生物学，伊塔尔，塞金的理论	人智学	克伯屈，杜威，布朗伯伦纳，布鲁斯，布鲁纳的理论	早期深受皮亚杰结构论影响；后来受皮亚杰建构论影响	塑型中	皮亚杰，杜威，杰尔，布鲁纳，尼尔的理论
	理论基础来源	心理学，哲学，教育学		心理学，哲学	心理学	心理学	哲学	心理学，社会学	生物学	哲学	心理学，社会学	心理学		心理学，社会学
教育目的		1. 做中国人，做现代中国人。2. 改进生活，充实生活。3. 均衡五育的发展	目标应兼顾幼儿与民族之需求	提升能力，发展独立个体之认同，社会化，统整能力和创造力，除智力上的超越外，也塑造价值观、自我概念和理想，以及对于人类生活远景之开创	培养幼儿不断发展的可能性，包括自主性，去中心化，好奇心，判断力和信心，思考并诚实主动表达	培养低成就儿童基本的学习技能，让学生具备竞争力，帮助5岁幼儿到小学三年级学生达到所在年级的学业水平	培养基本的人类价值观，教导合伦理的行为，以及教导如何谓自我控制，使人们具有品格和美德	以更有效率的方式提高学生的学习水平	发展自己，为进入社会和未来社会变革做准备	发展身体器官组织，重视发挥意志能力并培育情感之心，在生物物质世界实现人的灵性	发展关系，学习合作，欣赏不同的想法及表达方式	培养幼儿小学所应具备的认知能力	重视环境的作用和幼儿所处的多元发展，结合独特的材料，培养幼儿的爱、愉悦，冒险、参与和思考等素质	培养勇于探究，知识渊博，善于思考与沟通，有原则，思想开明，有爱心，勇于挑战，均衡发展，均于反思的人

（续表）

课程模式变项		陈鹤琴课程	张雪门行为课程	河滨街	卡蜜-迪泛思	直接教学	人类价值教育(SSEHV)	金字塔	蒙台梭利	华德福	瑞吉欧	高瞻	安吉游戏教育	IB
教育目的	教育目的取向	健康、社会、科学、艺术、语文均衡发展	生活化教育；行为课程	兼顾社会化与认知课程，最初强调自我社会情绪发展，而后加强认知发展	兼顾社会化与认知课程，初期强调为进入小学做准备，后来强调培养幼儿不断发展之可能性	学业；为了进入小学做准备	强调社会化，强调个人经验的丰富	兼顾学业、认知与社会化；最初强调个人经验，后来加强调为入小学做准备	兼顾学业、认知与社会化；为未来做准备	强调身、心、灵的发展，强调个人经验的丰富	兼顾学业、认知与社会化；强调个人经验的丰富	学业、认知、社会；为进入小学做准备	兼顾学业、认知与社会化；强调个人经验的丰富	兼顾为未来做准备与强调个人经验的丰富
教学内容	教育内容	无具体详列的课程内容	无具体详列的课程内容	无具体详列的课程内容	提出有关认知、道德角色取替方面的教学原则与活动设计范例	阅读、语言、算术	真理、正义、和平、爱及非暴力	语言、多元智能	日常生活教育、感官教育、数学教育、文化教育	创意游戏、故事、艺术	无具体详列的课程内容，以视觉艺术和创意为主	初期强调认知发展方面的课程；后来加入社会情绪发展方面的课程	观察、思考、表达	概念、知识、态度、技能、行动
	课程取向	提供选择与组织内容之原则	提供选择与组织内容之原则	没有固定的学习内容，仅提供选择课程内容的原则	没有固定的学习内容，仅提供选择课程内容的原则	事先设计课程	教师选择主题	没有固定的学习内容，仅提供选择课程内容的原则	教师提供学习范围和方向，学生选择决定	没有固定的学习内容，仅提供选择课程内容的原则	没有固定的学习内容，仅提供选择课程内容的原则	教师提供学习范围和方向，学生选择决定	没有固定的学习内容，仅提供选择课程内容的原则	没有固定的学习内容，仅提供选择课程内容的原则
教学方法	课程组织原则	以"大单元"方式组织学习内容	以"主题"为核心去组织学习内容	课程内容的组织方式由师生共同决定	课程内容的组织方式由师生共同决定	具程序性与继续性，属结构性课程	静坐冥想、励志小语、肯定句、祈祷、说故事、唱游、团体活动	方案教学，"解决问题"是方案的终极目标，透过有步骤的学习过程，培养幼儿解决问题的能力	具继续性、秩序性；亦可属半结构性课程	韵律、节奏、重复、做中学	方案教学，视觉艺术	课程内容的组织方式由师生共同决定		借助于学生的先备知识通过体验、提供刺激、提供机会和反思去整理

（续表）

课程模式\变项	陈鹤琴课程	张雪门行为课程	河滨街	卡蜜-迪泛思	直接教学	人类价值教育（SSEHV）	金字塔	蒙台梭利	华德福	瑞吉欧	高瞻	安吉游戏教育	IB
教师角色	规划者、引导者、观察者	辅导者	协调者、辅导者、引导者、支持者、观察者	辅导者、观察者、引导者	教导者	教导者、示范者	辅导者、引导者、观察者	辅导者、观察者、引导者	榜样与被模仿者	辅导者、观察者、引导者、记录者、合作学习者、研究者	辅导者、观察者、引导者	环境创设者、材料提供者、观察记录者、守护者	学习推助者
教学方法—环境与时间	强调换顶规划，要能提供幼儿的学习要有变化，要符合幼儿生理上之发展	强调生活化，自然的学习环境	有规律的上课时间表；角落为其环境布置的重点	教学三个阶段：活动开始之初→活动延续→活动结束后	强调反复地练习与回馈制度；读、写、算都有一套教材，按序学习	让"眼睛看见好的事物"的标志小语和肯定句，让"耳朵听见好的事物"的音乐	一年短期循环：认识→示范→扩展→深化；长期循环三年，包含三个短期循环；创造丰富、具有层次结构、挑战性的环境	教具为教室环境中的焦点	有节奏和规律的生活作息；要有"家庭"的感觉和美感；混龄班	环境是"第三位"老师，小区、家长与学校合作	例行活动架构定计划—工作—回顾，兴趣区为其环境布置重点	开放式的环境，不决定或指向游戏的经验或结果	培育儿童了解和尊重不同的文化，创造和平美好的世界
教学评估—评估方法	作品评估	观察法	行为评定量表（BRACE）	观察法	标准成就测验	品格的九项评估	幼儿评估，老师评估和活动评估	观察法	观察法	观察法	高瞻观察法（COR）	观察法	形成性评估，总结性评估：PYP成果展

注：① 根据文献数据，人类价值教育有中学的课程，但笔者只看到幼儿园的课程，因此将年龄写为4~6岁。

塔课程模式以多元智能为理论基础；华德福和人类价值教育课程模式则是偏重于哲学、灵性和价值观的教育。

三、教育目的

就各个课程模式的教育目的而言，几乎都是以"为入小学而做准备"作为其主要目的或是目的之一。直接教学课程模式就是以学业（读、写、算）为其教育目的；金字塔课程模式亦强调学业水平的提高；蒙台梭利课程模式除了为幼儿入社会而准备外，也强调幼儿的自我发展；河滨街课程模式原本是为中产阶级背景幼儿而规划的课程，强调自我和社会情绪发展的教育目的，后来因为"提早开始方案"的实施与采用，为低社会经济水平背景幼儿入学做准备，因此亦强调为入学而准备的教育目的，即兼顾学业、认知与社会化的教育目的；高瞻和卡蜜—迪泛思课程模式发展到后期，都亦强调认知与社会行为之发展的教育目的；华德福注重灵性的培养，而人类价值教育和华德福课程模式更是强调爱、心灵、品格和价值观的养成，强调个人经验的丰富；瑞吉欧和 IB 课程模式强调合作、思考和表达，兼顾学业、认知与社会化；陈鹤琴与张雪门的课程模式都强调教育与生活间的关系，陈鹤琴更强调五大领域间的均衡，张雪门强调幼儿的需要与兴趣与国家、民族的需要要兼顾。

四、教学内容

就教学内容而言，蒙台梭利、高瞻和直接教学课程模式都有具体、详尽规划的教学内容；陈鹤琴、张雪门、河滨街和人类价值教育课程模式仅标列出教学内容的选择与组织原则；卡蜜—迪泛思课程模式则除了原则外，还提供活动设计范例供使用者参考；瑞吉欧、金字塔、华德福、安吉游戏教育和 IB 课程模式则没有固定的学习内容，仅提供选择课程内容的原则。因此，就课程内容选择的弹性而言，直接教学课程模式的课程内容是事先设计好的，教师改变教学内容的弹性很小，上课是依固定内容、固定程序进行教学；河滨街、卡蜜—迪泛思、瑞吉欧、金字塔、华德福、安吉游戏教育和 IB 课程模式没有固定的学习内容，仅提供选择课程内容的原则而已;蒙台梭利、人类价值教育和高瞻课程模式则属于教师提供学习的范围、方向,在这范围和方向内,幼儿有选择与决定的机会。

就课程范围的广度而言,直接教学课程模式是以学业准备为主要目的,因此课程内容的范围较窄;蒙台梭利有教具的呈现,容易由于教师专业知识与技能的不足,导致教学内容被教具所限,也有教师以教具为依据,但加以提高或降低深度,使得蒙台梭利课程可宽可窄。根据蒙台梭利的学理,抛开教具来教学时,其课程所涵盖的范围可以很宽广;陈鹤琴、张雪门、河滨街、卡蜜—迪泛思、瑞吉欧、金字塔、华德福、安吉游戏教育和IB课程模式由于仅提供课程选择与教学原则,因此课程范围就易受教师的专业知识、能力与专业精神所影响。

五、教学方法

就教学方法而言,直接教学课程模式是强调反复学习与回馈制度,教师是教导者的角色;华德福、人类价值教育和蒙台梭利课程模式强调身教的重要性,教师应做出良好的示范让幼儿模仿;蒙台梭利课程模式的教师也同时强调其观察者的角色,除蒙台梭利之外,陈鹤琴、张雪门、河滨街、卡蜜—迪泛思、瑞吉欧、高瞻课程模式也都强调教师非教导者,而应是引导者、支持辅导者与观察者,安吉游戏教育和瑞吉欧课程模式强调教师作为环境创设者的重要性,安吉游戏教育和IB课程模式同时也强调教师在幼儿学习过程中的辅助角色。

就课程内容的组织原则而言,直接教学课程模式强调程序性与连续性,属结构性课程。蒙台梭利课程模式的教学若强调教具对教学的重要性,即属结构性课程;若教师可以抓住蒙台梭利教育的精神实质,强调学生自主性的重要性时,其课程组织原则可以变成半结构性的课程。陈鹤琴、张雪门、高瞻、河滨街和卡蜜—迪泛思课程模式的课程的组织原则,则视师生互动与课程发展的情形而定。华德福和人类价值教育课程模式有固定的流程环节,课程内容由教师引领安排。金字塔和瑞吉欧课程模式的课程组织以方案课程为主,其终极目标为解决问题,通过有步骤性的学习过程,培养幼儿解决问题的能力。

六、教学评价

直接教学课程模式属量化评价方式;人类价值教育课程模式原本没有固定评价方式,后加入量化评价九项品格;河滨街、金字塔和高瞻课程模式有标准化成就测验方式来评价幼儿学习成果;IB课程模式属于形成性评价;蒙台梭利、华德福、瑞吉欧、安吉游戏教育、卡蜜—迪泛思、张雪门课程模式,均强调以观察方式做教学评价;陈鹤琴强调以作品为评价标准。

第二篇

幼儿教育课程自身的模式

　　本篇所介绍的课程模式是单纯的课程本身之内涵,这些模式在推行时不需要系统化和模块化的行政系统以及师资培育系统的设计,因此,笔者将这些模式与第三篇的模式分开来呈现。

第四章
陈鹤琴课程模式

第一节 陈鹤琴课程模式的发展源流

清末民初,中国的教育正处于新旧转换阶段。中国的留学青年学习西方教育体制,在归国后进行教育改革运动,进而影响中国的近代教育,而陈鹤琴(1892~1982)正是这个时期的代表人物之一。

陈鹤琴是中国现代著名的儿童教育专家、儿童心理学家。他从小接受中国传统教育,能熟练背诵《百家姓》《大学》《三字经》《中庸》《论语》《千家诗》《孟子》《唐诗三百首》及《幼学琼林》等。

后来,陈鹤琴离开家乡到约翰·霍普金斯大学就读医学,在那接触到广泛的科学知识,以及实验研究的精神与方法。约翰·霍普金斯大学的校训"真理使你自由",对陈鹤琴的教育观影响重大。他曾自述:

> 若得到研究的方法和研究的精神,你就可以回国后自己去研究学术、去获得知识、去探求真理。方法是秘诀,方法是钥匙,得到了秘诀以及钥

匙，你就可以任意去打开知识的宝藏。(陈鹤琴，2008)

1917年，陈鹤琴转学到进步主义的发源地——哥伦比亚大学师范院校，攻读教育和心理学，深受杜威(J. Dewey)、克伯屈(W. Kilpatrick)、孟禄(P. Monroe)、伍德沃思(R. S. Woodworth)四位学者的教育思想所影响。

杜威与克伯屈为美国进步主义主要代表人物，主张采用启发式的互动模式培养学生学习新知及解决问题的能力。陈鹤琴非常推崇他们的教育方法，从他们身上受到新教育思想的启发。

孟禄是陈鹤琴的教育史导师。陈鹤琴在参与孟禄老师所组织的教育考察团后，领悟到教育的必要性及"做中学"的重要。

在研究所阶段，陈鹤琴选择深入探究教育心理学，主要受到美国当时的进步主义影响(以研究儿童心理为主)，而伍德沃思则是他当时的导师。

整体来说，陈鹤琴在美国求学期间，受到西方进步主义思想熏陶，为其之后促进中国教育改革奠定了基础。同时，陈鹤琴认为私塾教育的内容虽然有其价值，但是采用背诵、灌输的教学方法，且内容与生活脱节，会使儿童的发展受到压抑。

1919年回国后，陈鹤琴任教于南京高等师范学校，主教"儿童心理学"。任教期间，为求落实西方教育本土化的理想，陈鹤琴成立中国第一所实验性质的幼儿园——鼓楼幼儿园，并于1926年开始推广《幼儿教育》(月刊)。

1940年陈鹤琴继续拓展实验园的教育研究规模，后又陆续成立江西省立实验幼稚师范学校和附属小学、幼儿园及托婴中心。

陈鹤琴的思想还深受陶行知对旧教育之批评所影响，陶行知先生批评旧教育有一句名言："教死书，死教书，教书死；读死书，死读书，读书死"，陈鹤琴将该句话改成："教活书，活教书，教书活；读活书，活读书，读书活。"陈鹤琴终身努力探索发展适合中国国情、符合儿童发展的学前教育。为了传承中国传统文化，推动中国幼儿教育中国化、全人化、科学化，陈鹤琴提出以"活教育"体系来改革旧教育，提出"五指教学法"，这些都非常深刻地影响了中国近代幼儿教育。

第二节 陈鹤琴课程模式的理论基础

一、儿童观

儿童不是缩小的大人,儿童的心理与成人的心理并不同,且具有好动心、好奇心、游戏心与模仿心。成人不要用消极的方法来剥夺儿童活泼的天性,应当尊重儿童的人格,爱护其烂漫天真,并运用游戏教育的方式,同时这个游戏是会随着儿童身心发展而变迁的。

二、学习观

要让儿童成为学习的主体,让他们自己活动、自己思考;尊重儿童的动机、兴趣、爱好、特点,教育要建立在儿童真正需要的基础上。

三、课程观

突破旧中国幼儿教育脱离儿童生活、不符合儿童特点的非适宜性实践。

幼儿园课程是整体的、连贯的,要促进儿童的整体发展,陈鹤琴以人的五个连为一体的手指做比喻,提出"五指活动",其中五个方面是:健康活动、社会活动、科学活动、艺术活动、语文活动,这些活动和儿童生活相联系,也可以说是儿童的生活课程,其各个方面之间相互联系,共同构成整体功能的课程结构。

第三节 陈鹤琴课程模式的内涵

陈鹤琴提出的"活教育"体系内容大致如下。

一、教育目标

陈鹤琴认为,教育的目的在于改进生活,充实生活。教育本身是一种生活,而生活本身也是一种教育。人在教育中生长,这种生长一方面是指个人道德行为、智力发展的过程,一方面是指全体人类向更高层面的道德和文化生活发展。

"活教育"指的是反对没人性、读"死书"的"死教育",主张教育的三大目标是:① 做人,做中国人,做现代中国人;② 做中教,做中学,做中求进步;③ 大自然、大社会,都是我们的活教材。

幼儿教育的任务在于达到下述目标:① 保证幼儿的健康和身心的正常发育;② 发展幼儿的智力和创造力;③ 培养幼儿初步的国民公德和国际主义精神,以及合作、同情心、服务他人等优良的品德;④ 培养幼儿爱美的观念,增进幼儿愉快的精神。

二、教育内容

陈鹤琴认为课程内容与教材是根据儿童的心理和社会的需要来编制的,因此,课程内容与教材应该具有弹性,其课程内容的选择与组织原则如下。

1. 课程内容选择的原则

(1)用适应目前生活需要的方法,去面对将来生活中必会出现的事情。

（2）所有的课程都应该来自实际生活与经验：生活中的大自然、大社会都是可以选择的活教材。自然环境包括植物、动物以及各种自然现象，如，春天的各种花、鸟，夏天的雷鸣电闪、蜻蜓荷花，秋菊冬雪等；社会环境包括家庭活动、社会节庆等与人交往、感情与文化交流的机会。

（3）要适应儿童目前的需要，也要能适应其他的、未来的新需要。

（4）虽然课程有预定表，但并不是固定的、不能变换的，儿童身边或社会上发生的临时事件，教师都可以采纳并用作课程内容，而把一切预先所定的内容暂时搁置起来，重新再去做一番筹备的工作。倘若新发生的事情与预定的内容有些相像，那就要把它们结合起来。

1951年，陈鹤琴在发表的《幼稚园的课程》一文中，批判欧美国家教育完全从儿童出发的缺点是，缺乏系统性的课程编制模式，因此，提出了适合国情的幼儿园课程编制十大原则：① 课程的民族性：课程应是民族的，不是欧美的；② 课程的科学性：课程应是科学的，不是封建迷信的；③ 课程的大众性：课程应是大众的，不是资产阶级的；④ 课程的儿童性：课程应是儿童化的，不是成人化的；⑤ 课程的连续发展性：课程应是连续发展的，而不是孤立的；⑥ 课程的现实性：课程应符合实际需要，而不能脱离现实；⑦ 课程的适合性：课程应适合儿童身心发展，促进儿童健康；⑧ 课程的教育性：课程应培养儿童"五爱"、国民公德和团结、勇敢等优良品质；⑨ 课程的陶冶性：课程应陶冶儿童性情，培养儿童情感；⑩ 课程的言语性：课程应培养儿童说话技能，以表达自己的情感和思想。

根据上述十大原则，陈鹤琴提出了九项内容构成的课程结构：节日、"五爱"教育、气候、动物、植物、工业、农业、儿童玩具、儿童卫生。这九项内容构成的课程结构，与其早些年形成的"五指"教育结构相比，增加了一些新的成分，具有时代特色。

2. 课程内容组织的原则

陈鹤琴认为课程的组织既要有目标，又要合乎生活。编制课程时，对于事物的研讨要有系统性，要注意事物发展的规律，以及事物与事物之间的联系，不能将一件一件的事物孤立开来，使儿童对事物的发展得不到一个整体的概念。所有的课程应是富于弹性的，能允许重新组织的。陈鹤琴以人的手掌由五个手指连为一体做比喻，提出了课程结构的"五指活动"理论。他认为，"五指活动"代表五个领域

的活动:

(1) 健康活动:健康活动主要为了支持儿童的生理和心理的发展需要,活动内容涵盖体育活动、个人卫生、公共卫生、心理卫生与安全教育。具体而言指的是饮食、睡眠、游戏、运动等活动。

(2) 社会活动:社会活动着重于儿童与社会的关系,此领域不只是个体与国家,还有个体与世界的联结,内容范围涵盖公民、历史、地理、工业和生产劳动等领域的活动。

(3) 科学活动:科学活动在于增进儿童对科学实验的兴趣,培养儿童的创造思维,内容范围包含生物、数学、物理和化学等领域的活动。

(4) 艺术活动:艺术活动在于促进儿童对艺术、美感的欣赏能力和创造力,内容范围包含音乐、美术、工艺和戏剧等领域的活动。

(5) 语文活动:语文活动在于培养儿童欣赏文学,并能通过写作表达思想,内容包含童话、诗歌、谜语、故事、剧本、演说、辩论、书法等领域的活动。

这五个方面的活动是相互联系的,就像人的五个手指,共同构成了具有整体功能的手掌。陈鹤琴提出了三个具体的课程组织方法:直进法、圆周法和混合法。

(1) 直进法:就是将学习内容按照事物的性质和内容的深浅分配在各个不同年龄层。

(2) 圆周法:每个年龄层的教学单元相同、研究的内容雷同,但所选教材的难度和分量会根据儿童年龄的不同而有所变化,对各年龄层的要求应由浅入深(即螺旋式的课程)。

(3) 混合法:就是在组织课程内容的时候,以上两种方法均采用,但课题和要求有相同或不同。

课程设计以大单元形式进行组织,以活动为中心落实教学,打破传统分科的组织方式。

三、教育方法

由于陈鹤琴"活教育"的课程是以大自然、大社会为出发点,因此,让幼儿直接走向大自然、大社会去学习,可以说是最好的教育方法。其教育原则与实施原则如下。

1."活教育"教学原则

陈鹤琴提出了教学方法论和十七条教学原则。教学方法论是"做中教,做中学,做中求进步"。十七条教学原则是:

(1)凡是儿童自己能够做的,应当让他自己做。

(2)凡是儿童自己能够想的,应当让他自己想。

(3)你要儿童怎样做,就应当教儿童怎样学。

(4)鼓励儿童去发现他自己的世界。

(5)积极的鼓励胜于消极的制裁。

(6)大自然、大社会是我们的活教材。

(7)比较教学法。

(8)用比赛的方法来增进学习的效率。

(9)积极的暗示胜于消极的命令。

(10)替代教学法。

(11)注意环境,利用环境。

(12)分组学习,共同研究。

(13)教学游戏化。

(14)教学故事化。

(15)教师教教师。

(16)儿童教儿童。

(17)精密观察。

方法论和十七条教学原则,突出了陈鹤琴以儿童为学习主体的思想以及"活"字与"做"字,凸显了儿童作为主动学习者的地位。

2. 教学要素

在"五指教学"中,儿童、教材、教师和环境是教学中的四大要素。四者间的关系是:儿童是主体;教师度量儿童的能力与个性,用种种最适宜的方法,把教材介绍给儿童,并为儿童提供合一的学习环境。换言之,先测量儿童的个性,明确希望他们达到怎样的目的,然后选择最适宜的材料,提供最适宜的方法与环境,以达到所希望的教育目的。

1. 儿童

儿童的世界是要儿童自己去探讨,去发现的。他自己得来的知识,才是真知识;他自己所发现的世界,才是他的真世界。因此在学校里的一切活动,凡是儿童自己能够做的,应当让他自己做。所谓"做",并不限于双手做才是做,凡是耳闻、目睹(观察)、调查、研究都包括在内,做了就与事物发生直接的接触,就得到了直接的经验,就知道了做事的困难,就认识了事物的性质,因此,形象式的直观教学法对于发展儿童的思维是有很大帮助的。

2. 教师

从事"活教育"教学的教师,一定要具备几个基本的条件:要爱护儿童、要了解儿童、要有积极的态度、要有研究的精神、要有改造环境的能力、须有语言修养外的一种专门学科特长、须有健全的体格。

幼儿是还没有发展成熟的个体,需要教师的指导,但是教师在指导的过程中需要注意,凡是儿童能够想的,让他自己想;儿童能够做的,让他自己做,必要时才给他指导。注意指导的目的是发扬儿童的才能,不是抑制儿童的活动。教师需要掌握的教学原则如下。

(1) 要了解教学的基本原则在"做"。

(2) 能掌握理论与实际一致的教学方法。

(3) 能了解每个儿童的个性和他的问题。

(4) 建立师生间的友谊。

(5) 能选择适当的学习经验。

(6) 能充分利用大自然、大社会的活教材。

(7) 能掌握表情达意的工具。

3. 教材

整个教学法就是把儿童所应该学的东西整个地、有系统地去教儿童学,所用的教材是以故事或社会为中心的或是以"做"为出发点的;教材的设计要简单、具体、切合实际、适合儿童个性与生动有趣。

4. 环境

儿童期是一个人适应环境的重要预备时期。不论是在家庭或是在学校,都需要设置良好的环境,供儿童学习与模仿。良好的幼儿园环境布置原则有:① 环境的布置要让儿童能在其间运用他们的大脑和双手。② 环境的布置要常常变化。③ 高度应以儿童的视线为标准。另外,爱美是儿童的天性,在优美的环境里,儿童爱美的天性可以得到合理的发展。因此,环境艺术化是教育的一种手段,不可以忽略。

四、评价

陈鹤琴强调课程的弹性,因此,他提出的课程并没有很具体的学习内容,是以设计与组织内容时的原则性为其内容。此外,针对学生学习结果的评价,陈鹤琴并未研发出一套独有的评价系统。常用的方式是在每个单元完成之后,进行检讨,考核幼儿的记录与作品,成绩达到最低标准者即给予一个奖章。

第五章
张雪门行为课程模式

第一节 张雪门行为课程模式的发展源流

张雪门因自己儿子的原因而接触到幼儿教育,他感叹当时的幼儿教育缺乏系统理论与相关著作,于是积极投入幼儿教育领域。1929年,张雪门有鉴于当时"师范生不如艺徒"的舆论,主持开办孔德幼师,担任"幼儿教育""幼儿园课程""幼儿故事"等科目的授课教师,并设有特约幼儿园,指导师范生的实习,采取半日上课、半日实习的方式培养幼教师资,企图纠正过于重视读书、而与生活脱节的师资培训教育(华霞菱,1966)。

北伐成功后,张雪门创办艺文幼儿园,主张以幼儿为本、重视幼儿的兴趣与需要的课程(华霞菱,1966)。1930年,张雪门应熊芷女士之邀,受聘于北平香山慈幼院幼稚师范学校,以半道尔顿的教学方式,建立北平地区的幼儿教育及幼教师资课程模式,并陆续在广西、四川等地设立香山慈幼院分院,发展中国本土的幼儿教育,培育中国的幼教师资,努力研发强调"社会研究""社会调查""联络地方感情"特性的乡土性的教材(翁丽芳,1993)。

1946年，张雪门来到台湾，担任儿童保育院院长。1947年，他在台北女子师范学校授课。1954年张雪门退休后，协助在台湾空军的眷村普设幼儿园，并担任幼儿师资的培训工作，期间张氏在《中华日报》的"幼教之友"专栏、《幼教辅导（月刊）》等上，陆续以书写、口述等方式发表幼教实践心得（翁丽芳，1993）。

张雪门一生对幼儿教育主要的贡献之一在幼教师资的养成教育上，其中尤其重视师范生的实习课程。张雪门认为培养优秀幼儿师资，才是发展幼儿教育的唯一途径。他对幼儿教育另一个重要的贡献在于对幼儿园课程研究的重视，提出了"行为课程"理论。张雪门制定的幼儿园行为课程，以儿童为本位，强调引导幼儿学习动机、布置学习环境、鼓励幼儿手脑并用的学习方式的重要性。这改变了当时以成人为教学主体的幼儿园教学现象，引发了以"儿童为学习主体，重视儿童学习经验"的风潮。张雪门晚年虽患疾但仍持续地发表幼教文章，贯彻了"以毕生功夫来研究我国的幼儿教育"的信念（张雪门，1969）。

第二节　张雪门行为课程模式的理论基础

张雪门幼儿教育思想基本上受到福禄贝尔、蒙台梭利、杜威、陶行知等人的影响。

一、教育观

张雪门幼儿教育的教育观表现在以下两个方面。

（1）强调对幼儿发展的尊重，成人所要做的就是给予幼儿肯定和成就感。因为幼儿也是一个人，凡是人，就应该得到尊敬（戴自俺编，1994），因此，课程的产生,应该以幼儿的兴趣为主要的依据。

（2）强调"直接经验"的重要,强调个体和环境接触所得到的经验——"直接经验",对幼儿来说是最重要的(张雪门,1978)。

二、课程观

张雪门的课程观有三次转折。首先,1924年以前,张雪门的课程比较拘泥于蒙氏与福禄贝尔教具的运用;1924—1929年间(第三版的幼儿园课程)的课程设计则较强调以幼儿为中心的课程;1929年之后的课程设计就从蒙氏与福禄贝尔教具的束缚中解脱了,并且因为受到"九一八"事变的影响,开始在课程里除了对幼儿的重视之外,也加强了对社会需要以及民族意识的重视(翁丽芳,1992;张雪门,1978,1966)。

1966年,张雪门出版了《幼稚园行为课程(增订)》一书,对"行为课程"提出了清晰的看法,他说:"生活就是教育,五六岁的孩子们在幼稚园生活的实践,就是行为课程。"张雪门认为,课程应该是根据于生活,从生活中来,在生活中开展,也在生活中结束;不应是完全限于教材的活动。张雪门主张幼儿的学习应该从实际的生活情境,如扫地、抹桌、熬糖、爆米花以及养鸡、养蚕、种玉蜀黍和各种小花等着手;能够让幼儿实际行动的,就应该让他们去实际行动。唯有从行为中获得的知识,才是真实的知识;从行动中所发生的、真实的问题与困难中学习;同时,唯有通过实际生活中的行为,才能使个体与环境接触,而产生直接经验,这种经验是人生的基本经验。张雪门认为游戏、故事、唱歌等教材,虽然也可以给予幼儿模仿和表演的机会,但不能代表人类实际的行为。因此,他主张教师要"常常运用自然和社会的环境,以唤起其生活的需要,扩充其生活的经验,培养其生活的能力"。他认为"若教师真能做到这样,这便是行为课程了"。

三、游戏观

张雪门主张游戏是儿童的本能,借助游戏能帮助幼儿适应生活,但反对游

是为未来生活做准备。张雪门认为儿童在游戏中会忘了自己、忘记现实、在游戏中陶醉,游戏是一种心灵的放松(戴自俺,1994);张雪门肯定游戏作为媒介的功能(戴自俺,1994)。

第三节 张雪门行为课程模式的内涵

张雪门有实际编制课程的经验,在1919年到1932年之间,张雪门编制了五次幼儿园课程。这五次的课程观如前面所述是有所不同的,由模仿国外的课程到"以幼儿为中心"的课程,再至加入"以民族为中心"的原则的课程。下面的叙述基本上是依据第五次课程编制的内涵加以分析的。

一、教育目标

培养中国社会所需的人才并协助幼儿身心发展是张雪门第五次课程编制时所强调的教育目标。

张雪门认为旧式中国教育只注意社会的需要,无法引起幼儿的学习反应;而儿童本位的教育,所有重点都在幼儿身上,则会使幼儿不合群、过于孤立,强调以幼儿为中心的教育是不合宜的,因此要把幼儿和社会联结起来,以幼儿的身心发展为基础,再依据社会发展现状的需要而形成应有的教育目标(黄常惠,2001)。

二、教育内容

1. 内容选择原则

张雪门曾提出:"生活就是教育,五六岁的孩子们在幼儿园生活的实践,就是行为课程。""行为课程完全根据于生活,它从生活中来,在生活中展开,也在生活中结束,不像一般的完全限于教材的活动。"(张雪门,1966)除了讲从生活中求实际经验、直接经验的活动外,张雪门提出了以下在选择课程内容时的几大原则(张雪门,1970;黄常惠,2001;张雅卿,2012)。

(1)课程内容固然源于自然行为,但自然行为却须经过人工的精选,并不是所有事物都适合做幼儿园的教材,唯有符合价值、转移、结果这三项标准的,才是行为课程所需要的自然行为。

(2)课程内容固然重劳动行为,却须在劳动上劳心。幼儿进行"做中学",除了付出劳动,也要运用心思,唯有手脑并用才能真正把事情完成。

(3)课程内容虽从幼儿生活中取材,但须有远大客观的目标。幼儿通过接触环境学习,也会受到国家当前的状况影响,因此需借由课程培养幼儿的国家、民族意识。

(4)课程内容须适合于幼儿的经验。经验须与幼儿接触的环境,以及环境中的时间相呼应。

(5)课程内容须符合幼儿的能力。幼儿生理发展不一,应给他们有可能自由选择、发展的机会。

(6)课程内容须适合于幼儿的兴趣。幼儿对不会的事情没有兴趣,对太会的事情也没有兴趣,在不会和太会之间的,才是适合的课程。

(7)鼓励自我发表和自由创作。为适合于幼儿的发展与个性,给予他们自由提问、操作的机会。

2. 内容组织原则

张雪门课程的组织方法是偏向以"主题"为核心方式去编写教学内容的。主题的选择有:依照节气的变化,纳入与幼儿较多接触的自然与社会环境,且符合时代与国情所需的内容,如节庆(新年、端午、中秋等)、自然(光、电、水等)、家庭、学校、动植物等,大约选四至五个作为每学期的课程主题。选定主题后,再搜集与主题相关的材料,编制适合于幼儿与社会的教材。这种扣紧主题的教学内容,每一项又能自成段落,能依照课堂临时情况做增减,容易吸引幼儿的兴趣与专注力。

3. 编写教案的基本元素

教案的编写,包含动机、目的、活动、过程、材料等项目(翁丽芳,1992)。

(1)动机:强调幼儿自主由内在发出的动机、也可以由教师设法引发。

(2)目的:教师期望幼儿所获得的成效,即教学目标,包括知、情、意的目标。

(3)活动:为了达到教育目的而设计的教学内容以及班级人数、地点、时间分配等,提供幼儿学习的机会。

(4)过程:活动如何开始、展开至结束。

(5)材料:配合幼儿学习的操作工具与材料。

三、教育方法

1. 课程实施前的准备——教案的编写

张雪门认为在课程实施前,教师须有知识、技术、作业程序分析、工具材料、集中心力等最低限度的准备(张雪门,1966;林静子,1997)。

2. 课程实施中的指导

张雪门认为课程实施时,教师应负六种辅导的责任(张雪门,1966;林静子,1997)。

(1)计划上的辅导:凡事情合乎幼儿的兴趣而无计划时,教师应提供他们发问与讨论的机会。

(2)知识上的辅导:教师应在幼儿的行为中,随时随地地提供和补充。

(3)技术上的辅导:与其示例教学,不如教师参与其中,加以暗示或唤起幼儿间的观摩。

(4)兴趣上的辅导:教师只要在幼儿面对行动中的困难或阻碍时,加以鼓励并帮助幼儿解决困难,更能维持幼儿的兴趣与专注力。

(5)习惯上的辅导:当幼儿的行为脱离轨道,教师需追溯原因,设法加以改变。

（6）态度上的辅导：教师须养成对幼儿客观与公正的态度。

四、评价

教师对于幼儿的行为应有所检讨，并持续做观察，予以客观的纪录，最终评价幼儿的行为是否达到预定的目标，并检讨后续发展课程事宜（张雪门，1966；林静子，1997）。

第六章
河滨街课程模式

第一节 河滨街课程模式的发展源流

大致上来说，河滨街课程模式（Bank Street Approach, BSA）的发展历程可分成三个时期，即自1916年至20世纪20年代、20世纪30年代至20世纪60年代，以及1965年至今。河滨街课程模式起源于3~4岁托儿所的实务，而不是由理论出发引导的实务运作。1916年，米切尔（L.S.Mitchell）在亲戚的支持下，成立了教育实验处（Bureau of Educational Experiments, BEE），此即为河滨街教育学院（Bank Street College of Education）的前身。1919年，约翰逊（H.Johnson）成立了现今的河滨街儿童学校（Bank Street School for Children，河滨街教育学院的实验学校）。米切尔和约翰逊为河滨街课程模式奠定了理论基础，此即为河滨街课程模式的起源。河滨街课程模式最初深受浪漫主义和杜威进步主义的影响，强调教育就是给儿童提供一个可以激发其内在发展动力的环境。1930年，教育实验处和其实验学校搬到纽约市河滨街69号继续发展，实验其理论与实务，这时教师皆称他们的教学方式是"河滨街模式"。1928年，比伯（B.Biber）加入，协助发展河滨街课程模式的理论与实务,这时心理动力学的影响显著地增加,使得这一时期河滨街课程模式的宗旨是以儿童为中心,强调儿童个别潜能与自我表达能力的重要性,亦强调学校对儿童情绪与人格发展的影响力,因此强调其教育目的在于促成"完整幼儿"(whole child)的发展。

1965年,"提早开始方案"的推动促使幼教实务界追求更高层次的理论基础。同时,"提早开始方案"的实施对象以低社会经济水平背景的家庭为主,而河滨街课程模式的起源是从私立学校开始的,学生的家庭多属中等社会经济水平或具专业背景,因此,当欲将其模式推展到低社会经济水平背景的或文化不利的儿童身上时,即面临需协助发展儿童认知与语言能力的压力,而不仅仅是如20世纪30年代到60年代那样,单单强调自我—社会情绪的发展就可以满足社会对幼儿园的期望。至1971年,河滨街课程模式正式被重新命名为"发展—互动模式"(Developmental-Interaction Approach),此时,课程不再是以教师的实务为引导,而是根据概念化、系统化的课程模式引导实务的发展。这时的重点在寻找并拼出所谓河滨街课程模式的基本要素,而不是一种继续开展式的课程模式。"发展—互动"中"发展"一词是在强调幼儿对世界的变化与成长的了解与反应,是其每日的生活经验持续累积的结果;"互动"一词指的是儿童与环境互动后所产生的认知与情绪间互动的发展,其最主要的要义是"认知功能"(如信息的获得、推理和表征符号)的使用,而无法与个人的或人际间的处理过程(如自尊、控制冲动的内化以及人际关系)分离。这个词汇,主要在对抗当时行为学派和认知发展学派对认知发展的偏重、忽视了发展中的情绪层面而出现的(Biber, 1977, 1981; Biber, Shapiro, & Wickens, 1977; DeVries & Kohlberg, 1990; Goffin, 1994)。

归纳来说,河滨街课程模式在20世纪20年代是实务主导课程的发展;20世纪30年代至60年代,实务与理论的互动,带动着课程的发展;到了20世纪70年代以后,则是理论带动实务,促进课程的发展。

第二节 河滨街课程模式的理论基础

虽然河滨街课程模式的理论整合了许多不同理论,但依然可以找出其基本的源流主要来自于下列三方面(Biber, 1977; DeVries & Kohlberg, 1990; Gilkeson, Smithberg, Bowman, & Rhine, 1981)。

一、心理动力学理论

受到弗洛伊德(S. Freud)、弗洛伊德(A. Freud)与艾瑞克森(E. Erikson)等人的影响,强调情绪与动机以及自主性自我的发展。

二、发展心理学理论

受到皮亚杰与维尔纳(Werner)等人的影响,虽然这些学者的研究在于认知发展方面,而未特别关心到教育领域,但河滨街课程模式也只运用了皮亚杰学派的学说来对应于当时盛行的行为学派。基本上,河滨街课程模式对当时的教育目标仅限于强调认知发展亦有所批评。

三、教育理论

基本上,河滨街课程模式的理论基础是以杜威的进步主义为其基石,然后约翰逊、米切尔与艾萨克斯(Isaacs)等人即以杜威的理论为基础,开始进行河滨街课程模式的奠基工作。莱姆(Lewm)、墨菲(Murphy)与维果斯基等人的理论亦为河滨街课程模式所借重。后来,比伯长期地参与,协助其将心理学与教育理论相结合,

以及理论与实务结合。

河滨街课程模式的理论基础有以下六个原则（Biber, 1977; DeVries & Kohlberg, 1990; Mitchell & David, 1992）。

（1）发展不是量的变化，而是质的转变，而且发展阶段论是关键的观点。

（2）个人的发展不是固定在发展路径上的某一点，而是在一个可能的范围内进行变化，上一个阶段的成长是下一个阶段的基石。

（3）发展过程包括了稳定性和不稳定性。教育人员的责任就在于发现和协助幼儿强化新的理解，以及提供能促成幼儿成长的挑战与平常状态之间的平衡点。

（4）幼儿随着生理的成长，其与外界环境互动的动机也愈强烈，互动形式也愈多样。幼儿随着年龄的增长，愈会善用自己的身体去探究环境，在探索的过程中，其操弄技巧也就愈来愈精熟和完美。幼儿在不断地接触真实物理世界的过程中，不断地练习各种技能，并产生相关的知识。随着语言的精熟和对各种非语言形式表征的接触，幼儿开始以表征方式去处理他的经验。幼儿这种主动与外界接触的动力是与生俱来的。

（5）幼儿的自我概念是来自于与他人或别的事物互动后的经验。

（6）成长过程中充满着冲突，有自我的冲突、与他人间的冲突，这些均是发展过程中所必需的，解决冲突的方法深受文化和其身边重要他人所影响。

第三节　河滨街课程模式的内涵

一、教育目标

河滨街课程模式中的一个主要观点是：学校的影响力不仅在于智力上的超越，

也在于塑造一个人的感觉、态度、价值观、自我概念、自我理想,以及对于人类生活远景的开创等。价值观是隐藏在教育目标与教学过程中并被传递出去的;认知、情感与社会性发展过程是彼此相依相成的。因此,河滨街课程模式的一个基本前提就是认知功能的发展(指信息的获得与排序,判断、推理、表征系统的运用,问题解决策略等)是无法与个人和人际间的发展分离的(例如自我认同、自尊心、自我控制、人际间的关系等)。这样的前提是源于人本主义的观点,比伯(Biber,1977)称这种人文主义的观点是个人适性发展和社会组织中的要素。因此,教育目的不仅在个人的自我表现,同时亦对照到每一个人的独立性。

从上述的观点来看,河滨街课程模式有以下五个广泛性的教育目标(Biber, 1977; DeVries & Kohlberg, 1990; Mithchell & David, 1992)。

(一)提升能力

河滨街课程模式中的"能力"涵义,不只是客观性的内涵,例如知识技能;同时也包括了主观性的内涵,例如自尊、自信、弹性、有能力的感觉、表现的卓越性、表达和沟通能力等均涵盖在内。

(二)独立个体之认同

这个目标强调的是个体对自己独特性的了解、对自己不同角色(例如学生、孩子、团体的一员等)的知觉与分野,以及对自己符合实际的期望与抱负。这一目标有部分是与第一目标重叠、难以划分的。

(三)社会化

这个目标同时包括了自我控制及自我拓展,目的在自我控制,以便遵守教室里的社会性秩序。这包括了学习将个人的驱动力转向团体的目的,修正自己的行为使之成为一种内化的规则。根据比伯的看法,这个目标下有两个重要的内涵。

(1)具有容易感知他人的观点,以及在工作、游戏、谈话、讨论过程中能合作或互动的能力。

(2)沟通形式的多样性,借以了解人们的感觉、冲突,以及知识的拓展、情绪上的充电。

(四) 创造力

这个目标不只是强调结果,同时也强调过程,包括了各种表达、情感、构想、逻辑、直觉等方式。创造力的表达形式很多,包括律动、绘画、雕塑、旋律、数学与科学的构想等。

(五) 统整性

比伯用"统整性"(Integration)一词来相对于"区分"(Compartmentalization)一词,系指内在世界与外在世界思想与情感的整合。比伯对这项目标并未详加诠释,因此迪泛思和科尔伯格(DeVries & Kohlberg, 1990)认为,比伯的这个目标可能是指统整上述四个目标而言。

根据上述五个广泛性的教育目标,河滨街课程模式将3~5岁幼儿的教育目标再加以精进化而成为以下八条(Biberetal, 1977),并设计出建设性的活动,以协助目标的达成。

(1) 让幼儿通过与环境的直接接触与操作来满足他的需要,包括:

a. 物理世界的探索,例如设备、空间等。

b. 提供建构、操作性的活动。

(2) 通过认知策略去提升不同经验的机会,包括:

a. 拓展信息的接收与反应机会。

b. 扩展表征的模式,如姿态表征,用铅笔、蜡笔表现出两个向度的概念,用陶土、木头、砖块表现出三个向度的概念。

c. 语言的发展。

d. 将经验与信息用0与1概念的方式予以组织,如将过去与现在予以整合;强调在不同经验情境下的分类、顺序、关系和转换等概念的意义与应用。

(3) 提升幼儿关于接口设备的知识,包括:

a. 观察学校里的环境,如厨房、电梯、冷气等。

b. 观察学校外的环境,如了解交通规则、盖房子、参观警察局、消防队等。

c. 讲故事,如故事中提到的职业分工、大自然等内容。

d. 讨论幼儿听到的当时社会上正发生的重大事件,如战争、示威、游行、地震等。

(4) 支持能提供各种不同经验的游戏,包括:

a. 提供幼儿想象游戏时所需的道具与舞台设备。

b. 让幼儿有超出现实的自由与再现和预演经验的机会。

(5) 帮助幼儿将对冲动的控制予以内化,包括:

a. 沟通,设定一组不具威胁性的限制,如规则。

b. 建立功能性的成人权威角色。

(6) 符合幼儿在其发展阶段中因应问题的需求,包括:

a. 当幼儿与熟悉的环境或事物分离时,应予以安慰,使其情绪缓和。

b. 协助处理从家里带到学校会起冲突的特质,如引导独生子女与其他幼儿分享事物。

c. 要能接受幼儿在独立与依赖间的冲突,如要能接受当幼儿在压力下,其行为会退化到依赖的行为上。

(7) 协助幼儿发展出自己是独立、有能力的个人自我形象,包括:

a. 增加幼儿有关自我的知识。

b. 更进一步地统整自己,如在表征游戏中,通过再次地表达去进一步确认自己。

(8) 帮助幼儿建立互动过程中相互支持的模式,包括:

a. 建立成人与幼儿、幼儿与幼儿间非正式的、口语的与非口语的沟通管道。

b. 提供幼儿相互合作和团体活动的机会,如讨论时间、共同完成一项工作。

c. 提供支持的成人角色。

d. 建立人际间价值观点交流的模式。

二、教育内容与教学原则

河滨街课程模式并未提供具体的教育内容,它只提出教育目标与教学原则,之后就由教师自主地去选择和组织教学内容。比伯(Biber,1977)将课程与教学原则简要地叙述如下。

（1）幼儿在教室里获得的不同经验,正是幼儿提升语言发展与进行思考的主要素材。

（2）将幼儿的经验与类化的主题链接,以协助幼儿了解。

（3）提供给幼儿的活动,能让幼儿将对周遭环境的兴趣与想法表达出来并加以精进化。

（4）戏剧式的游戏有助于幼儿各方面的发展。

（5）课程内容应反映两个主要的主题:① 方法,如做一样东西,修理、装订一样事物的做法和过程;② 起源的问题,如某样东西是怎么来的、何时出生的等问题。

（6）适当的学习就是主动地学习,在主动学习中要先赋予幼儿发问、探索与计划的角色。

（7）课程的组织要有弹性,这样幼儿才能在已建立好的课程架构中去做选择。

（8）教师在设计课程时要以幼儿的生活环境、关心点为基础去做计划。

（9）教师须随时运用适当的机会,鼓励幼儿用心地观察,并在不同的经验与转换经验过程中做比较。

（10）要常运用幼儿的亲身经验,去澄清其认知的意义。

（11）思考是一种持续性的行为,和感受、想象、做东西是同时并进的。

（12）学习经验形成的顺序应该是先要开放和探索性地进入到较结构性的活动中;随着自我探索活动的增多,再有结构性地去了解如何做的问题。

（13）通过提升广度、丰富性和适度的复杂性,以增进认知性的增长。

（14）事先做好的、有结构性的材料,是用来让幼儿复习已经从复杂的环境中习得的概念。

（15）教师应将事先设计好的教学计划与幼儿活动中所引发出来的相关活动交互运用。

（16）不论学习内容是什么,接触、探索、观察与通过口语和非口语的再表达等要素,一定要包括在学习历程中。

三、教育方法

教育方法将从环境的规划、教材、教师的角色三方面来展开论述。

(一)环境的规划

河滨街课程模式强调,教室空间的规划、教学时间的安排等,在符合教育目标的情况下,教师都要有自己变化的空间,亦即空间的安排要兼顾个人活动与团体活动的需求,有接触各种不同活动的可能性,要让幼儿有选择活动的机会。整个环境所提供的就是一个快乐的、学习的、生产性的社会环境。河滨街课程模式的典型教室具有规划好的、界线清楚、功能分明的区域形式。

在时间的规划方面,为了让幼儿有秩序的感觉,每天的作息安排有一定的顺序。表6-1是河滨街教育学院实验学校一周作息表的范例。

表6-1　河滨街教育学院实验学校一周作息表范例

时间	星期一	星期二	星期三	星期四	星期五
8:30—9:00	入园	入园	入园	集会①	入园
9:00—9:30	游乐场	游乐场	游乐场	游乐场	游乐场
9:30—9:45					
9:45—10:00					
10:00—10:15	讨论	讨论	讨论	讨论	讨论
10:15—10:30	点心	点心	点心	点心	点心
10:30—10:45	工作			区域	
10:45—11:00		体能	美劳		
11:00—11:15					
11:15—11:30		△②	1/2 组音乐		区域
11:30—11:45			1/2 组区域	1/2 组音乐	
11:45—11:00	1/2 组图书馆	音乐	1/2 组律动	1/2 组图书馆	
11:00—11:15	1/2 组区域		1/2 组区域		
11:15—11:30	午餐	午餐	午餐	午餐	午餐分享讨论
11:30—11:45					

（续表）

时间	星期一	星期二	星期三	星期四	星期五
13：45—13：00	休息	休息	休息	休息	放学
13：00—13：30					
13：30—14：45	西班牙语	角落／户外	1/2 组律动	区域／户外	
13：45—14：00					
14：00—14：15	△②		区域		
14：15—14：30					
14：30—14：45	故事	故事	故事	故事	
14：45—15：00	放学前的聚会				

注：① 3~7岁班级集合在一起唱歌、分享学校新闻（林士真老师提供）。
② △指教师弹性利用。

（二）教材

河滨街课程模式强调，提供给幼儿的材料应是能让幼儿自发探索、实验和进行表征的素材。非结构性材料，例如积木、黏土、水、沙、颜料等，是让幼儿自由运用的最佳材料。教材应放置在开放式的架子上，让幼儿可以自由取用。

（三）教师的角色

河滨街课程模式同时强调教师在幼儿认知发展和社会情绪发展方面所扮演的角色。

1. 在认知发展方面的角色

从比伯等人（1977）指出教师在协助幼儿认知发展方面所扮演的角色如下：

（1）评估幼儿的思考，然后有所控制地引导幼儿的概念精熟程度的提升或扩展内容的范围。

（2）对幼儿的反应、困惑或建议，予以口语上的响应、澄清、重述和纠正。

（3）培养幼儿直觉的和联结性的思考。

（4）提出问题，以提升幼儿归纳性的思考。

2. 在社会情绪发展方面的角色

河滨街课程模式深受心理学理论的影响,因此特别强调教师和学校在培育幼儿的自我发展和心智健康上扮演着重要的角色。教师和学校是居于家庭和外在世界间的协调者,教师是幼儿可以信赖的重要人物,一旦幼儿离开家庭,接触到一位可信任的教师时,他就会有安全感,才较能接受别人或别的事物,这将有助于幼儿克服分离焦虑,以及离开家庭迎接走入另一个社会时所面临的冲突。

教师需要去鼓励与支持幼儿,以提升幼儿自发性的自我。从社会情绪发展角度来看河滨街课程模式中的教师角色时,我们可以发现教师的角色融合了许多好妈妈和心理治疗师所具备的特质。虽然河滨街课程模式强调师幼间的关系是息息相关且互动的,但由于其强调发展幼儿的信任感,因此教师的角色相当具有权威性。河滨街课程模式所强调的权威性,具有一种积极性的动机,而不是让幼儿顺服在权力下的权威。唯有幼儿信任教师的时候,他才能接受教师是广大社会性知识和社会道德规则的代表;也只有当幼儿信任教师的时候,他才能接受教师在控制幼儿冲动时的权威性。由教师的各个角色来看,河滨街课程模式强调教师角色的权威性是有其理论基础的。教师教育的五大原则如下(Nager & Shapiro, 2007)。

(1)教育是一种创建和促进社会公平、鼓励参与民主进程的工具。

(2)教师要通过正式学习、观察和参与等来积极深入地了解某一主题。

(3)在家庭、小区和文化背景下,去了解幼儿的学习和发展的教学需要。

(4)教师要继续自我成长,作为一个人,也作为一个专家。

(5)教学需要有教育哲学观,要包含对学习和学习者、知识和认知的视野等所有教学元素。

由这些原则可知,教师的权威性与一般学校要求幼儿放弃自己的意愿去听从成人的权威性是不一样的。

四、评价

河滨街课程模式强调真实性评价,搜集幼儿的各种作品、教师的观察记录等数据,建立档案式的个人评价数据。评价数据是用来说明幼儿成长和学习的情形,以及了解幼儿的需要、兴趣与长处。

第七章
卡蜜—迪泛思课程模式

第一节 卡蜜—迪泛思课程模式的发展源流

1962年,当维卡特(D.P.Weikart)在美国密歇根州的伊梯皮斯拉(Yntipsila)制订高瞻计划时,卡蜜(C.Kamii)是该计划的研究助理。1966—1967年,卡蜜拿到博士后奖学金到几内瓦大学(University of Geneva)在皮亚杰手下做研究。1967年,卡蜜回到伊梯皮斯拉负责该公立学校里的课程,并另外发展了一套托儿所课程(Kamii, 1972a, 1972b, 1973a, 1973b)。在这段时间里,卡蜜发展出的课程目标与高瞻计划的目标类似,都在强调使教育不利的幼儿能够在学校中获得成就。1969年,卡蜜与皮亚杰的同事H.辛克莱的交谈,对卡蜜产生了相当大的影响力。辛克莱(Sinclair)指出,皮亚杰从未想到要将他的理论应用在教育中,而成为"教导性的模式"(Instructional models);同时,辛克莱注意到皮亚杰对于知识的分类中,是将"物理知识"(Physical Knowledge)与"逻辑—数学知识"(Logical-Mathematical Knowledge)区分开来的(Sinclair,1971)。自此以后,卡蜜的观点开始产生转变,并通过观察幼儿操弄物品时的活动与反应,设计关于物理知识的活动。1970年,物理知识出现在卡蜜设计课程中的目标内（Kamii & Radin, 1970），自此以后，卡蜜的课程模式逐渐与其他以皮亚杰理论为理论基础的课程有了显著的差异。

　　1970年，另一影响卡蜜的人物是迪泛思（R.DeVries）。卡蜜—迪泛思课程模式的启动者是卡蜜，他原先的课程设计重点是在皮亚杰的结构论上，到1970年他与迪泛思开始合作，逐渐将原本的课程架构从皮亚杰的结构论转至强调皮亚杰理论中的建构论，并加入科尔伯格（L.Kohlberg）的道德发展理论和塞尔曼（R.Selman）的角色取替发展理论，而形成卡蜜—迪泛思（Kamii-DeVries）课程模式。

第二节　卡蜜—迪泛思课程模式的理论基础

　　卡蜜—迪泛思课程模式是以皮亚杰学说中的建构论为理论基础，强调自主性的互动、去中心化的发展，以建构知识的过程。同时，卡蜜和迪泛思在应用皮亚杰学说时，强调皮亚杰知识论对幼教课程的启示，而不是从心理学观点去探讨其对幼教课程的应用价值。以下是卡蜜与迪泛思将皮亚杰学说应用到幼儿教育（特别是针对3~5岁的幼儿）时所强调的理论观点（DeVries & Kamii, 1975, 1980; Kamii & DeVries, 1977, 1978）。所谓从知识论观点来看，是指探讨"什么是知识"及"知识是如何产生的"等相关的议题。

一、知识的种类：响应"什么是知识"的问题

　　实证主义者认为，知识来自于外在世界，而皮亚杰则认为知识同时来自于个体的内在和其外在世界。物理以及与人相关的知识主要来自于外在的世界，而逻

辑—数学知识则主要来自于个体的内在。因此皮亚杰将知识分成以下三种。

（一）物理知识

物理知识是指客观的、可观察到的外在实体性知识，因此物理知识来自于外在世界的物体本身。了解物理知识的唯一方法就是对该物体采取行动（Action），然后观察该物体对自己的行动的反应是什么，例如，将信封和玻璃丢到地上，观察相同的行动会有什么不同的结果。通过对物体的挤压、推拉、折放、摇晃等活动，幼儿对物体的特性就会愈来愈清楚。因为这部分知识多是通过感官获得对外在世界的认知，因此这部分知识可以部分地称为实征性知识（说它是部分属于实征性知识，是因为逻辑—数学知识的产生亦是在物理知识产生的过程中所形成的）。

（二）逻辑—数学知识

逻辑—数学知识强调的是事物间的"关系"（Relationships），是来自于个体内在的建构。

（三）社会性知识

社会性知识（Social Knowledge，又称为 Conventional Knowledge）是指人与人之间在达成共识的过程中所产生的知识。这部分的知识，又可分为风俗习尚知识，又称武断知识（Arbitrary Knowledge），它会随着不同的社会而有不同的内涵（例如，12月25日是圣诞节，不能在桌上跳），以及道德推理（Moral Reasoning）两部分。风俗习尚知识属于约定承袭的知识，而道德判断是对于一件事物之好、坏、对、错的判断。

二、知识建构的历程：回答"知识是如何产生的"的问题

皮亚杰知识论的重点包括结构论与建构论，因为卡蜜和迪泛思后来在教学的应用上强调皮亚杰的建构论，因此以下以卡蜜对建构论的诠释为本，介绍此模式的立论。

皮亚杰将知识产生的方式分成两类：一种是实征性抽离（Empirical Abstraction），

又称为简单化抽离（Simple Abstraction），另一种是反省性抽离（Reflective Abstraction）。

个体通过感官所产生的感觉，或经由实际对物体的行动而产生的感觉，都属于实征性抽离的历程。在实征性抽离的过程中，个体的焦点会因放在物体的某一特性上而忽略其他的特性，例如，当幼儿将颜色从积木中抽离出来时，他就忽略了积木的重量、材质等特性。实征性抽离的过程是通过物理行动（physical acting）进行的，用此种方式所产生的知识称为物理知识。

反省性抽离包括了对物体间的"关系"的建构。如前所述，"关系"是不存在于外在实体上的，例如，两个积木间的"差异"，并不存在于其中一个积木里，也不存在于外在实体上，这种关系只存在于能在脑中将两个积木"创造"出来的人身上。对个体而言，这种反省性抽离过程不是源自于一次或一个行动，而是累积了多个行动的结果来加以抽离、创造出的一种关系。个体利用实征性抽离的过程建立物理知识，再以物理知识作为其思考的对象（例如，"红色"积木和"蓝色"积木），通过反省性抽离的过程建构逻辑—数学知识。这种逻辑—数学知识进一步影响到个体的物理与已有的逻辑—数学知识，使个体成为认识的主体，而不断地开展个体自身的发展。

第三节　卡蜜—迪泛思课程模式的内涵

一、教育目标

卡蜜—迪泛思课程模式的长期目标是"培养幼儿不断发展的可能性"，其针对3~5岁的幼儿教育提出以下三个基本的教育目标（Kamii & DeVries, 1980）。

（1）与成人有关的：通过安全的关系，成人权力的介入愈少，就愈能培养幼儿自主性的态度。

（2）与其他幼儿有关的：培养幼儿发展"去中心"（De-center）的思维和协调不同的观点与能力的发展。

（3）与学习有关的：培养幼儿的警觉心、好奇心、判断力和信心去思考问题，并诚实地将所想的说出来，主动地提出想法、问题以及多角度地看待问题。

卡蜜和迪泛思认为，当幼儿达到了上述各项目标时，其他能力就会随之发展出来，例如，语言发展未列在上述目标之列，卡蜜和迪泛思认为当成人权力尽可能地减少时，谈判就会产生了。当幼儿参与决策过程时，他们就必须经常地说话，同时需尽可能地将其想法合乎逻辑地、具有说服力地说出来。有意义地运用语言会促进幼儿语言的发展。在与成人或其他幼儿谈判、协调的过程中，幼儿需做很多的判断、决定、倾听与表达，这些均有助于幼儿语言、智力、社会行为等的发展。又例如，社会与情感目标、积极的自我概念等也未列在上述目标之列，卡蜜与迪泛思认为在幼儿时期，其认知、情感、社会性等的发展是不可分的，是互相依存的。

读、写、算能力的培养也未列在上述目标之列，主要是因为卡蜜与迪泛思认为，一个好奇、警觉的幼儿不可能对生活周遭所出现的街名、交通标志、罐头上的标签等不感兴趣；不会对于"班上有多少位同学""今天有几个人没来"等都毫无知觉。教育目标有概念上的层次，同时是在发展架构内的，因此当幼儿的警觉性与好奇心被激发时，读、写、算能力就会得到发展；反过来看，单教幼儿读、写、算的能力，就无法达到上述三个基本目标中的任一目标，也不可能达到所期望的长期目标。

以下再将上述三个基本目标做详细阐述。

（一）与成人有关的

通过安全的关系，成人权力的介入愈少，就愈能培养幼儿自主性的发展。自主性是相对于他律性而言，自主性不是指为所欲为，而是包括了对欲望的规范、协调，最后做出兼顾各种考虑的决定。成人常运用奖惩手段来维持其权力，只要成人权力介入，幼儿就无法自由地与成人合作和自愿地建构他们自己的规则。这就是为什么在本目标中强调成人权力的介入要愈少愈好。尽量减少成人权力的介入并不是指完全不介入,有些环境还是需要成人的介入。在运用奖惩手段时,成人与幼儿间需要有积极和良好的关系,否则奖惩是不会产生效果的。

自主性不只是指社会性的,同时也是智力的。如同社会性知识与道德判断一样,知识的获得要靠幼儿自己去建构,这样才会真正成为他自己的知识。若幼儿被期望去接受他们所未必了解的"正确答案"时,他们就会对自己理解问题的能力欠缺信心,也就会逐渐地习惯于做一个他律性的学习者。

(二)与其他幼儿有关的

培养幼儿发展脱离自我中心的思维和协调不同观点的能力。皮亚杰认为,幼儿间的互动对幼儿的社会、道德和智力发展所不可欠缺的条件,由于幼儿间的关系属平权关系,因此幼儿较易通过与其他幼儿间的互动,去建构自己有关社会性、道德性和智力方面的知识,能与他人协调和合作就必须能去中心化,亦即能从他人的角度去思考问题。

(三)与学习有关的

培养幼儿的警觉性、好奇心、批判力和信心,思考问题时能实际地将所想的说出来,并主动地提出想法、问题以及将许多事情放在各种关系中来看。这个目标也是从建构主义来的。如果知识的产生不是如同将水倒入空瓶中的灌输方式得来的,而是通过幼儿主动建构的话,警觉性、好奇心和批判性思考是必须的条件。幼儿自己去建构知识首先必须要有自信,要有那份相信自己能理解事物的自信。

建构主义不仅重视幼儿要以自己的方式去了解事理,同时强调要能自己提出问题。当幼儿可以自己形成问题时,他将以自己的方式(非以教师的方式)在处理知识建构的过程中产生的认识认知失调的处境,这种处境即成为幼儿不断探索知识的动力。同时,建构主义强调知识的获得是不断地创造各种事物间的关系,而不是一个独立的事实与概念。上面所谈与学习有关的概念,归纳来看就是强调智力的自主性。

二、教育内容与教学原则

由于皮亚杰将知识分成物理知识、社会性知识（又分成风俗习尚和道德推理）、逻辑—数学知识，因此卡蜜—迪泛思课程模式针对不同知识领域提出不同的教育内容与教学原则，并设计出一些活动，以供使用者参考（DeVries & Kohlberg, 1990; Kamii, 1972a, 1972b, 1973a, 1973b, 1982）。卡蜜和迪泛思一再强调，他们提出的原则要比活动设计本身来得重要；换言之，卡蜜与迪泛思强调了解皮亚杰的理论后，参考其所提示的活动设计与教学原则，即可发展出自己的教学内容，而不应限于他们所提出来的教学活动内容。由于卡蜜与迪泛思认为在社会性知识中，风俗习尚知识只有从别人那里才能获得，因此教师成为这种知识的提供者之一，也就因此未出书针对这部分的知识加以陈述，唯针对物理知识（Kamii & DeVries, 1993）和社会—道德之培养（DeVries & Zan, 1994）方面有专著探讨。另外，卡蜜与迪泛思强调，通过游戏可以同时促进幼儿的社会、道德、认知、情感等方面的发展（Kamii & DeVries, 1980），因此也针对团体游戏提出活动设计的原则、范例以及对学习有帮助的分析。针对幼儿时期数字（Number）的学习，他们也有专著深入探讨（Kamii,1982）。以下即针对物理知识、社会—道德教育（Socio-Moral）、团体游戏、"数"的活动等领域，分别叙述其设计的标准、活动分类情形以及教学应注意的原则。

（一）物理知识

有关物理知识的活动设计，所强调的重点在幼儿要能主动性地对物品事件采取行动和观察物品事件的变化情形，因此就物理知识而言，采取行动和观察物品事件的变化都很重要。

1. 物理知识教学内容

物理知识活动可分成以下两类。

（1）包含物体移动的活动。

在这类活动中，幼儿对物体采取的行动（Action）是重点。幼儿可以从自己对物体所采取的不同行动来观察其不同的结果，例如"推球"活动，幼儿用不同的力

量推球上不同的点,球就会有不同运动方向与运动距离的变化。在这类活动中,物体只有移动,但并未改变其特质。幼儿必须观察,体会自己行动的变化与物体移动间的关系。

（2）包含物体改变的活动。

在这类活动中,物体本身会产生变化,其变化的原因是来自于物体本身的特质,而非幼儿的行动造成的,例如,果冻的解冻和颜料的混合都是属于物体的变化,这类活动是某种环境条件(热度)造成物体某种形式的改变(果冻融化)。幼儿在这种活动中,就需观察并建构环境变化与物体变化间的关系。

在第一类活动中,幼儿的行动与物体变化的关系是显而易见的,而且是立即可见的;而在第二类活动中,造成物体变化的因素不是立即可见的。卡蜜和迪泛思针对这两类知识分别设计了活动作范例（Kamii & DeVries,1978）。

针对第一类物理知识的活动设计,卡蜜和迪泛思提出以下四大参考标准: ① 必须让幼儿通过自己的行动去造成物体的移动。② 必须让幼儿有机会产生不同的行动。唯有在幼儿有不同的行动,产生不同物体移动的结果时,幼儿才有自己去建构这些规则的机会。③ 物体的反应必须是可观察的。④ 物体的反应必须是立即性的。

2. 物理知识教学原则。

教学原则可分成以下三个阶段来看。

（1）活动开始之初。

原则一:在介绍活动时,要以最能让幼儿启动活动的方式介绍。介绍活动的方法可以参考下述三种:① 把材料自然呈现在会被吸引的幼儿面前。② 把材料放在幼儿面前,并说:"想一想,这些东西可以如何使用？" ③ 把材料放在幼儿面前并提出问题,要幼儿想出各种可能的解决方法。

原则二:从平行式游戏着手。虽然幼儿间的互动是教育的主要目标之一,但是在物理性知识活动中,最好让幼儿拥有独立的材料,并鼓励他们平行式地游戏,因为这时幼儿活动的焦点是物体本身,成人要鼓励的就是这种自动启动的动力。如果此时教师干扰幼儿活动,就会影响幼儿自动启动活动的倾向。

（2）活动的延续。

活动一旦开始，下述原则可以使活动更具精进性。

要了解幼儿在想什么并做出适度的回应，如果幼儿在建构自己的物理知识时，是沉浸在自己的思考中，而不是与环境互动，教师就必须放下原先已设想好的活动，去跟随幼儿的想法，等幼儿不再感兴趣时，教师再回头提出原先要给的建议。这样看来，教师的角色就似乎变得被动多了，但事实上不然。卡蜜和迪泛思提出三个例子，是教师可以介入引导的例子：① 帮助幼儿完成有关实物问题的实验与观察，有时幼儿能力有限，无法做到想做的，这时教师可予以协助。② 提供材料、协助比较。当教师觉得某些事物比较有助于幼儿学习时，可以提供材料与引导。③ 示范新的可能性。在教学过程中，幼儿的行动和教师的介入同等重要。重要的是教师的介入一定要适度。

（3）活动结束后。

在活动结束后，教师应协助幼儿通过讨论去反思他们做过的活动，如"在该活动中学到什么""看到什么"等问题。整个活动的目的就在于培养幼儿对行为的知觉以及感知其他人、事、物对某种行为的反应。

（二）社会—道德教育

社会—道德教育的近程目标在于协助幼儿道德发展层次的建立，促进建立一个正义的学校小区。长程目标即在通过完全发展的个体去开创一个更大的、有正义的人类社会。最初，社会—道德教育是就社会角色取替和道德判断而言，后来觉得只是运用对社会—道德两难问题情境的讨论和团体游戏方式，并不足以满足幼儿对于社会—道德发展的需求。因此，科尔伯格（Kohlberg）与利克纳（Lickona）（DeVries & Kolberg, 1987）针对社会—道德教育提出更广的目标与方法，亦即在教室里建立一个正义的小区。这样的目标是视教室为一小区。对幼儿而言，对正义、合作的学习是在亲身经历的事件中学习，而不是以说教式的或坐着谈的方式学习。要使得教室成为一个正义的小区，培养幼儿的社会—道德发展的做法如下。

1. 让幼儿参与讨论、制定班规的民主过程

教师提出的问题（此即为社会—道德教育的一部分），包括：

(1) 什么叫规则?

(2) 为什么我们要有规则?

(3) 班规应该由谁决定?

(4) 教师是否也应该和学生一样遵守班规?

(5) 班上应该有哪些班规?

(6) 当有人不遵守班规时应如何处理?

(7) 一旦班规设定后,可以改变吗?如何决定一个班规是否需要改变?

2. 利用机会教育

教室里发生的幼儿间的冲突是教导幼儿社会—道德规范与行为应用的最好机会。一个冲突事件的发生是角色取替(社会推理)和公平性(道德推理)的误会而起的冲突。当幼儿起冲突时,教师应做的事是:

(1) 帮助幼儿了解彼此的观点。

(2) 帮助幼儿想出公平的解决方法,这个方法是可以兼顾两人观点的。

(3) 帮助幼儿学习解决纷争的技巧。

(4) 提出班上发生的冲突问题,全班讨论找到解决策略。

(5) 有些适合全班共同讨论、学习的冲突,可以用小组讨论方式处理。

(6) 在教室里,要培养每一个幼儿的自我责任感和社会责任感,让幼儿在生命一体的共识中,营造彼此关怀的集体风气。

(7) 提供合作学习的环境与机会。

3. 教师的角色

在实施社会—道德教育时,教师的角色既复杂又重要。教师必须知道:

(1) 如何以不同形式去运用其不同程度的权威力量。

(2) 引导讨论所需的技巧,包括提出幼儿感兴趣的讨论问题、做总结、探索社会—道德方面的推理、让幼儿分担主持会议的角色与维持会议规则的责任、协助幼儿解决问题、适时结束会议。

(3) 要有能设计支持幼儿社会—道德行为产生的环境的想象力。

(4) 用活动来实施社会—道德教育的能力。

(5) 身教的重要性并身体力行之。

（6）承诺的重要性，即在教学中不可避免地会有挫折、失败的经验，教师必须持续相信自己在幼儿发展中所扮演的角色。

（三）集体游戏

卡蜜和迪泛思的报告指出（高敬文等人，1985；Kamii & DeVries, 1980），通过游戏规则的制定可以发展幼儿的社会—道德行为，有助于幼儿逻辑思考和道德方面的能力发展；通过对游戏规则的维护，可以促进幼儿主动机警和诚实说出其想法的信心，亦能促进幼儿创造力的发展；通过游戏，可以达到前面叙述的三大教育目标，可以同时促进幼儿社会、政治、道德、认知与情感的发展。因此，卡蜜—迪泛思课程强调集体游戏的重要性。

1. 集体游戏教学内容

卡蜜—迪泛思课程举出八大类游戏（分别是瞄准游戏、赛跑游戏、追逐游戏、躲藏游戏、猜测游戏、口令游戏、玩牌游戏、盘面游戏），并分别分析每类游戏对幼儿认知学习方面的价值，并提示教师参考使用的介入方式。

针对集体游戏的选择标准，卡蜜和迪泛思提示了以下三个基本的参考指标（高敬文等人，1985；Kamii & DeVries,1980）。

（1）内容有趣，具有挑战性，能让幼儿思索如何去做。评估一种游戏是否达到第一个标准，首先可看看该游戏的内容，能提供多少机会让幼儿活动或思考。假如一种游戏对任何阶段的幼儿都不能提供太多的思考机会，那么它实在不值得一试。

（2）能够让幼儿自己评定是否成功。这个标准，使得幼儿对游戏的评估不必受到成人权威的介入。

（3）在整个游戏过程中，能让所有幼儿主动参与。"主动参与"的意义是"从儿童观点而言，能做心智的主动思考及情感的投入"。也就是说，一个幼儿能否在游戏中发现有事可做，要视其发展程度而定。

2. 集体游戏教学原则

以前面从皮亚杰理论推演出来的三个幼儿教育目标为指引，卡蜜和迪泛思指出，集体游戏教学时最基本的两个教学原则。

（1）修正游戏构想，以适应幼儿的思考方式。

幼儿的思考方式异于成人，真正的发展指的是"幼儿根据他已知的去建构新的东西"。用外力强加于幼儿的"正确方法"，并不能促进其发展。硬性要求幼儿正确无误地玩某种游戏，是击败我们的幼儿教育目标——培养自主性、学习相互协调合作、鼓励主动学习的致命武器。

在实际教学中运用"修正游戏构想，以适应幼儿思考的方式"这一原则，有三个方面要注意：① 教师不加以干涉，随幼儿根据自己的玩法去玩。② 介绍一种新游戏时，用非竞争的方式开始。③ 鼓励幼儿在游戏中不断修正规则。

（2）尽可能减少成人权威，并鼓励幼儿间的合作。

在集体游戏中，减少成人权威，鼓励幼儿做决定，可促进幼儿知识与社会性的自主性发展。教师运用此原则的最好方法是参与游戏，并且和其他玩家一样遵守规则。此时成人的角色是：一方面参与集体，成为游戏的一员；另一方面协助幼儿遵守规则或发展新规则。

（四）"数"的活动

卡蜜认为，"数"方面教学的主要目标是培养幼儿独立自主的能力，在此前提下，只要能把握数学教学原则，日常生活中许多情境，例如分点心、排餐桌、做观察记录等，都可用来成为教学的内容。

所谓教学原则是比较强调间接式的教学，包括鼓励问问题、安排学习环境等方式。卡蜜提出以下六点原则。

（1）鼓励幼儿对周遭事物保持警觉，并尽量将所有物品、事件放入各种关系去思考。

（2）在有意义的情况下，鼓励幼儿去思考数目与物品量的问题。

（3）鼓励幼儿合逻辑地去定量思考，并对两组东西做比较。

（4）鼓励幼儿将物品以不同方式加以分组。

（5）鼓励幼儿多与其他幼儿互动，通过互动，幼儿可以自己建构出自己的认知。

（6）关注幼儿思考的过程，而非答案的正确与否。

三、评价

卡蜜—迪泛思课程模式强调过程评价,同时以临床法(Clinical Method)来观察幼儿的学习与发展情形,例如,欲了解幼儿是否有数目的概念时,通过观察幼儿数数的顺序与数法以及问答方式,就可了解幼儿的数目概念发展的情形。

如果幼儿的数法如图7-1所示,同一个扣子重复地数了,表示幼儿尚未发展出数数时的顺序关系;拥有数数顺序概念认知的心像应如图7-2所示;当我们问幼儿"指给我看6个"时,若幼儿只指最后一个扣子,就表示幼儿尚未将"6个"视为一个整体,而是一个个体,如图7-3所示;换言之,幼儿尚未发展出"包含"的关系,如图7-4所示,表示在幼儿心智中,1是包含在2里面,2是包含在3里面……

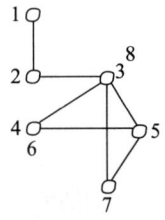

图7-1　4岁幼儿数数的数法

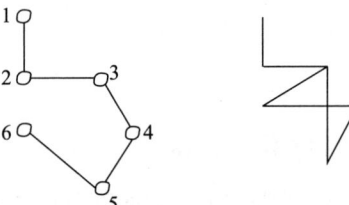

图7-2　数数时物体排列的心像图

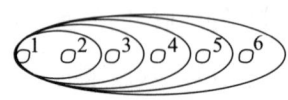

图7-3　数字图

图7-4　数的包含图

第八章
直接教学课程模式

第一节 直接教学课程模式的发展源流

20世纪60年代中期,贝赖特(C.A.Bereiter)与恩格尔曼(S.Engelmann)在伊利诺大学厄巴纳—香槟分校(University of Illinois at Urbana-Champaign)成立了一所附设幼儿园,以他们的名字为名(Bereiter-Engelmann Preschool),这是一所专为5岁幼儿而设的学校。贝赖特在20世纪60年代初期和中期,主要努力的方向是教导学前的幼儿,让他们具备上幼儿园(指针对5岁幼儿的机构)和小学低年级时所需的基本能力。恩格尔曼的兴趣也是教导3~4岁幼儿基本能力的提升。贝赖特与恩格尔曼深信所有的幼儿都是可以被教育的,只要教导低成就的幼儿更多的学业技巧,他们就可以赶上同辈较高成就幼儿的学业水平。因此他们设计了一个每天2小时直接教文化不利幼儿读、算、语言的课程,大家称此课程模式为贝赖特—恩格尔曼课程模式(Bereiter-Engelmann Model,以下简称 B-E 模式)。

1967年,贝赖特离开伊利诺大学,贝克尔(W.C.Becker)加入。从那时到1981年,这个模式就以"恩格尔曼—贝克尔直接教学模式"的名称被大家熟悉(Engelmann-

Becker Direct Instruction Model)。贝克尔是一位心理学家,原本的兴趣是儿童临床心理学,后来由于对儿童临床心理学的传统方法不满而努力地建立一个行为导向的方法。贝克尔加入后,对该课程模式的贡献包括:① 帮助父母更有效地去教导孩子;② 训练教师应用行为学派的原则;③ 应用效标参照测验(Criterion Referenced Tests)来评估幼儿的进步情形;④ 通过两周一次的报告来评估教师的成长;⑤ 应用计算机技术来评估和管理幼儿的学业情形(Becker, Engelmann, Carnine & Rhine, 1981)。

1970年,恩格尔曼—贝克尔直接教学模式和其成员离开伊利诺大学,转移到俄勒冈大学(University of Oregon)。由于"继续方案"(Follow Through Project)的需要,直接教学模式发展为由幼儿园到小学三年级的课程。自1981年起,这个模式被称之为直接教学课程模式(Direct Instruction Model,以下简称DI模式)。

20世纪60年代,DI模式和B-E模式盛行,其受欢迎与被肯定有其社会和政治背景因素。

(1) 由于DI模式和B-E模式强调,通过环境的改变可以改变幼儿的学习成效,此无疑是对智力固定论的挑战,此种观念深受当时社会和家长所欢迎。

(2) 美国普遍性的贫穷附带而来了低成就幼儿问题,DI模式和B-E模式强调,低成就的幼儿是因为他们接受了较少的文化刺激,换言之,如能系统地直接教导低社会经济水平家庭幼儿未来上学所需的能力,就可缩小低社会经济水平地位幼儿与中等阶层家庭幼儿间的差距,也就能解决贫穷所带来低成就幼儿的问题。

(3) 1957年,苏联发射第一颗人造卫星,严重打击到美国的尊严,因此在教育上加强读、写、算课程的呼声大起,B-E和DI模式正符合当时的需要。

(4) B-E模式和DI模式最能与多数公立学校课程衔接。

第二节 直接教学课程模式的理论基础

B-E 模式和 DI 模式与其他课程模式不同的地方是它们的理论基础不是来自于儿童发展理论。参与这个模式的研究者多为教育学家和行为心理学家,而不是发展心理学者,因此其学习理论强调幼儿行为的改变和个别差异是来自于学习,而非来自于发展,其在学习中情况如下。

(1)幼儿在学习中是接收体而非参与者。

(2)教育人员可以通过事先周详的设计,使幼儿与环境互动来增加幼儿的学习成效。

(3)应用行为学派理论中的增强、塑造、处罚、削弱等方法,可用来促进刺激与反应间的联结,使其产生学习行为。

第三节 直接教学课程模式的内涵

B-E 模式和 DI 模式虽有其承继的脉络关系以及共同的理论基础,但因教学对象的年龄层不同,因此在课程内涵部分也就有差异存在。以下即将两个模式分开来说明。

一、B-E 模式

（一）目标

B-E 模式（Becker et al., 1981; Bereiter & Engelmann, 1966; Goffin, 1994）的长期目标是让 3~4 岁学习不利的幼儿具备上幼儿园和小学所需的能力。在细分具体目标时，则分成十五条最基本的目标，其中包括一般说话时词汇与句型结构的使用能力，例如，"回答问题时，肯定句与否定句的使用能力""能正确地数到十""能分辨元音和至少十五个子音"等。

（二）内容

课程内容主要有两个来源：① 从小学一年级的课程去分析，得出小学入学前的幼儿应具备的能力是什么；② 从"比西智力测验"去分析幼儿普遍应具备的概念是什么，据此来设计课程，得出颜色、大小、形状、数字、顺序、分类、位置、行动、材料、部分与整体的关系等概念是入小学前幼儿应学会的概念，因此将这些加入其课程内容。

（三）教学方法

在教学方法方面，B-E 模式有五个特性：① 快速度的学习步调。20 分钟内要完成五种或五种以上的活动，幼儿会被不断地要求做出反应，可以多到 500 次以上。② 与活动无关的行为尽量减少，上课时强调工作导向。③ 强调用口语做出反应。④ 课程是事先周全地设计好的，每次以小单元方式进行，同时不断地给予回馈。⑤ 课程要求幼儿完成许多活动，因此幼儿需要用心、努力地去做，这样才会有奖赏。

（四）每日作息表

B-E 模式的作息是：每天上课 2 小时，每班 15 位幼儿，5 位幼儿为一组。每天上三门课：阅读课、算术课和语文课，分别由 3 位不同教师上，每堂课 20 分钟。另 1 小时全班一起做一些"较次要的活动"（Minor Activities），例如点心时间、上厕所和半结构式的活动等（如表 8-1 所示）。

表 8-1　B-E 模式的作息时间表

时间	第一组 （5 位幼儿）	第二组 （5 位幼儿）	第三组 （5 位幼儿）
第一个时段（10 分钟）	非结构性活动		
第二个时段（20 分钟）	语文课	算术课	阅读课
第三个时段（30 分钟）	点心	音乐	时间
第四个时段（20 分钟）	算术课	阅读课	语文课
第五个时段（20 分钟）	半结构式活动		
第六个时段（20 分钟）	阅读课	语文课	算术课

二、DI 模式

（一）目标

DI 模式（Becker et al., 1981; Bereiter & Englmann, 1966; Goffin, 1994）的长期目标是培养低成就幼儿基本的学习技能，好让他们与文化背景较好的幼儿在社会竞争中能同样受更高教育和有更多的机会。近程目标是帮助从 5 岁幼儿到小学三年级学生达到属于该年龄层的学业水平。DI 模式设计者也看重幼儿社会与情绪领域的发展，他们认为 DI 课程有助于幼儿积极自我概念的发展，因为当幼儿成绩好时，他们看待自己和别人对他们的看法都会较正面。DI 模式的教育目标常以学业目标为导向，因此其核心科目是阅读、语言和算术，每个科目分成三个程度，计九套课程内容，由科学研究学会（Science Research Associates, SRA）以 DISTAR 注册商标出版。每一套课程都有各自的目标。

（二）内容

DI 课程的内容如下。

（1）阅读：DISTAR 第一套和第二套阅读课程的目标是掌握阅读的译码技巧（decoding skills）和理解技巧；第三套阅读课程的目标在于培养幼儿能从阅读中获

得新知,并会使用所得的新知。

(2)算术:第一套算术课程的目标是掌握基本的加、减法运算及应用问题的运算;第二套算术课程的目标是掌握基本乘、除法的运算和时间、长度、重量、金钱的加减运算;第三套算术课程的目标是掌握加、减、乘、除混合运算和代数的运算。

(3)语言:第一、二套语言课程的目标是教物品的名称、特质、类别,以及彼此间的关系,幼儿学习完整地叙述和对细节的描述;第三套语言课程的目标是帮助幼儿加强对基本文法规则、语言的应用,以及写作和拼字能力。

(三)教学方法

DI模式的教学方法强调小组教学,并运用行为学派的增强原则。为了能进行小组教学,在学前一年、小学一年级和二年级的班上除了一位主教教师外,还有两位助理教师,小学三年级则有三位助理教师,和B-E模式一样,每位教师都是以学科为专长,专门负责班上某一科的教学。

(四)每日作息表

DI模式的作息表是以分组方式进行教学活动的:每天5小时上课时间,其中,3小时用在学业学习上,2小时用在学业学习以外的活动上。每班幼儿分成四组,每组约4~7人,轮流学习三个科目。每个科目如上述第一套和第二套课程时,教学时间是30分钟;如上述第三套时,幼儿需自己先做练习簿30分钟,然后再有15分钟的教学时间。学得程度好的幼儿,教师会要求他每天完成1.5课,学得程度最低的幼儿每天要完成0.7课。

三、评价

上述两个模式的评价都是以标准化成就测验为主,每一课程结束时都有标准化参照测验。

第九章
人类价值教育课程模式[1]
（SSEHV 课程模式）

第一节 人类价值教育课程模式的发展源流

一、SSEHV 的发展源起

沙迪亚赛巴巴（Sathya Sai Baba，以下简称赛巴巴），1926 年 11 月 23 日出生于印度南部布达峇地（Andhra Pradesh）县的偏远村落（台北市人类价值教育学会，2010）。赛巴巴提倡价值教育，重视道德价值，其教育目标在于启发人们辨别是非的能力，最终目的在于"启发人类潜在的优点"（台北市人类价值教育学会，2010）。沙迪亚赛人类价值教育（Sathya Sai Education in Human Values，以下简称 SSEHV）强调对人类精神层面的教育、启发幼儿内在的智慧与良知，以及运用早已存在于内心的美好价值，使幼儿成为真正有价值的人（汤维正，译，1999）。

---

[1] 作者注：SSEHV 目前在台湾尚未成为一个完整的普及化教育系统，本章的参考数据与书籍以台北市人类价值教育学会翻译、编印成册的书籍为主。

随着社会的变迁,家庭的稳定性与凝聚力降低,学校强调知识与技能的习得,而在一般文化中,例如消费文化、电视文化等,幼儿大多会从中接触到负面的价值观与讯息。由于家庭、学校和文化的变化,人们对于信仰、价值传递的重视程度降低,这为这个社会带来诸多危机,例如,道德感的丧失、缺乏正确的价值判断,甚至缺乏对不同文化的包容而带来歧视与战争等。因此,赛巴巴追求人类价值教育的理念应试着从"心"的教育开始,从"心"找回力量去面对这变动的世界。

赛巴巴说:"世上只有一种阶级:人的阶级。世上只有一种宗教:爱的宗教。世上只有一种语言:爱的语言。"SSEHV 的教育不分种族、阶级、宗教,赛巴巴认为宇宙相互共存的信念便是"爱"(台北市人类价值教育学会,2010)。

赛巴巴在故乡创立了从幼儿园到中学的一套完整的教育体系,也在印度诸多省创办了许多学校(台北市人类价值教育学会,2010)。SSEHV 强调无私的奉献,认为教育与金钱之间不应有任何挂钩,因此世界各地合法的赛学校教育皆为免费,在这样的环境下,希望培养学生成为真心渴望为他人服务和奉献的人(台北市人类价值教育学会,2010)。

二、台湾的 SSEHV

1996 年国际沙迪亚赛组织首次到台湾举行会议。1999 年正式成立了台北市人类价值教育学会,且不定期举办"教师研习""为人父母""义工培训"以及 SSEHV 亲师读书会,致力于推广及运用 SSEHV 的理念于教育中。2000 年开办"沙迪亚赛祥笛幼儿园",免费招收 4~6 岁幼儿(台北市人类价值教育学会,2010)。

第二节 人类价值教育课程模式的理论基础

SSEHV课程,是沙迪亚赛巴巴对社会过于物质化、过于强调功利性、外求式教育的反思后提出的教育观点与做法。他融合了多个宗教的精神、论述,形塑出自己的一套"心育"(Educare)哲学。这套哲学简单易懂,与教育哲学或一般学术性的哲学理论不同。

第三节 人类价值教育课程模式的内涵

一、教育目标

SSEHV课程模式的教育目标在于培养幼儿基本的人类价值观、教导符合伦理的行为,以及教导何谓自我控制,使人们具有良好的品格和美德。而教育的成果便是人格的建立(汤维正,译,1999)。

二、教育内容

人类的五个基本价值分别为:真理、正义、和平、爱及非暴力。这五项人类价值是每个人应受的完整教育及灵性教育的核心,也借由传递此五个价值以建立完整的人格。人格的五个层面分别为智能、身体、感情、心理及精神。人类的五个基本价值和人格的五个层面是相通的,以下说明五个价值的内涵及其与人格层面的相关之处(汤维正,译,1999)。

(一)真理(智能领域)

1. 定义

(1)真理是思想、言论、行动的和谐统合。

(2)真理是亘古不变的。

(3)真理是觉悟于天地万物性灵的启示。

(4)真理是永远无法摧毁的。

2. 与人格的相关

真理与人格中的"智能"是相通的,代表理智的能力及直觉的力量。通过真理,幼儿不再仅追求世俗的知识,而是追求智能、真理、哲学思维与人生的价值等。当真理被充分彰显时,幼儿便有一套内在价值判断标准,能辨别是非,且碰到问题时能做出正确的决定。

(二)正义(身体领域)

1. 定义

(1)正义乃与人类自我身体层面的发展有关。

(2)发展强健的躯体,同时发展控制、规范躯体的方式及习惯。

2. 与人格的相关

正义与人格中的"身体"是相通的,但并非仅表现在运动技能上,而是发展强健的身躯,其目的是让人通过"行动"来展现道德与自我控制和规范,进而拥有意志力以引导良好欲望。例如,幼儿学会控制自我的情绪,抑制冲动,并运用正面能量去做正确的事。

（三）和平（感情领域）

1. 定义

（1）和平是内在精神的宁静、精神的平衡及平静心。

（2）和平存在于每个人之中。

（3）当人心从外求转向内省时，并将欲望减到最低且懂得知足时，才会获得平静。

（4）和平并非静止不动，而是通过艺术活动等美丽的形式来表达，例如音乐、舞蹈、美术等。

2. 与人格的相关

和平与人格中的"感情"相通，通过去除冲动，以达到和平。

（四）爱（心理领域）

1. 定义

（1）爱是人类的基本价值。

（2）爱是每个人无时无刻不在发散与接收的能量。

2. 与人格的相关

爱是人我关系的表现，通过正向的思绪与情感，将爱扩展至亲情、友情等。且爱与人格中的"心理"相通，通过爱的方式，让幼儿拥有仁慈、关爱、慈悲之心，以能帮助他人，无私奉献，此乃人格中的心灵层次。

（五）非暴力（精神领域）

1. 定义

（1）普遍的爱，帮助人们明了自身对构成这宇宙万物应有的义务，以及必须扩展至对万物的爱。例如，对万物的爱落实在"不杀生"上，因此不杀害动物，也不食用肉类食物。在SSEHV的学校，皆不食用肉类。

（2）非暴力超越自我与同类的关系，乃涵盖所有无生命的事物。

（3）非暴力是指在思想、言论、行为这三方面，都不去伤害其他事物。

2. 与人格的相关

非暴力与人格中的"精神"相符合,当人们了解了"万物浑然成一体",并拥有了非暴力的精神想法时,非暴力才能实现。非暴力可谓一切行为的引导,赛巴巴曾说:

非暴力展现在思想上就是与万物融合;

展现在语言上,就是理解与谅解;

展现在行为上,就是利他——主动滋养所有的生命体。

三、教育方法

SSEHV的教育方法及其相应的教学活动的目的,是让幼儿不只是用脑,同时是用整个身体去学习,通过主动地参与,使价值能更深地根植于幼儿心中。SSEHV教育方法的核心有三:教学方法、环境规划,以及成人角色,详述如下(台北市人类价值教育学会,2010)。

(一)教学方法

SSEHV采用三种学习方法,包含直接教学法、将价值融入科目的间接教学法、将价值融入课外活动的间接教学法,传递人类价值给儿童。其各自具体的实施方式,说明如下(汤维正,译,1999)。

1. 直接教学法

直接教学法指以直接的方式传递人类价值。学校在每两个星期里强调同一个价值,并在这段时间让全校师生皆处于此价值的氛围中。例如,在校园内到处张贴海报、励志小语,展示艺术作品,以及吟唱人类价值歌曲等。教师采取的步骤如下。

第一步:每一至两个星期专注一个基本价值观,教师需从五个"人类基本价值"中挑选其中一个(真理、正义、和平、爱、非暴力)。

第二步:每个教案以一个价值观为主,教师设计活动细节(例如讲故事、唱游、谚语、箴言等),以配合巩固此价值观。在教学活动上,共有"静坐冥想""励志小语、肯定句、祈祷(箴言、谚语)""讲故事""音乐、合唱"以及"团体活动"等五种教学活动与技巧,说明如下。

（1）第一种教学活动与技巧——静坐冥想。

① 原则。

"平静"是学习所必需的,学生要先能平静下来,静得下心后,才能将教师在课堂上讲授的东西加以吸收,对课程内容的了解和对正向价值的吸收才能更有效率与透彻。初期,教师可先让幼儿在上课前静坐2分钟,过一段时间待教师发现幼儿已将此视为规范的行动,且幼儿于专注力、接收讯息能力上有些转变后,教师可再延长静坐时间至5分钟,接着再逐渐延长时间至10分钟左右。

② 技巧。

a. 教导幼儿利用呼吸的调整来静心,例如做闭上眼睛、深呼吸、吐气等动作。

b. 冥想三阶段:专注（心意的集中）—沉思—冥想。

c. "光的冥想":用光来净化身体的一切感官,让自己能想好的、看好的、听好的、说好的、做好的。其步骤为:

第一步:请幼儿围一个圈,盘腿坐在地上。

第二步:教师关灯,并点亮蜡烛。

第三步:播放引导"光之冥想"的音乐。

第四步:请幼儿闭上眼睛,跟随着音乐的指示,进行"光之冥想",语言指示如:

  现在把光　带到心中

  让我们的心中　充满了光

  想象　心中有一朵莲花

  花苞在心中　一瓣一瓣地　绽放开来

  愿我们的心中　充满了爱与和平

（2）第二种教学活动与技巧——励志小语、肯定句、祈祷（箴言、谚语）。

① 原则。

a. 利用正面的思绪激发正向的心理动力。

b. 正向的想法→正向的行为→正向的习惯→正向的人格→正向的命运。

② 技巧。

通过励志小语及肯定句等富含智慧和真理的话,使其深植于潜意识内,从而影

响心念,而心念最终和人格有关,例如:

a."让我学会倾听师长的话语,不仅是因为他们比我有智慧,而且他们也爱我。"

→教导幼儿倾听师长的话,并非为了服从而服从,而是教师以爱与智慧引导、指示幼儿。

b."愿我有力量及勇气,面对生命中所有的困难;愿我勇敢又坚强,能克服自己内在、外在的所有障碍。"

→教导幼儿给予自我内在的力量,用心的力量去克服困难与障碍。

c."向着光前进,影子便落在你的后头;背着光而行,你便得跟随着你的影子。"

→光代表着光明,且会驱逐所有黑暗("光的冥想"),亦代表正向的能量,教导幼儿凡事朝着正向前进,则负面的一切皆会被驱逐。

(3)第三种教学活动与技巧——讲故事。

① 原则。

故事能描绘一幅各种人物、情境状况,以及道德上的难题与解决之道的图像,让幼儿联想到相对应的价值,使幼儿对社会规范、社会期待、可接受的态度,以及行为目标较为敏感,进而能将价值深植于心中。

② 技巧。

结合三个要素,包括:"故事本身",依据幼儿的发展状况,挑选长度适宜、符合理解程度的故事;"说故事的人",喜欢、投入故事,且能与孩子分享故事感受;"听故事的幼儿"。

(4)第四种教学活动与技巧——音乐、合唱。

① 原则。

和谐的音乐可放松身心,使人处于喜悦与安乐的状态;相反,嘈杂、尖锐和不和谐的声音则会令人紧张。当合唱或音乐与价值相联结时,幼儿有机会通过它得以体验到正面的价值,它能从中给予幼儿灵感与启示,给幼儿有益的指引。

② 技巧。

a. 乐器演奏:鼓励幼儿学习、操作不同的乐器。

b. 音乐欣赏:播放音乐(如古典音乐或正向价值的音乐)。

c. 静坐时聆听音乐:聆听古典音乐或正向价值音乐,让幼儿专注。

d. 合唱和组织乐队：引导幼儿在集体中意识到融入与协调的重要。

（5）第五种教学活动与技巧——集体活动。

① 原则。

集体活动具有双重意义——人类是社会性动物，因此需要在"集体"活动中与他人互动；"活动"则相对于"听讲"而言，有利于引发幼儿兴趣。

② 技巧。

a. 故事扮演：通过不同角色的扮演，让幼儿学习如何解决各种状况。

b. 哑剧：幼儿不说话表演一个主题，让其他幼儿猜测他所要传达的讯息。

c. 集体工作：鼓励幼儿合作，让幼儿学习倾听不同意见、会用不同观点看待事物，也可以学习他人之优点。

2. 将价值融入科目的间接教学法

此教学方法是在各科目的教学中融入带有"正面价值"的知识，以讲故事、举例等方式，教育幼儿其背后隐含着的正面价值意义。以融入数学课程为例，教师并非仅教导数学算式，而是通过自编故事，将价值整合进去。这样的做法可以用在各个科目的教学里。以下分别以负面价值范例及正面价值范例举例（汤维正，译，1999）。

（1）以数学"10 - 7 = ?"为例。

a. 负面价值："一位农夫有十头牛，七头牛被偷走了，现在农夫还有几头？"

→在此数学算式中，便隐含了"偷窃"的意涵，无形中也将"偷窃"的观念融入到了幼儿的价值观中。

b. 正面价值："一位农夫有十头牛，他为了'感谢'邻居总是在他需要的时候'帮助'他，农夫决定送给邻居七头牛，请问现在农夫还有几头牛？"

→在此数学范例中则传递了正面的价值观——"感恩"与"帮助"。

（2）以科学"重力"为例。

一般教师会讲解因重力因素，水会向下流动。但在此课程中，教师会融入"价值观"，例如，把水比喻为"爱"，若内心充满骄傲，则"爱"无法流向我们；反之，若我们很"谦卑"，则"爱"会朝我们这边流动（如图9-1所示）。这是将正向价值观融入科学科目的做法的案例。

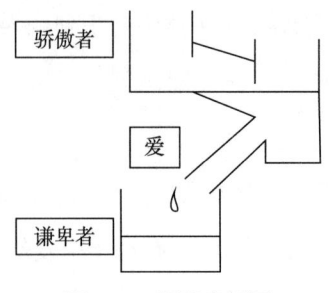

图 9-1　课程案例图

（3）以历史为例。

历史故事中有许多荣耀和失败的事件,可在课程中强调历史故事的正面价值观,例如爱国心、慈悲、合作、忠诚、正义、坚毅等,以故事的方式传达正面价值。就"坚毅"为例,可以"孙中山"的故事,强调不畏失败、愈挫愈勇的价值。

3. 将价值融入课外活动的间接教学法

这是在各种课外活动中强调价值,例如园游会、运动会、户外教学、参观活动、义卖活动、服务活动、社团活动等,都可以在适当的时机点,以及活动内容的设计上,与"价值"教育有所联结（汤维正,译,1999）。

（1）以"运动会"为例。

a. 输与赢:在运动比赛中,教导幼儿"运动员精神",例如,"君子之争",以光明的态度获得胜利;"胜不骄、败不馁",教导幼儿明白人生不可能永远赢或输,无论输或赢,赢者不应骄傲,败者也应为赢者开心。并且要教导幼儿要勇敢去面对各种状况,甚至明白失败中也有美好的一面,例如,了解自己的不足,从失败中明白自己应继续努力的方向。

b. 让幼儿在运动中学习"合作"与"团队精神",尽心尽力团结每个个体的力量,让 1 + 1 > 2,了解"团队力量大"。

（2）以"辩论会"为例。

以高年级学生为主,让学生分成两队,并采取相反立场。由教师担任裁判,以确定结论是奠定在良好的价值观上。题目如"门禁",正反观点可以让孩子们讨论门禁的好处与坏处;或者站在不同角度,站在孩子的角度以及父母的立场观点来讨论门禁,例如:

① 正、反两面立场谈门禁。

a. 门禁的好处。

（a）安全考虑：夜间较危险，以防坏人进入。

（b）身体健康考虑：有门禁可以规定回家的时间，即可避免因太晚回家而影响睡眠时间。

（c）时间管理：通过门禁的使用，学习时间管理。

b. 门禁的坏处。

（a）无法弹性支配时间：可能打断聚会，易感觉扫兴。

（b）亲子关系：增加父母与孩子间的摩擦。

（c）被动遵循规定，而非主动地自我管理。

② 从父母、孩子的角度谈门禁。

a. 孩子的角度。

时间无法弹性支配：聚会尚未结束，自己得先回家，易感到扫兴。

b. 父母的角度。

（a）因为关爱而有门禁：父母担心孩子只身在外的安全。

（b）为了增加与家人相处时间：限制孩子在外的时间，以增加家人之间的相处时间。

在此过程中，幼儿能学习从不同角度进行思考，也能在辩论中，厘清自己的概念与想法，并了解同样的事件背后可能隐含不同的意义。

（3）以"环保活动"为例。

让幼儿在生活中更重视环保，"爱护"及"感激"大自然提供给我们的一切，并珍惜保护大地上的一切资源且"不浪费"。活动有种树、种花草、资源回收等。

（二）环境规划（学习环境）

SSEHV教育课程强调让幼儿沉浸在正向的价值之中，因此对环境的规划主要有以下两种。

1. 励志小语、肯定句

为了让幼儿"眼睛看见好的事物"，教师会将励志小语及肯定句等贴或画在墙壁上，让幼儿随时可看见正向的事物，借由视觉的沉浸，将其深植心中。

2. 音乐

为了让幼儿"耳朵听见好的事物",教师时常会播放并带领幼儿一同吟唱正向价值的歌曲,借由听见好的话语,接收正面的价值。

(三) 成人角色

SSEHV 教育课程重视成人的身教,如果幼儿真的要了解某一特定的价值,最有效率的方法就是成人得先肯定与重视该价值观念,才能借由"口"说出的言教与"行为"做出来的身教,向幼儿传递正向的价值讯息,以对幼儿发挥正向的影响(汤维正,译,1999)。

四、评价

塔普林(Taplin,2006)曾经针对 SSEHV 教育课程的评价标准进行说明。他认为价值教育的成效难以评价,基于以下两个原因。

(1)教育者难以避免地将自己的价值倾向纳入评价,无法进行客观评价。

(2)教育并非要幼儿在一开始便有立竿见影的成效,教师也无法立即看见价值教育对幼儿的影响。

虽然价值教育并没有特定的评价标准,但有了标准不仅可以评价幼儿获得的成果,且能帮助幼儿了解行为的本质,因此塔普林试着以赛巴巴所言"教育的结果是人的品格",将"品格"作为期望的结果,并采纳阿诺斯(Anoos,2001,转引自 Taplin,2006)的建议,将品格的评价指标分为以下九项,并且分为"完美、很好、中等、不很好、不好"五个等级标准来评量:① 诚实;② 承担角色的责任;③ 讲真话;④ 尊重他人;⑤ 关心弱小;⑥ 有原则(良好品性);⑦ 不会被福祉宠坏,不会被不幸压垮;⑧ 忠诚;⑨ 诚信。

塔普林认为,标准可以通过各种不同的方式来提升,例如,教师与幼儿共同讨论、幼儿自评、幼儿间互评,甚至家长、教师、幼儿共同讨论等。最好的方法则是让幼儿制定自己的标准,以调控自己的价值。

第十章
金字塔课程模式

第一节 金字塔课程模式的发展源流

20世纪90年代,荷兰经历了前所未有的移民潮,大量涌入的移民儿童令学校教育措手不及。荷兰教育心理学家范凯克(J.J.van Kuyk)博士为2.5岁至7岁学前幼儿设计了一套课程与教学方法,期望能借此有效提升幼儿各方面的能力,尤其是语言、思考与学习的能力。此课程模式被广泛应用于荷兰,现在逐渐被推广到世界各地。

第二节 金字塔课程模式的理论基础

金字塔课程模式在形成过程中融合了鲍尔比（Bowlby）的依附理论、皮亚杰的认知发展理论、维果斯基的社会文化建构理论、加德纳（Gardner）的多元智能论、西格尔（I. Sigel）的距离理论，以及范格特（Van Geert）的动态系统理论等观点。

凯克（Kuyk）博士发展出来的金字塔课程模式的理论架构包括四个基本概念、三种智能、三个行动与思考的层级，以及四种课程活动，说明如下。

一、四个基本概念

图 10-1 显示的是金字塔课程模式中的四个基本概念，分别为亲近（Nearness）、距离（Distance）、学习者的主动性（Initiative of the Learner），以及教师的主动性（Initiative of the Teacher），以下即针对这四个基本概念进行详细阐述。

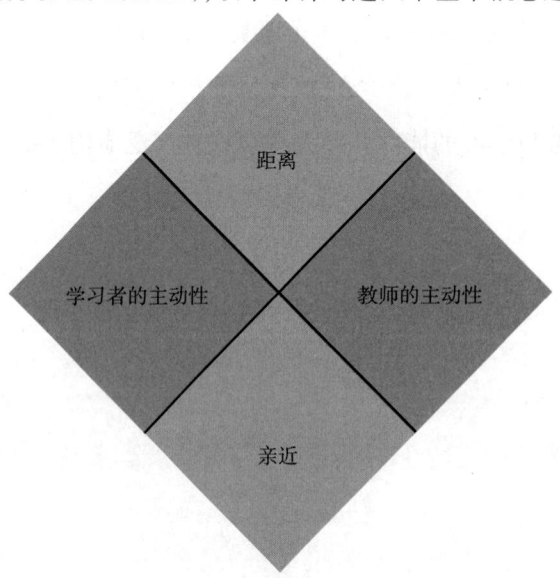

图 10-1 金字塔课程模式的四个基本概念

（一）亲近

亲近是指师幼之间的贴近关系，与依附理论（Theory of Attachment）的概念相似，认为良好的依附关系是重要的，因此在进行教育时，让幼儿感受到教育者陪伴左右是重要的。若教育者与幼儿之间建立了稳固的依附关系，就能帮助幼儿获得足够的安全感，幼儿就得以自由地迈向世界、探索世界。

金字塔课程模式认为，幼儿的自由必须伴随着组织与规则，在教育者支持、鼓励与尊重儿童自主性的同时，也要创造一个清楚的架构以及建立规则；此架构与规则同样能提供给幼儿安全感，使他们能在安全的情境中主动进行探索。必须要留意的是，这些架构与规则代表着游戏及学习的空间，是要用来给予幼儿秩序和归属感，而不是用来限制幼儿的行动。在师幼建立友善关系的过程中，金字塔课程模式提出的"敏感的响应态度"（Sensitive Response Attitude）是一个关键，其认为教师在现场的任务就是关注幼儿发出的讯息，通过适当的调节、响应以配合幼儿的发展（讯息反馈），例如，应该觉察并尊重幼儿显示出来的他们并未准备好加入团体活动的讯号。

（二）距离

距离一词源自 1993 年西格尔（Sigel）提出的概念架构，凯克（Kuyk）由此发展出距离理论（Distancing Theory）。教育者必须从幼儿此时此地的学习点开始，从近距离的具体情境与事物着手教学，以帮助幼儿的知识与经验由近而远地建立起来。

换句话说，教师既需要提供有助于解决幼儿眼前问题的事物，也要提供机会让幼儿讨论不在眼前的事物，如此幼儿便有机会想象从未看过的事物，或思考过去发生的与未曾发生的事。进一步地，幼儿能从中习得表征能力，学会如何创造得以用于思考、回想的各种抽象表征（Representation），进而呈现不在自身眼前的事物。

教师的任务是通过课程中的短期（Short Term）或长期（Long Term）的方案规划，来促进儿童与未知经验间的联结（关于短期和长期实施的概念，会在"四种课程活动"部分加以说明）。此概念与维果斯基于 1962 年所提出"最近发展区"的指导原则与应用类似，相信教师能以策略拓展幼儿的能力与经验，并强调教师角色的重要性。

（三）学习者的主动性

皮亚杰认为，幼儿能通过接触外在世界的事物来建构自己的知识，他们有足够的认知能力主导自己的发展。幼儿的主动性是教育过程的开始，也是教育的目标。儿童在婴儿时期，即展现出他们主动探索世界的能力，例如用手抓取物品、注视感兴趣的事物等（林慧丽、胡中凡、曹峰铭、黄启泰、蒋文祁、简惠玲，译，2013）。

金字塔课程模式强调，教师应支持幼儿主动探究的行为，由教师提供丰富的环境与刺激，予以幼儿主动探究和自由探索的机会。这是金字塔课程模式的第一个目标，也是最终的教育目标，即培养能够管理自己每日生活的独立儿童。

（四）教师的主动性

如同维果斯基"最近发展区"的学习概念，金字塔课程模式认为，教师的角色是扮演幼儿学习过程中的鹰架，在幼儿遇到无法独立完成的任务时给予协助，或进一步提供丰富的资源与刺激，在具发展潜能的区间内拓展幼儿的认知与能力。

教师的主动行为有：可以单纯通过鼓励的方式来支持幼儿，也可以运用多元的教学技巧创造可能性、提供示范、给予指导，引导幼儿主动学习技能和概念，以培养幼儿思考和解决问题的能力。

（五）四个概念间的关系

金字塔课程模式的四个基本概念是极为重要的理念基石，其强调概念间彼此消长的紧密合作关系，分别举例如下。

（1）学习者的主动性 vs 教师的主动性：当幼儿主动探寻时，教师能适时退居幕后；当幼儿主动性较低时，教师要能出面提供环境、资源及心灵上的支持与引导。

（2）亲近 vs 距离：有了"亲近"便能出现"距离"，当幼儿获得安全感，就有足够的动机进行探索，由近而远地开展学习。

四个基本概念相互结合，构成课程与教学的要素。教学的要素与教师对待幼儿的方式有关，要重视师幼间关系的建立；课程的要素与学习内容有关，后面会有说明。研究指出，幼儿的思考与行动有许多不同层次的运作，决定运作的层次通常会受到情境、资源、内心状态等不同情况的影响。金字塔课程模式相信教师依据经验及知识所提出的问题（兼具开放性和距离），能促进幼儿高层次的表征，并激发幼儿发展的潜能，以达到最佳化（Optimizing）的发展层次，这也是教师在教学中的重要任务（如图 10-2 所示）。

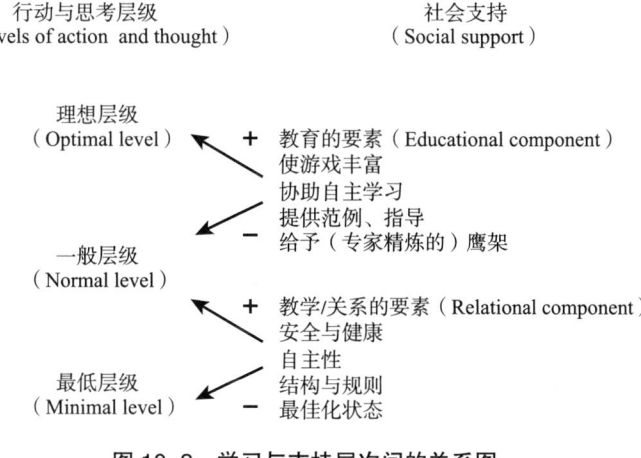

图 10-2　学习与支持层次间的关系图

二、三种智能

金字塔课程模式所强调的发展领域的观点，是以其三种智能为基础的（如图 10-3 所示）(Kuyk, 2013)，说明如下。

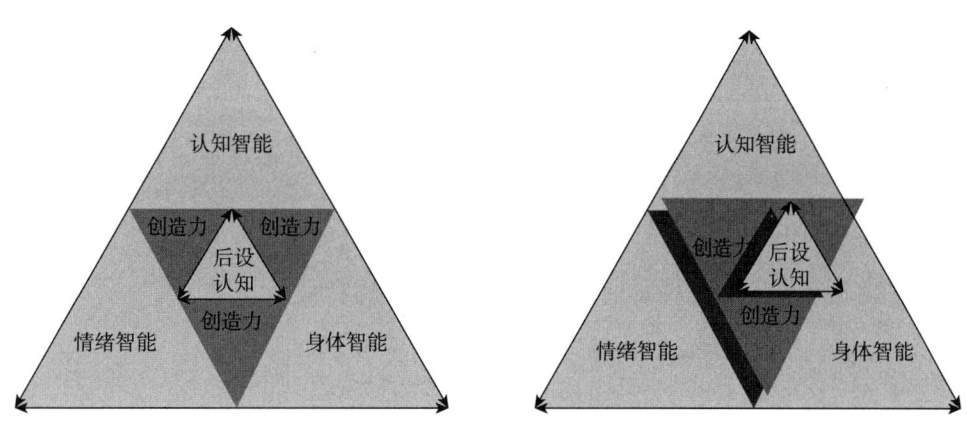

图 10-3　三种智能和三个行动与思考的层级

（一）认知智能

认知智能（Cognitive Intelligence）是指幼儿控制与使用语言以及思考的能力，包括感官、语言、思考、空间与时间的认识等内涵。幼儿通过发展这些概念来认识世界，并掌握日常生活中的各项概念。

（二）情绪智能

金字塔课程模式中的情绪智能（Emotional Intelligence）与个人的人格发展、社会情绪发展相关，此项智能是指幼儿能够感觉到自己与他人的情绪，并相应采取适宜的行为举止的能力。换句话说，在此领域中强调教师应协助幼儿学习辨识自己和他人的感受，以发展尊重他人的道德行为。

（三）身体智能

身体智能（Physical Intelligence）是指开展肢体活动、控制肢体，并以创意的方式表现自己的能力。这在金字塔课程模式中被区分为动作发展能力及艺术（音乐和美术）发展能力。在此领域中，幼儿学习运用自己的肢体，了解身体的极限，进而学会如何创意地展现和使用肢体语言；同时他们也搭配合适的材料、道具及乐器，学习用艺术性的方式表达自我。

三、三个行动与思考的层级

金字塔课程模式对于幼儿学习阶段分有三个行动与思考的层级，依序反映出幼儿逐渐个别化的学习历程以及学习上的变通性。教师在了解后可对应幼儿处于何种行动与思考层级，采取合适的教学方法与介入的程度。

三个行动与思考层级的内涵（如图10-3所示），说明如下。

（一）基础层级

基础层级（Basic Level）所学习的是基本的知识与技巧。在这个层级中，幼儿通过模仿、示范、复制和学习他人的行为而进行学习。

（二）创造力层级

创造力层级（Creative Level）所指的创造力，是指能创造、想到任何崭新或具有价值事物的能力。在此层级中，幼儿以创意的方式运用他们学到的基础知识及技巧进行学习。

（三）后设认知层级

后设认知层级（Metacognitive Level）是认知与技巧的最高层级。当幼儿能觉察自己拥有的知识、技巧和有意识地调整自己的行为时，幼儿即到达了此层级。在认知智能面对的学习过程中，幼儿有许多机会逐渐意识到自己在肢体、情感和认知上所产成的行动，并留意到此过程运作具有弹性、创意的各种可能性。在游戏、方案等不同的主动学习中，幼儿通过不断反思问题，增进此层次的学习与思考的能力。

四、四种课程活动

为了达到幼儿的优化发展，金字塔课程模式强调四种课程活动。依据幼儿的主动性可产生两种课程活动：游戏活动和主动学习；依据教师的主动性亦可产生两种课程活动：方案及连续性活动。下面简单介绍四种课程活动的概念。

（一）游戏活动

游戏活动（Play Program）是由幼儿主动采取行动而产生的。在游戏里，幼儿可以自由和主动地在预设区域和环境中游戏、学习和探索。

（二）主动学习

金字塔课程模式强调幼儿主动进行各项活动，希望提供给幼儿主动学习（Initiative Learning）的动机、意愿与机会。

（三）方案

方案（Project）是教师依据幼儿的经验与兴趣为主题发展的一系列活动。每一个方案都起始于一个游戏活动，幼儿可自主选择不同的游戏，并在丰富的游戏与学习环境中，进行主动的学习活动。金字塔教学法还针对3~5岁幼儿设计了36套方案（如表10-1所示）。

（四）连续性活动

金字塔课程模式里的方案，常开展连续性活动（Sequential Programs），让幼儿学习特定领域的内容。这些连续性活动主要是发展幼儿的精细动作、语言、阅读、思考、数学、时间感、空间感等。活动设计遵循由易到难的原则，属螺旋式的设计。

第三节 金字塔课程模式的内涵

一、教育目标

金字塔课程模式的主要教育目的，是期望能以更有效率的方式提高幼儿的学习水平。为达到此目的，金字塔课程模式的教育目标是设计为2~6岁幼儿提供"额外帮助"[①]的教育方式；重视幼儿与教师保持一定的距离，培养幼儿独立处理事务的能力。通过金字塔课程模式定义幼儿学习的基本概念，帮助教师理解幼儿的学习周期，进而采取高效率的教育途径，提升幼儿的学习表现。

---

① 凯克（Kuyk，2013）指出，需要从缺乏支持、无法自行处理日常事务的幼儿着手，提供的额外帮助包括语言刺激、游戏、学习活动及相关辅导等。

二、课程内容的设计原则

金字塔课程模式以上述的理论为基础,设计、出版课程资源材料(如表10-1所示),但没有提供一个可以复制的课程设计架构。换言之,运用金字塔课程模式者可以依据凯克(Kuyk)提及的课程内容设计原则去自行设计课程,而不是直接运用表10-1中所列举的已成套的课程。

表 10-1　针对 3~5 岁幼儿的 36 套方案设计

发展领域	3岁幼儿 方案名称	方案焦点	4岁幼儿 方案名称	方案焦点	5岁幼儿 方案名称	方案焦点
空间定位	镜中的是我!	部分/整体关系	姜饼人	部分/整体身体动作和五大感官	这里、那里、无处不在	我们的位置、距离和定向的概念
时间定向	天气观察家	天气如何影响人们	叶子侦探	天气如何影响人和植物	自然的巡逻者	天气如何影响人、植物和动物
感知、思维和数学	上船啦!	学习颜色和形状	市场	颜色和形状的分类	城市景观	提炼颜色和形状的属性等多元属性之分类
社会情绪	一个寒冷的早晨	我家的冬季庆祝活动	雪人和我	其他人的冬季庆祝活动	家庭庆祝活动	延伸家庭庆祝活动
语言、阅读和书写	家,甜蜜的家	关于我自己的家	故事书的家	民间传说和童话故事中的家	建筑商	家是如何建成的
社会情绪	舞者	通过操作表达自我	艺术家	通过艺术表达自我	演员	通过戏剧表达自我
感知、思维和数学	玩具箱	计算	Safari 箱	计算与比较	宝物箱	表现计数与比较
时间定向	谷仓的婴儿	动物的生长周期	你的花园如何成长?	植物的生长周期	生命的春天	人、植物和动物的生长周期
语言、阅读和书写	我的手提箱里有什么?	我穿的衣服	向我脱帽致敬	某些人穿的衣服	假面舞会	幻想的衣服
感知、思维和数学	三只熊	尺寸概念的多功能使用	巨大的萝卜	体验与比较尺寸概念	杰克和魔豆	体验、比较和延伸尺寸概念
语言、阅读和书写	我的邻居	去离家近的地方旅行	外面的大世界	离家旅行	外层空间	在想象中旅行
科学	水中嬉戏	探索水的物理性质	水厂	移动和使用水	水世界	探索水体积的大、小

注:本表是笔者自 http://www.piramideapproach.com/products.html 网站内的 36 套个别方案整理制作而成的。

金字塔课程模式课程内容的产生原则与教学方法有同步发展的性质。因此，此处在介绍和说明金字塔课程模式课程内容的设计原则的同时，也会碰触到此模式教学方式的一部分。

金字塔课程模式在设计课程时强调通过"学习距离由近及远"的原则，亦即课程要能带动幼儿的思考，超越此时（早些、现在或即将发生的事）、此地（近处的地点）。凯克（Kuyk, 2013）举了一个例子：当我们拿一张大象的照片给幼儿看的时候，可以从一些切身、眼前的"近距离"的问题问起，比如，这只大象的鼻子在哪里？接着，慢慢地问些幼儿必须通过思考、想象或是运用先前知识的"远距离"的问题，来促进幼儿的学习，比如，这只大象正要去哪里？

金字塔课程模式在设计课程时的另外一个原则是"连续性"（Sequential）。此原则与布鲁纳（Bruner, 1960）的螺旋式课程（Spiral Curriculum）的概念相同；螺旋式课程是指提供的课程是一套由具有逻辑先后顺序的概念组合而成的学习内容，该内容是以逐渐加深、拓广的方式组织而成的。依照"学习距离由近及远"与"连续性"的原则，金字塔课程模式之设计课程就有"短期循环"（Short-Term Cycle）与"长期循环"（Long-Term Cycle）的设计。金字塔课程以三年为一长期循环，一年为一短期循环。每年有12个方案，每个方案进行三至四周，此为短期循环。短期循环与长期循环之间有着清晰的发展架构和螺旋的发展路线。幼儿的学习随着时间的推移呈现更复杂、更抽象、更高层次的表征学习（Kuyk, 2013）。幼儿在2~6岁阶段为敏感期，他们处于表征能力展现期，开始建构表征。这个建构的过程分为四个阶段：说明（Orientation）、示范（Demonstration）、扩展（Broading）、深化（Deeping）（如图10-4所示），简称为ODBD，具体说明如下。

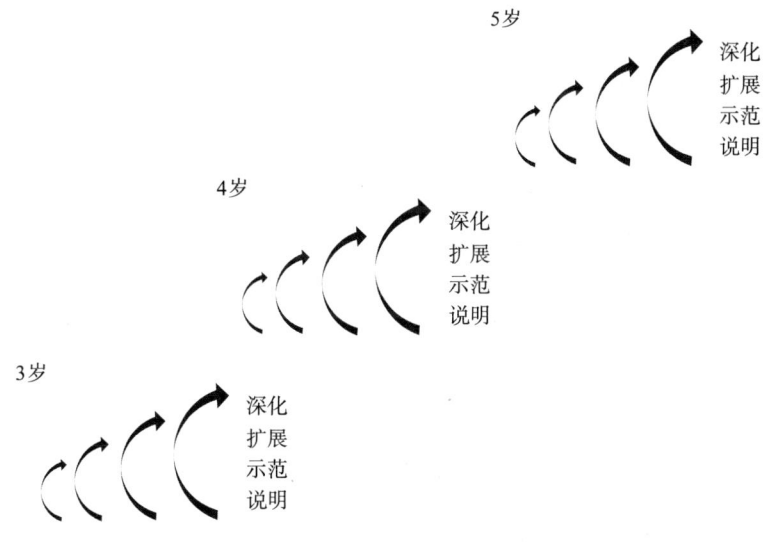

图 10-4　短期循环和长期循环阶段图

（一）说明阶段

说明是指将幼儿的前备经验与所进行主题的内容相连接。例如,以"水"为主题,教师可以运用各种有关水的教具或材料与幼儿讨论,如唱《洗手歌》、讲一个有关下水道的故事等。将幼儿已有的经验与学习的主题连接起来,可以增加幼儿学习的安全感与信任感,有助于幼儿有良好的学习情绪。

（二）示范阶段

幼儿会凭借自身所有的感官,联结其已有经验去了解、学习知识。特别是教师在教导幼儿识别并讨论相关概念时,可利用具体的情境及教具,让幼儿通过感官获得经验。例如,教师让幼儿通过味觉和嗅觉等感官去了解水的概念,如"水是什么味道的""水的声音是什么样子的"。

（三）扩展阶段

扩展是指对概念的扩展,运用"由近及远"的原则去教导幼儿对一个或多个相关概念的学习,并学会辨认异同。例如,"厨房不同物品的功能分别是什么""有什么区别",此时幼儿会将自己的经验带入讨论,并与新知识进行沟通、连接。

（四）深化阶段

深化是指鼓励幼儿将已学习到的概念应用到新的和困难的情境中，是对幼儿发展更高层次思维的要求。幼儿要在此阶段学会思考问题、解决问题。例如，如何让混浊的水变干净？也许解决这些问题对于幼儿而言是非常困难的，但在思考和实践的过程中，他们将学会灵活应用知识解决问题的能力。

三、教学方法

金字塔课程模式强调对幼儿学习活动的环境设置以及教师在幼儿活动中的角色。

（一）环境设置

创造丰富、高层次结构、具有挑战性的环境，可以帮助幼儿更好地发展。教师应致力于提供良好的学习环境，使幼儿有足够的空间和机会进行主动学习。

1. 物理性的空间

在教室设置学习区，让幼儿进行自主学习与游戏；建立收纳空间，放置不同类型的教具或材料；提供开放式的学习柜，让幼儿自主选择教具或材料，进行主动性的游戏与学习，例如，以"水"为主题，教师可以在操场的沙池旁放置水桶和水让幼儿使用，亦可以在阅读区里放置有关水的图片与绘本。

2. 心理空间

教师应提供一个让幼儿觉得安全的、被支持的学习环境，使幼儿在里面可以主动地展开学习活动。

（二）教师角色

1. 介入幼儿学习的过程

幼儿在进行活动时，教师可以采取三种介入的层次，以确保在幼儿的主动行动与教师的主动支持之间达到平衡状态。

第一种是低程度的介入：教师在幼儿独自游戏及学习的过程中，不做任何介入。如果需要支持，教师会结合幼儿发展独立性的需要，给予适度的支持。此时，教师主要的角色是观察者,教师要配合幼儿的游戏,与幼儿一起玩。

第二种是中等程度的介入:通常这是针对小组或大团体探索与连续性活动时的介入。教师与幼儿一起游戏、探索和学习,教师可以作为活动启动者;之后,教师将活动的主导权逐渐转交给幼儿,支持程度依幼儿的发展程度及自主独立能力而定。此时,教师主要是丰富幼儿游戏、提供学习活动的内容与材料的。

第三种是高程度的介入:这种介入是教师给予幼儿较多的帮助。此时,教师的任务主要是针对有额外需要的幼儿,给予个别化或是小组学生的特别教导,尤其是教导幼儿学习如何去玩游戏,通过此介入,使幼儿能具备相当程度的独立能力。

2. 创造丰富的游戏与方案课程的环境

在游戏活动方面,教师要通过创造丰富的游戏情境去激发幼儿游戏的主动性。金字塔课程提倡的游戏种类,包括玩物游戏、扮演游戏、想象游戏及规则游戏。教师在幼儿游戏中扮演着参与者、引导者或教导者的角色。教师作为游戏的参与者,其目的是让幼儿认为游戏是有价值的,而使其主动地参与游戏。教师可以扮演符合游戏情境的角色,在游戏过程中提供建议。教师在游戏中对幼儿的学习情况进行评估,并针对幼儿的不足给予引导(如图 10-5 所示)。

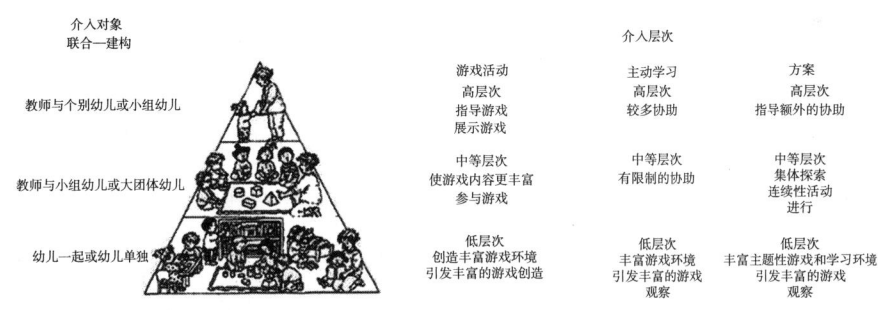

图 10-5　教师的三种介入层次

在幼儿的主动学习方面,教师最重要的工作就是激发幼儿学习的主动性。除了幼儿相互鼓励之外,教师的良好示范也是激发幼儿主动学习的方式,其目的在于培养幼儿学习的兴趣。教师在活动中可以与幼儿进行讨论,联结活动与他们实际生活的经验;而教师应在幼儿进行活动时给予策略性帮助,此策略性帮助称为鹰架。在方案活动方面,因为金字塔的四大基石之一是"距离"。"距离"强调教师应将幼儿的思考发散至更远处,因此,教师不仅要询问"眼前""近距离"等贴近幼儿真实生活的问题,还要询问有关"未来""远距离"的问题(如表10-1所示),以帮助幼儿通过方案去了解及接触更抽象的概念。

3. 教师要对年幼及发育迟缓的幼儿提供辅导活动

在活动过程中,由于幼儿发展的差异性,教师要根据活动和幼儿的情况针对个别幼儿提供辅导,特别是年幼和发育迟缓的幼儿。

4. 提供亲子教育活动,强调家长参与对幼儿的重要性

幼儿教育课程的开展,离不开家长的配合,教师要充分利用家长资源,请家长参与到教育活动之中。

四、评价

为了达到幼儿发展的优化,金字塔课程模式针对幼儿、教师和活动,分别制定了相应的评价方式与评价工具。

(一) 对幼儿的评价

为了了解幼儿发展的真实情况,金字塔课程模式运用真实性与个别化评价(Authentic and Individual Assessment)。评价有三种:运用观察记录表做日常的评价、半年式评价和诊断性评价。观察记录表主要是针对幼儿的体能与情绪智能的发展;有关认知智能的发展则使用测试的方式进行评价。主要测试的认知领域为语言与阅读、思考与数学、空间与时间。当教师遇到特殊个案或困难问题时,就使用诊断式评价(Diagnostic Evaluation)。

(二) 对教师的评价

金字塔课程模式强调教师与幼儿间的互动,良好的互动可以使幼儿的发展达到优化。使用金字塔课程模式的教师需要接受专业的训练,在两年的时间内进行18天的训练后,取得金字塔课程模式教师证书。教师在训练的过程中,会进行金字塔教学执行评价(Pyramid Implementation Assessment,简称PIA)。PIA涵盖所

有金字塔教学法的目标,以评价受训者的观察技能发展是否完全。在训练结束之后,教师仍需不断精进、更新技能。为此,金字塔教学法设计了金字塔教学能力镜子(Pyramid Competence Mirror,简称 PCM),接受训练的教师可依据八种能力指标来对照个人技能的发展状况(Kuyk,2013)。

(三)对金字塔课程模式的评价

金字塔课程模式整体性的评量分为内部评价和外部评价。金字塔课程模式的内部评价借助金字塔教学评价工具评价教学成效,外部评价是聘请完全独立的研究者对于用此课程与教学模式的学校进行评估。针对年龄较小和发展迟缓的幼儿所设计的辅导活动也有相应的辅导评价(Tutor Evaluation),辅导评价使用前后测试的方式来评价对幼儿辅导的成效。

第三篇 幼儿教育系统中的课程模式

本篇介绍的幼教课程模式都是除了课程本身模式外,还有让该模式得以永续经营下去的搭配系统,例如,蒙台梭利教育课程模式除了课程外,还有很完备的教师培训系统、师培中心、幼儿园和师资的评价系统,以及全球性质的幼教专业团体〔American Montessori Society(AMS)、Association Montessori International(AMI)〕等;华德福幼儿教育系统与高瞻课程模式也是有其专属的教师培训课程以及全球性质的幼教专业团体;瑞吉欧幼儿教育系统与IB课程模式都是有自己的教师培训课程及行政系统,去协助、支持和监督其幼教理念的落实。较其他课程模式而言,安吉游戏教育算是最年轻的一个系统,但笔者认为它未来会是更有潜力、更积极地对幼教课程产生影响力的一个系统。

本篇介绍的幼教课程模式虽除了幼儿教育课程外还有协助系统,但并没有对每个模式的协助系统进行一并或完整的介绍。将课程模式分成两类的目的是让读者注意到,一个好的课程模式本身并不容易单独地久远传承,它必须要有好的师训系统、行政系统等的支持,以及专业团体(如学会)的推动,才能经得起时间与空间的淬炼,终而流传下去。

第十一章
蒙台梭利课程模式

第一节 蒙台梭利课程模式的发展源流

自1907年第一个"儿童之家"成立至今,蒙台梭利教育历经两次世界大战、全世界政治和经济局势的动荡变迁,却仍然活跃于全球范围内。为什么历经了百年的历史,蒙台梭利教育依然可以屹立不倒地居于全球三大幼儿教育系统之一?笔者为此花了超过二十年的时间去了解,每当笔者愈探索蒙台梭利的教具、教学法、理论以及理论与实务间的互动关系,对蒙台梭利博士的敬重就愈发的深厚。

蒙台梭利教育系统初始的教育服务对象并非正常发展的儿童。蒙台梭利(M.T.A.Montessori)(以下简称蒙氏)出生于医学背景的家庭,她对教育感兴趣的契机始于1896年,当时她是助理医师。她的主要工作就是访视罗马城各个精神病院,寻找智障儿童并将他们集中起来,然后进行教学。自此,蒙氏开始接触到教育领域,除了不断地从观察中去了解幼儿外,她更受伊塔尔(J.Itard)和塞金(E.Seguin)的理论和教具所影响,逐渐地发展出她自己的教育理论与方法。

蒙氏原本所接触与关心的对象是特殊儿童,但经过多年的实务经验与观察后,她认为她的理论与方法若用在正常孩子身上,也能获得良好的教育效果。1907年,蒙氏在罗马的一个贫民窟成立了第一个"儿童之家",这是蒙氏首次将她的理论与方法应用在正常孩子身上。1913年1月,蒙氏开办了第一届国际蒙氏教师训练班。自此开始,蒙氏除了游走各国推广她的教育理念与方法外,也积极地培育师资。

在1914—1935年间,蒙氏学说在欧洲非常盛行,后来由于第二次世界大战爆发,蒙氏与墨索里尼政府时生摩擦,德国纳粹警察亦下令禁止蒙氏教育的实施;西班牙内战的爆发,也使得蒙氏教育在欧洲的推广受到影响。但自1946年始,欧洲各国再次欢迎并邀请蒙氏重建与推广其教育学说。

蒙氏于1913年首次到美国宣讲其学说,1916年在旧金山世界博览会上展示蒙台梭利教室与示范教学,得到许多人的认同,但自此之后蒙氏教育在美国就销声匿迹了,直到20世纪50年代才又重新出现。没有受到美国欢迎的关键因素之一是克伯屈(Kilpartrick,1914)对蒙氏学说的批评与反对,这代表美国学术界未肯定蒙氏的学说;再加上蒙氏要求师资培训工作都要由她负责(其后才由学会负责,目前全球最大的两大师训系统分别是欧洲的AMI及美国的AMS),不愿授权给教育学术单位;连教具制造商都要经她授权才可以制作蒙式教具,而得到她授权的厂商又少。上述种种因素都影响了蒙氏教育在美国的推展与普及(Elkind,2003;Goffin,1994;Hainstock,1986)。

除了上述因素外,亨特(Hunt,1964)亦分析蒙氏学说未被美国接受的主要因素是其学说思想与当时潮流不合,其重要的差异点包括以下三个方面。

(1)蒙氏强调幼儿所拥有的经验对其未来的发展有很大的影响力;而当时的观念是,幼儿的发展是受其先天条件所决定、受遗传所影响的。

(2)蒙氏强调教育的介入有益于幼儿智力的发展;而当时的观念是,智力是固定不变的。

(3)蒙氏主张教育应基于幼儿主动学习的动机;而当时的观念是,所有的行为皆来自于外在的刺激。

后来,因为亨特(Hunt,1961)及布卢姆(Bloom,1964)的著作指出,早期环境对幼儿的智能发展深具影响力,强调早期教育的重要性,这些论述等于为蒙氏学说背书,同时配合美国当时社会、教育改革的呼声,使得蒙氏教育于20世纪60年代开始盛行于美国。20世纪60年代,美国的社会、教育改革的呼声高涨,原因之一是苏联于1957年发射了第一枚人造卫星,这刺激到了向来以举世第一自居的美国人,他们开始检讨教育制度和学校课程,并将教育目标转向对读、写、算的基础能力和认知能力的培养,以及加强早期教育。蒙氏教育中的个别化教学、早期学习及具有自我矫正功能的教具等特色,均被认为是当时教育所需之良方,蒙氏教育遂盛行于美国。虽然苏联发射了人类史上第一枚人造卫星促使蒙氏教育在美国重生,但由于蒙氏的师资培育制度独立于大学学府,使得美国大部分在高等教育里的师资培训课程绝少提及蒙氏教育的实质内涵、贡献以及相关性的研究,亦使得学术界教育人士对蒙氏教育所知有限;加上水平参差不齐的蒙台梭利学校及师资培训中心在各地成立;家长和许多经营者将蒙氏教育的特色放在早期学习和读、写、算等具体学习目标的教具上,忽略了教具与教学背后所要达成的终极目标、所服膺的教育理念,以及理念在教学过程中的意义。上述种种因素,使得美国及全球幼教学者对蒙氏教育的成效持有保留态度。

尽管学界对蒙氏教育缺乏全然肯定的论述,但蒙氏被三度提名角逐诺贝尔和平奖这一事实,也可以说明蒙氏对教育的贡献是被肯定的。同时,蒙氏强调动手操作教具进行学习的重要性、学前阶段教育的重要性、父母参与是幼儿教育的关键因素等观点,都受到近代教育理论科学性研究的证实。

第二节 蒙台梭利课程模式的基本教育信念

根据蒙氏及其门徒的著作(岩田阳子,1991;岩田阳子、南昌子、石井昭子,

1991a,1991b；相良敦子,1991；Montessori, 1964, 1966, 1967; Standing, 1957），归纳蒙台梭利课程模式的重点如下[①]。

一、蒙氏"儿童发展"的论点

蒙氏认为教育的基本原则在于先确认幼儿和成人是不同的。蒙台梭利在幼儿的身上发现了一股自然潜在的力量。虽然幼儿和成人都是人类，却有着完全不同的心智：儿童仍在不停地成长与变化，而成人已经成长到一个特定的水平了。换言之，儿童有许多成人已经丧失的人性本质。因此，在教育过程中，蒙氏主张以"儿童为师""顺乎自然"，不应以成人的价值观与行事原则来约束幼儿，也不应忽视儿童内在生命力的步调、节奏、需要与价值意识，应该让儿童顺从一切人类共通的发展蓝图及法则来完善自己，使其顺应自己心智的发展来安排学习的速度与过程。

蒙氏认为儿童成长的过程有既定的"自然程序表"。人类到了24岁左右才算是真正完成成长阶段，而儿童期的发展阶段约到18岁结束，故蒙氏将之分成0~6岁、6~12岁、12~18岁三个阶段，每一个阶段都有其不同的特征。在18年中，人在各阶段的特征不断地蜕变，直到达到成人的标准，人在发展的过程中是无法跳跃过任何一个阶段的。因此，教育就是循着儿童自己内在的法则所进行的活动。当教育是顺着生命的法则进行时，幼儿就会充满生命活力，呈现喜乐、希望、爱、秩序与主动学习的现象；反之，若教育的活动是违反生命法则的，那么幼儿的生命力就会被扭曲，呈现悲哀、失望、愤怒与被动等现象。蒙氏认为教育是对儿童心理发展过程给予的协助，不是单方向灌输式的教导。

由于蒙氏理论有关儿童期发展阶段的内涵与儿童学习的本质息息相关，因此笔者将之放到儿童学习的本质部分去谈，在此将蒙氏对儿童发展之一般特性的看法归纳如下。

（1）每个生物体的发展皆根据早已注定的模式，蒙氏将发展阶段分成三个

[①] 注：蒙台梭利课程模式无论是理论基础或实质内涵，均延伸至18岁左右，唯本书系以幼教为主，因此所涉及之范围以0~8岁为主。

阶段。

a. 第一阶段：0~6岁，变化时期或吸收期。

这一阶段又可细分为：0~3岁，吸收期（无意识）；3~6岁，吸收期（有意识）。

b. 第二阶段：6~12岁，单一成长期，又称为中间期。

c. 第三阶段：12~18岁。

这一阶段的变化时间段可区分为：12~15岁，青少年期；15~18岁，青春期。

18岁以后，人将不再有变化，将只会变老而已。

（2）心智与身体的发展皆靠从环境中摄取资源。

（3）从外在环境中摄取到的资源，经过动态的消化过程，被吸收到主体内，成为个体的一部分。

（4）在发展过程中，身体与心智两个层面必须平衡互动发展，才能产生正常的行为，否则会有偏差行为的出现。

二、蒙氏"儿童学习"的论点

（一）产生学习与持续学习的动力来源

蒙氏认为人之所以有学习的欲望，是受内心的一股"自然朝外发展的内在潜在力量"或称为"生命的冲动"的影响而产生的。

当儿童反复做一个动作时，儿童即与所接触的事物产生交流活动（此即为学习）。儿童在反复的动作中，其心智活动方式亦不断地变化、成长，直到反复动作的结果令儿童满意时，儿童内心才会有种成就感、满足感，这种感觉会促动其不断地探索、不断地产生自发性的学习行为。亦即，儿童借由重复的行为来开发自己的心智活动，通过自身的力量来提升自我；同时，那股内在力量，不但突显其个人的特质，而且引导其向前迈进。

（二）学习形式

本章以成长的第一阶段的学习形式为主，叙述蒙氏的论点。

第一阶段是指0~6岁阶段，属吸收期，蒙氏称这个时期的儿童心智为"吸收性心智"。吸收性心智的本质与运作方式属神秘不可解的部分,连蒙氏自己都未提出清晰的观点。第一阶段又可分成两个时期:0~3岁期和3~6岁期。

0~3岁期儿童的心智虽会不自觉专注地、自发地、积极地吸收其周围环境中的一切印象,但是这种学习的过程是在无意识状况下进行的。初生儿是空白的,通过"从无到有"的创造与经验的累积,然后才逐渐建构自己的意识生活。蒙氏以摄影过程来比喻儿童从无意识到有意识的学习,她说:吸收性心智的运作和摄影类似,其对影像的摄取是从无意识的黑暗处开始的,在影像被冲洗出来后,才变成意识的一部分,而成为个体永久的所有物。

儿童是如何从无意识学习转换成有意识学习呢?当婴儿开始动作时,他那海绵式的心智已在意识中开始吸取环境中的资源,然后通过既是游戏又是工作的过程,一再地重复操作他早已通过无意识心智所摄取的资源,意识的心智遂逐渐地建构出来,亦即儿童是通过双手来发展自己,将双手作为人类心智发展的工具。无意识的心智必须通过操作四周物品得到经验,才能成为有意识的心智,此理论基础与实务上的做法可以用感官教具来说明。

蒙氏认为,心智发展与生理发展是一体两面,两者纠结在一起,是不可分的。人通过身体的感觉器官将内在的心智和精神活动与外在的物质世界联结在一起。儿童心智有一种倾向,即会从物质物品中抽取该物品物质的特质,而此特质的性质是抽象的、触摸不到的,从此可建立一套抽象概念。亦即通过五官的感觉吸收环境中的影像,然后通过反复地操作,感官所撷取而得到的经验逐渐地摆脱了物质而形成抽象的概念。蒙氏强调,这种抽象化过程会将儿童的心智提升到一个更高的层次,而抽象化过程是否得以进行取决于两项要素,首先是具体的物质或物品必须绝对清晰,其次是儿童的心智必须达到某种成熟的程度。

蒙氏认为,教育就是顺着儿童的特性,以自然法则去协助儿童心智的成长。儿童的心智发展有其一定的自然法则,其内在有追求成长的动力,促成儿童会重复地操弄其在环境中所接受到的刺激,为更高层次的心智活动做准备。为了能协助儿童发展,蒙氏即针对儿童学习上的特性来设计教具,希望在不违反自然法则的情况下,帮助儿童在有秩序的环境中,在敏感期通过感官的反复操弄,去撷取具体事物中的抽象概念。因此蒙氏教具存在的意义在于协助幼儿整理从环境中接收到的刺

激,并将其萃取成抽象概念,进而提升其心智发展至另一更高境界。蒙氏强调,其教具不是要带给儿童新的影像与刺激,不是用来教导某些概念,而是作为辅助儿童心智发展的工具而已。

因此,就儿童期第一阶段(0~6岁)而言,前三年可说是机能创造时期,后三年则是创造机能的进一步发展。在0~3岁时期,儿童能毫不费力地自己从其周遭环境摄取成长所需要的信息;到了3~6岁阶段,儿童的自我有意识地引导其学习,所以第一个成长阶段的主要目标是有关人性自我的发展。

(三) 敏感期

敏感期是指有机体在成长过程中,某一特定时间是学习或能力养成的最佳时期,其主要作用是帮助生物体获得某些机能或特性;过了这些特殊时期,敏感的感受性就会消失了。

蒙氏相信在敏感期时,儿童具有特别的感受性,让其能够特别注意环境中的某些现象,进而可达到最有效的学习。当敏感期达到高潮时,心智就像是一个探照灯,照亮了环境中的某些部分,而其他部分则相对模糊。此一照明的结果,使得原本无序的状况,出现了秩序与条理。蒙氏根据观察儿童的纪录认为,儿童第一阶段有下列几个重要机能发展的敏感期:语言、秩序、感官和良好行为。因此,蒙氏强调应多加利用这个学习的最佳契机,如果儿童在成长过程中错过了敏感期,他依然会长大成人,但这位成人和其原本可能或应该可以达到的成就比起来,可能就会逊色许多。蒙氏认为当儿童错过一次敏感期,即代表其丧失一次特别时机以使自己更完美。

敏感期的儿童的学习如能配合其成长顺序,则学习效果将是惊人的。有关语言、秩序、感官和良好行为之发展的关键期在0~6岁期间,因此有许多蒙氏教具是针对这几个重要机能而发展出来的学习工具。

在幼儿所经历的敏感期中,最令人感兴趣的是蒙氏所谓的"对秩序的敏感期"。蒙氏认为,儿童在1~3岁左右,对空间和时间的秩序性特别敏感。此时的儿童会要求环境中的每样事物都应放在原来的位置上,而且每天的作息也要很有规律。蒙氏认为,儿童此时对秩序与规律的要求,是因为他必须通过环境来建构自己,欲将从环境中所摄取的影像能够有秩序地存放在自己心智内,必须以外在事物的秩序为基础,儿童才能积极地将环境的事物保存在固定位置或用在正当途径上。换言之,蒙氏认为儿童生下来原本是一片空白,他需不断地接收外界的刺激,才能不断地成长;但她又主张儿童有选择刺激的主动性,因此当外在环境的刺激进入时,儿童会将之理出一个秩序来。此时若环境本身即具秩序性,儿童的学习就会更容易,否则就会增加儿童的困扰,形成学习障碍。所以蒙氏教具的特色之一即相当有秩序感;教室的规划也相当的有条理,其旨在通过有秩序的教具和教学管理来协助儿童进行有效能的学习。

三、蒙氏的"自由观"

蒙氏认为,她的教育方法是以自由为基础的教学法。蒙氏强调,儿童应有权利选择自己要做什么和决定自己工作要做到什么程度。但是实际观察教学时会发现,蒙氏会要求儿童依一定的程序来使用工具。因此,蒙氏学校常要么被批评为太放任儿童的学校,要么就是被批评为太压抑儿童自发性的学校。到底蒙氏教育是尊重儿童的教育,还是属于放任式教育,这就得看蒙氏理论中"自由"的概念了。

斯坦丁(Standing,1957;徐炳勋,译,1991)以哥特(Goth)的话来表达蒙氏的自由观:"自由的无上快乐,不在于做你喜欢做的事,或环境诱惑你去做的事,而是能在没有阻碍或限制下,以直接的方式做正确恰当的事。"由此可见,蒙氏所主张的自由是有限制的自由。蒙氏认为:"孩子会在许多的诱因中做选择,但他只应该选择他知道的事情……孩子的选择是在我们呈现给他的选择之间做选择,这才是真正的选择。"因此蒙氏所主张的自由是要在儿童先有了知识和纪律之后才能拥有自由。蒙氏认为,做你想做的事并不表示你就得到自由,而是要做正确的事。真正选择的自由,必须以具有思考与推理能力为基础,因为每一次做出选择,都必须先有心智上的判断。所以蒙氏认为,除非儿童已经知道如何使用某教具,否则就不应由他自己选择该教具。由此又衍生出一个问题,就是"教具的功能在哪里";蒙氏设计的教具所代表的意义又与一般人所了解的或有出入,有关教具的部分将会

在后续的章节探讨，但此处因涉及自由的问题，因此略做引述。

蒙氏的每一样教具都有其特定的目标，例如，感官教具的目标不仅在于培养儿童对刺激物的敏锐感觉，终极目的是让儿童建构出如颜色、重量、质地等抽象概念。因此蒙氏说一般人认为儿童进到教室里，可能是出于好奇心而选择某样工作，事实上，激发儿童学习的不是好奇心，而是当他了解某一件事后，会自动地开始广泛活动，此时活动的目的即是为了心智上的成长。当儿童对某项工作有了认识后，他就可以随着自己的喜好来进行工作。

蒙氏理论认为，自由与纪律是一体两面，可通过教师向儿童展示迈向纪律的途径，之后经长时间的培养，儿童内心会渐渐形成纪律观；到了那时候，儿童便能自己选择想做的事，并会自发性地集中注意力去做。所以蒙氏说：儿童并未被允许去做"任何他喜欢的事"，他只能"自由选择好的与有用的工作"。

总而言之，一个好的蒙台梭利教室就是"无为而治"的小天地，幼儿在其间平和相处、互助互赖。由此可目睹人类灵魂的形成、新人类的诞生，且使人类具有清晰的远见，以引导形成人类社会的未来，其终极目的是为了要促进社会改革、追求世界和平。因此，蒙氏积极地到世界各国宣传她的教育理念，她认为唯有通过对儿童教育的推广，社会改革与世界和平的问题才能够得以解决。

四、蒙氏的"工作"与"游戏"观

蒙氏教室里的每一项教具都是有其教育目的的。儿童在通过与教具实物的互动中——蒙氏称此种"目的导向"的活动为"工作"，目的是得到对专注、秩序、协调、独立、纪律、精确、责任感等的学习。蒙氏认为，儿童的"工作"本质与成人的工作本质是一样的，只是目的与要求的程度上会有差别而已。蒙氏也认为，"游戏"是一种漫无目的、琐碎的行为，尤其反对"想象性"的游戏，她认为"想象性"的游戏会让儿童有不切实际的幻想，此观点与裴斯泰洛齐（Pestalozzi）、杜威（Dewey）、福禄贝尔（Frböel）等人对游戏的观点截然不同。

第三节 蒙台梭利课程模式的内涵

有关蒙台梭利课程模式的内涵拟从课程的四大要素:"目标""内容""方法"以及"评估"来分析叙述。蒙氏的理论基础、课程要素间都具备彼此环环相扣的关系,它们是息息相关的,因此文中有时会反复出现一些蒙氏的观点或课程的内涵,是因为在将理论与实务合并起来看时,确实难以避免这种重复阐述的现象。

一、教育目标

由于蒙氏认为儿童的发展有其自然的秩序,因此蒙氏对新教育的定义是:教育必须顺从生命的法则进行,配合儿童迈向成熟之前的变化与蜕变,协助其逐渐地展开其内在的潜力,使儿童成为一个独立、负责任、尊重他人的个体。但同时,蒙氏认为不能让儿童在毫无准备的情况下,敞开学校大门,让他进入外面既复杂且具危险性的世界。因此,蒙氏一方面强调儿童有内在主动学习的动力与潜力,同时也强调,教育是为了让儿童为进入世界做准备,为未来做准备。蒙氏指出,儿童发展的目的是为了成长,儿童会不断地、努力地创造"未来的他"——成人。

事实上,由于蒙氏对儿童偏差行为产生原因的解释,以及其认为教育目的在重建成人与儿童之间的美好关系,因此若以蒙氏提倡儿童地位的观念的角度来看,蒙氏的教育目的在于改革社会。蒙氏曾提到:"儿童与成人是社会的两个不同部分,彼此应相互合作、交流、扶持。……但迄今,人类社会的进化,还只是绕着成人的希望打转。因此,当我们建立此社会时,儿童却一直被我们所遗忘。正因如此,人类的进化只能比喻为一条腿的进化。"蒙氏认为,若能将重心从成人转移到儿童身上,我们将能改变文明的轨迹。

二、教育内容

蒙氏的教育内容是以感官教育为核心的五大核心课程,包括日常生活教育、感官教育、数学教育、语文教育、文化教育(包含历史、地理、动物学、植物学、天文学等教育)。以下分别简述其五大核心课程的内涵及其与理论和教育目标之间的关联性,以及对学习内容的组织与呈现顺序。

(一)教学内容

1. 日常生活教育

蒙氏的教育目标既强调符合儿童发展的特性,也强调为未来世界做准备。日常生活练习的直接目的在于有具体的学习过程,幼儿通过日常生活教育的练习,学习完成一件工作的步骤(例如刷牙、倒水、备餐、擦桌子等工作动作的顺序)、组织(指组织一项工作的每一个步骤),以及目标(指整合各种动作朝一个特定目标进行。以切苹果为例,吃苹果需要经过削皮、切块、放置到盘子里、端到桌上、招呼同伴享用,此为直接目标;间接目标就是秩序性、独立性、协调性、专注力的培养)。通过在教师指导下的反复练习,幼儿不断地调整自己心智的发展,以养成良好的学习与生活习惯,其中包括秩序、独立、自主、意志力、理解、专注、协调等能力与精神,以及良好工作习惯,为未来的学习铺路。

基本上,日常生活教育的内容可分为以下四类。

(1)基本动作:如走路、站、坐、搬、折、倒、缝、切等动作。

(2)社交动作:包括不给别人增添困扰、能站在他人的立场思考等,如打招呼、致谢、道歉、物品的收受、用餐的礼仪、应对的方法等行为。

(3)关心环境的行为:指对人类以外的生物、非生物的关心,如美化环境、饲养与照顾动植物、擦桌子、整理房间等行为。

(4)照顾自己的行为:如穿脱衣服、刷牙、穿脱鞋、剪指甲、梳头等达到独立自主所必须学习的行为。

日常生活教育的内容会受国家、地区、地理与文化的影响而有所不同,例如,插花的材料会因为地点不同而用不同的花材;在中国不同的地域环境里,练习穿衣时,有些地区的儿童会练习扣棉袄上的扣子,或是练习用筷子。

2. 感官教育

蒙氏认为,通过感官教育可达到以下两个基本目的。

第一,从生物学角度而言,感官教育的目的在于帮助幼儿各种感官发展。因为感官教育能培养儿童心智发展所必需的能力,蒙氏认为,3~6岁阶段是各种与心智发展有密切关系的感官逐渐发展的时期,而此敏感期所蕴藏的内在生命力必须受到外界环境的刺激才能得到充分的发挥。因此,所谓教育就是从外界提供各种刺激物,以使儿童与生俱来的各种感官能力得到充分的发展,而对这些刺激物的利用就是感官教育。通过感官教育,儿童可获得心智发展中不可或缺的秩序与分类等各种抽象概念。

第二,从社会学观点来看,蒙氏认为儿童为了适应实际生活和未来的时代,必须对环境有敏锐的观察力,因此必须具备观察时所必需的能力与方法,而感官教育即在训练每位儿童成为一个观察家。感官教育以视觉、触觉、听觉、味觉和嗅觉等为基础,感官教具基本上是由16种构成的,但感官教具并不完全是16种,因为广义地说,所有的蒙台梭利教具(如数学教具、语言教具、文化教具等)皆含有感官教具的元素。

通过对感官教具的操作、练习,可以让儿童由直接及具体的经验慢慢地形成抽象的概念。起初,儿童学习到原型概念、比较级与分级的概念,之后,儿童会被要求进行其他的变化(单一教具自己本身的变化)与延伸(多种教具间的关联性或是延伸、创作用法),例如,通过"粉红塔"的教学,儿童会学到正方体、比较大小、最大、最小等概念;通过"棕色梯"的教学,儿童会学到长方体、比较长短、最长、最短等概念。之后,儿童可以将两种教具合并,并创造不同的造型(如图11-1所示)。从图中可以看出蒙氏感官教具的变化与延伸,能用来发挥幼儿的探索与创造力。

各感官领域的教具及各教具的目标略述如下。

(1)视觉教育。

目标:教育儿童获得辨别物体大小、颜色、形状的视觉能力,以培养对大小、颜色、长短、形状等的抽象概念。

教具:包括圆柱体组、粉红塔、棕色梯、长棒、彩色圆柱、色板、几何嵌图板、几何学立体、构成三角形、二项式及三项式。

（2）触觉教育。

目标：教育儿童各种触觉的感知，如手接触物品的皮肤觉（触觉）、温度感觉、实质认识感觉、用手握持的知觉及压觉（重量感）等，以培养对各种触觉的抽象概念。

教具：包括触觉板、布盒、温觉筒、重量板和几何学立体。

图 11-1 感官教具延伸用法案例图[①]

（3）听觉教育。

目标：教育儿童发展对声音强弱、高低、种类（音乐的音色）的辨别能力。声音的种类有无数种，难以制作特别的教具，可从实际生活中听到的声音或各种乐音进行分辨练习，以培养儿童对音乐的抽象概念。

教具：包括音筒和音感钟。

（4）味觉教育。

目标：教育儿童发展用舌头感觉味道的能力，以培养对味觉的抽象概念。

教具：包括味觉瓶。

（5）嗅觉教育。

目标：教育儿童发展用鼻子来感觉气味的能力，以培养对嗅觉的抽象概念。

---

① 本图中的四张照片由马晓嘉女士及李晓芸女士提供，在此致以感谢。

教具:包括嗅觉瓶。

前面叙述了蒙氏感官教育的目标和内容,接下来阐述的就是这些感官教育内容的组织与呈现的顺序情形,以及其所依据的理由。

蒙氏认为,儿童内在生命力的推动使其在无意识中自外在环境中吸收了许多信息;又由于儿童有追求秩序感的内在动力和敏感期,因此儿童会将其吸收来的信息予以建构,使之成为有秩序的知识。教育的目的就是要协助儿童完成其对内在生命力的追求。蒙氏认为,提供有秩序性的教具就是在协助儿童顺利地发展其对秩序感的要求,并建立有秩序的知识。

我们对周遭事物的认知,就是通过对事物的仔细观察与比较各种事物的基本特性,而对同一属性的物体进行"辨视""分类""排序"等心理活动。因此,蒙氏感官教育的组织原则是依据① 同一性的认知(Recognition of Identities)、② 对比性的认知(Recognition of Contrasts)、③ 类似性的辨别(Discrimination of Similar),将感官教育分成三种基本的认知类型。教具呈现的原则也是依①→②→③的顺序。在使用感官教育时,蒙氏将第①项说成是配对(Pairing,简称 P),第②项说成是序列(Grading,简称 G),第③项说成是分类(Sorting,简称 S)。教具的呈现顺序也是与认知过程有关的。例如:首先,发现同一物体最容易;其次,是将同一种类的东西依某种特质(如大→小或反之)排成渐进层次的阶段;最后,将各种东西分为若干类别或分门别类的工作是最困难的部分。因此蒙氏感官教具系依这种认知过程的难易程度而产生 P→G→S 的呈现顺序(岩田阳子,1991)。

3. 数学教育

蒙氏教育的数学包括三大领域:① 算术,指数科学;② 代数,指数的抽象;③ 几何,指抽象的抽象。在儿童期第一阶段(0~6岁)的数学教育以算术教育为主,因此这里将重点放在算术教育上。

蒙氏认为,环绕在儿童周遭的事物多不胜数,但是万事万物的共同属性(如大小、形状、颜色、重量等)是有限的。通过感官教育,儿童的感官发展、注意力的集中,协助儿童掌握抽象概念及其之间的关系,使其明确地掌握对事物或现象的思考与态度,这是蒙氏数学教育的大前提。因此,蒙氏数学教育的教育目的有二:一是让儿童系统地学习、了解逻辑性的数和量的概念,奠定未来学习的基础;二是培养幼儿对整体文化的吸收、学习,以及形成人格时所需的判断力、理解力、推理力、想象力等。

前面提过,蒙氏的教育内涵以感官教育为核心,进而发展到数学教育、语文教育和文化教育。感官教具中的"配对的操作"可以培养儿童发现配对和"等值性"的关系;"序列的操作"可以培养儿童了解整体与部分的关系,对这些关系的了解,将有助于儿童进一步的学习。

蒙氏数学教育的教具及各教具的目的略述如下。

(1)目的:理解0~10的量与数,认识数量与数字。教具有:数棒、砂数字板、数棒与数字板、纺锤棒与纺锤棒箱、0的游戏、数字与筹码、使用数棒的基本计算练习。

(2)目的:认识十进制的基本结构。教具有:金色串珠、数字卡片、量(串珠)与数字卡片。

(3)目的:认识十进制的加减乘除概念。教具有:串珠(使用串珠练习加减乘除法)、数字卡片。

(4)目的:加强加减乘除的练习。教具有:"点的游戏"练习纸、邮票游戏、彩色串珠棒(以及黑白串珠)、金色串珠棒。

(5)目的:认识连续的数。教具有:塞根板Ⅰ、塞根板Ⅱ、数字的消除(练习纸)、1~100数字排列板、数字的填空(练习纸)、100串珠链(短链)、1000串珠链(长链)。

(6)目的:初步导入对平方、立方的认识。教具有:正方形彩色串珠、立方体彩色串珠。

(7)目的:加强基本四则运算练习。教具有:几何卡片、几何卡片订正表。

上述这些蒙台梭利数学教具大致上可以归成三大类:① 数与量;② 十进位系统;③ 四则运算。在呈现给学生时有其先后顺序。

4. 语文教育

语文教育是一个高层次、复杂的学习,其最终目的与数学教育一样,在于培养儿童耐力、专注力、学习态度、观察力,以及完整人格的养成。语文教育的目的不仅着眼于幼儿低层次的记忆背诵知识或词语,而且也在于培养幼儿独立学习、生活沟通所必需的语文能力。课程顺序依照语文能力发展顺序,以"听—说—写—读"来编排。

在"听"与"说"方面,最主要的是充实口语经验,同时需重视口语的表达及理解;"写"的方面要先从书写预备练习开始,之后才能进入到书写练习;"读"的方面则包括阅读练习及语文常识。从"听""说"的表达或讨论进入到文字的表达,不但能增进幼儿的沟通能力,更是对幼儿的能力给予"自我价值肯定"。

语文教育的内容及方法或教具略述如下。

(1) 听、说的教育,包括口语经验的充实,方法如分类卡游戏、语言游戏;口语表达及理解力的发展。方法如说故事、背诵诗歌故事等活动。

(2) 写的教育,包括书写的预备,教具如注音符号砂纸板;书写练习,教具如黑板、纸本。

(3) 读的教育,包括阅读练习、语文常识学习。方法如游戏。

5. 文化教育

文化教育包含的内容有天文与地质、地理与历史、植物与动物,以及音乐,会因各地的环境、文化不同而有所差异。文化教育中的内容并没有固定的先后顺序之分,要视该班幼儿的经验而定。从幼儿年龄来看,4.5~5岁的幼儿才会开始文化教育。

图 11-2 为一个实例,进行的文化教育为地理课,主题为"台湾",课程对象是大班幼儿。该主题的主要目标在"了解我们的生活环境",进而达到地理课的最高目标——建立宽广的世界观,而认识一个地方就要从"形状""位置""物产""交通"等概念着手。课程结构环扣着"由大到小、由具体到抽象、由宇宙到世界、再到个人"的原则。最后的目的还是为了培养幼儿将来能独立自主学习的能力及态度。

从图 11-2 中可以看出教师在地理课程上的概念结构,图中虚线部分代表教师计划要做、最后却没有时间做的部分。

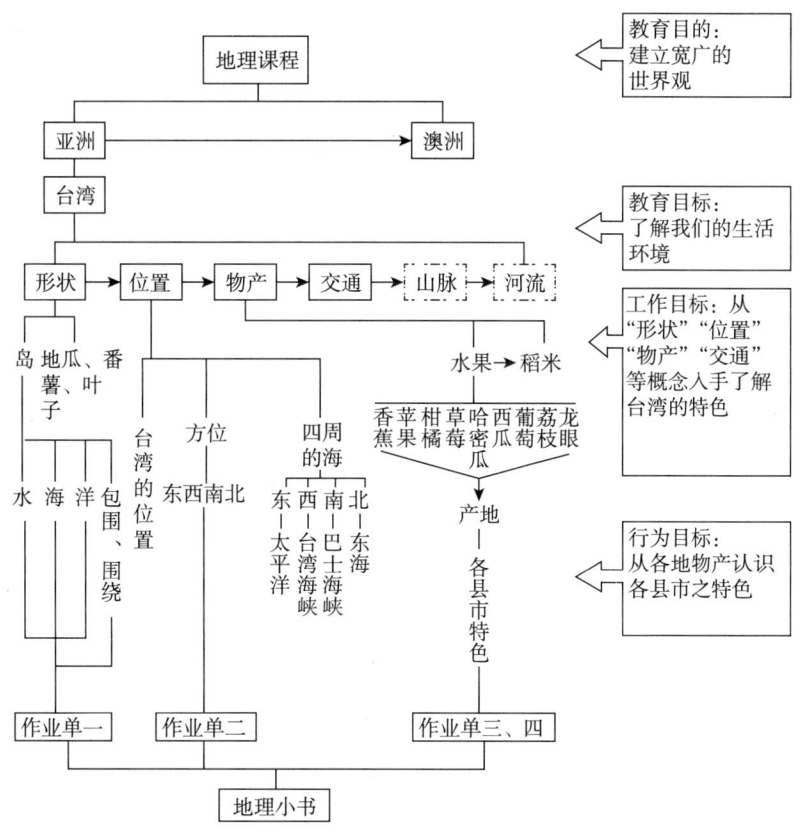

图 11-2　文化教育（地理课）的概念结构图

资料来源：笔者为台湾科技部门所写的研究报告（未出版）

（二）学习内容的组织与呈现顺序

上述这些日常生活练习、感官教育、数学教育、语文教育的教具，在呈现给学生时有其先后顺序，参考图 11-3。

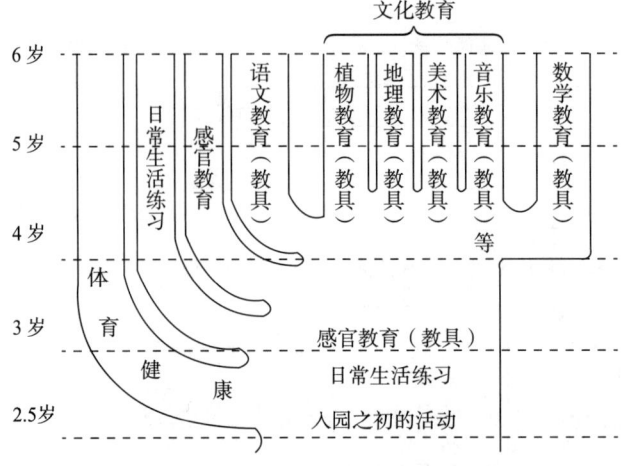

图 11-3 蒙台梭利教育的教育课程

资料来源：岩田阳子,等. 蒙台梭利教育理论与实践（第四卷）：算术教育. 台北：新民文教事业有限公司,1991:22.

蒙氏教育各个领域（日常生活练习、感官教育、数学教育、语文教育等）的教学内容都有其呈现的顺序（在上节已先做过说明），就整体的课程而言，也有规划好的呈现顺序（岩田阳子等,1991），如图11-4所示。

幼儿刚入园时从实施日常生活练习开始，然后逐渐进入感官教育，但此并不意味着日常生活训练就此结束了，到了3岁仍需继续进行。接着是以感官教育为基础与核心，再到语文教育和数学教育，再到文化教育，包括音乐、美术、地理、植物等教育，儿童教育即以这些为基础，继续满足其成长需求。蒙氏把日常生活练习放在感官教育之前，为的是培养儿童自主、独立的能力，因为蒙氏认为在接触知能教学前，应先培养幼儿独立、自主的能力与人格，这对其未来的学习会有深刻的影响。蒙氏的感官教具是为促进儿童高层次认知学习而做准备的，因此不只是以刺激感官为目的，也是为了能进一步促进儿童进入高层次的课程而设计。因此依顺序排列时，感官教育要在语文、数学、文化教育之前开始。

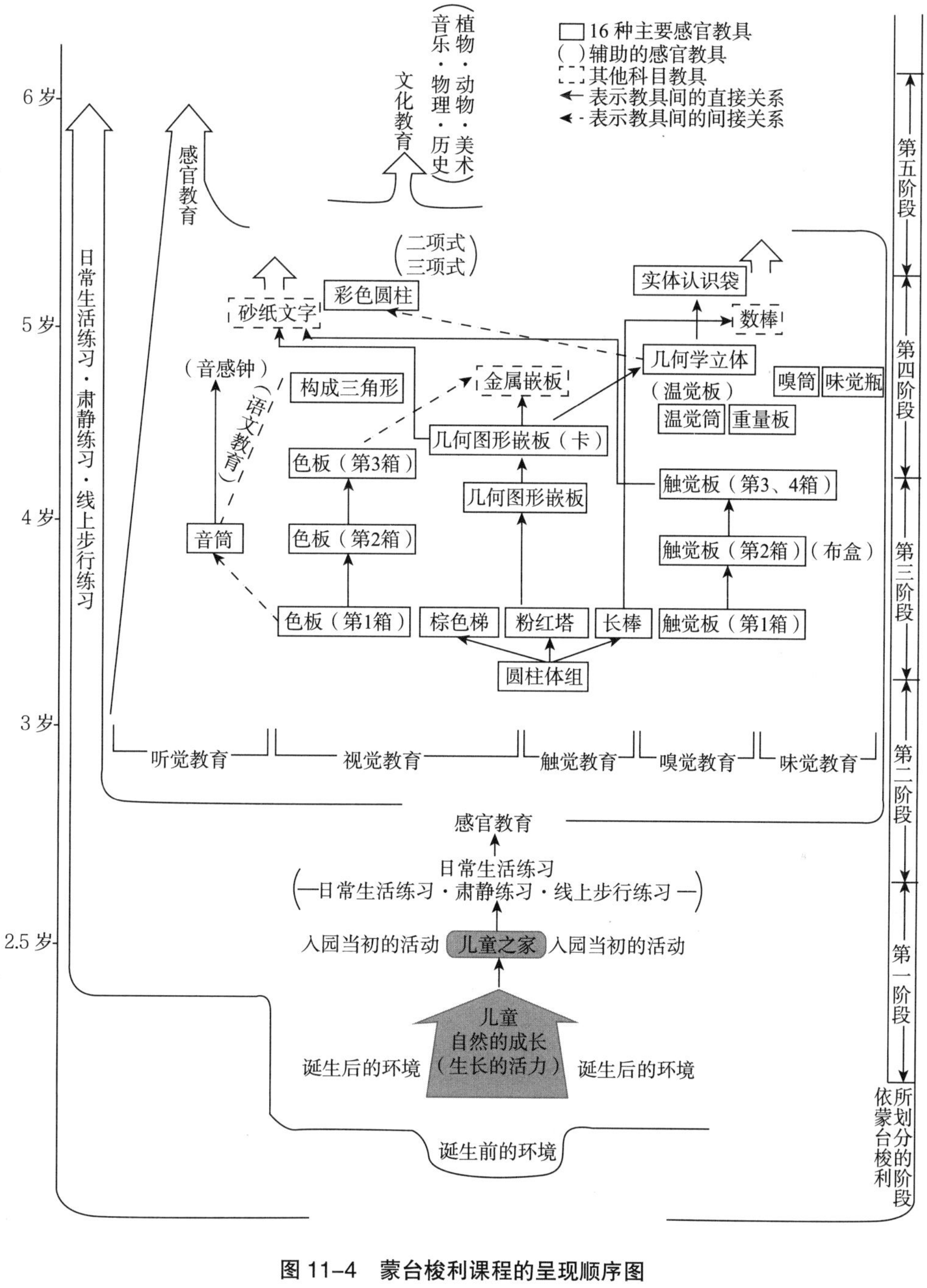

图 11-4 蒙台梭利课程的呈现顺序图

资料来源:岩田阳子,等.蒙台梭利教育理论与实践(第四卷):算术教育.台北:新民文教事业有限公司,1991:22.

蒙氏还依幼儿的发展情形,更详细地将课程配合教具的呈现顺序提示如下。

1. 第一阶段

当儿童初到学校便可以进行下列练习。

(1)日常生活练习:不出声音移动椅子、打蝴蝶结、扣纽扣、扣衣扣等。

(2)感官教育:操作圆柱体。

2. 第二阶段

(1)日常生活练习:不出声音站起来或坐下、在线上行走。

(2)感官教育:练习大小的教具、长的阶梯(长棒)、长方柱或大阶梯(棕色梯)、立方体(粉红塔)。

幼儿在此操作的教具类似之前做过的圆柱体,只是从不同的角度来练习。教具比较大,更容易发现各部分的不同点。但是这要靠幼儿用眼睛辨别其相异点与订正错误,而前面所练习的圆柱体是靠教具本身的设计即可直观地显示错误:这是因为幼儿除了按教具大小的顺序来插入相应木座外,没有办法按自己的喜好插入其他洞穴内,于是避免了错误。

触觉是最原始的感觉,触觉器官最为单纯,也使用最广。因此,当开始实施注意力教育时,我们可以对幼儿提示粗糙面和光滑面(触觉板第一块),接着是温度感觉练习。以此为基础,结合以后要介绍的手的运动练习就可酝酿出书写能力。

连同前面所说的两个系列感官练习,再进行"颜色配对"(色板),也就是辨认两种颜色的同一属性(这是色彩感觉的第一个练习)。

3. 第三阶段

(1)日常生活练习:幼儿自己洗澡、自己穿衣服、清扫桌面灰尘、学习使用各种东西等。

(2)感官教育:引导幼儿辨认刺激等级(触觉、色彩等),让幼儿自由进行练习。

一开始,要提示听觉刺激(声音、噪音—音筒)和压觉刺激(不同重量的小木片—重量板)。

同时,也提供平面几何嵌板(几何图形嵌板)。从抚摸嵌板轮廓的手部练习开始,与另一项辨认触觉分级的练习同时进行,为书写做准备。幼儿认识木制嵌板之后,再给以相同形状的几何卡片系列(几何图形嵌板卡片),这些卡片是为学习抽象符号而准备的。幼儿学习认识轮廓的形状,所有前述练习会在其心中形成有秩序、有智慧的人格,这些练习可以说就是由感官教育到书写的桥梁,是从准备工作进入实际操作的引导之门。

4. 第四阶段

(1)日常生活练习:幼儿准备午餐、整理桌子、学习整理房间、学习盥洗时照料自己的细节(如何刷牙或清洁指甲等)。他们通过在线上的韵律活动学习自由与平衡的走路方法。他们知道控制和指挥自己行动的方法(肃静方法),知道如何移动东西而不使东西掉落或损坏,也不发出声音。

(2)感官教育:在这阶段反复进行所有的感官学习。此外,再加上一对钟组的系列(音感钟),引导幼儿认识音符。

(3)书写／构图练习:幼儿开始使用金属平面几何嵌板。此时,抚摸轮廓所必要的运动已很协调。这时不用手指触摸,而是用铅笔在纸上留下双重的线,然后再用颜色铅笔涂满图形,就像是将来要握钢笔书写一样。同时,也教幼儿触摸认识用砂纸做的英文字母。

(4)数学教育:在这时期,反复进行感官练习,使用长阶梯,但和从前应用的目标不同。此时,可让幼儿依蓝色和红色,一段一段数不同的长棒,从一段开始,进行到十段为止。继续这个活动,也给予更复杂的练习。而算术可以进行到数字的认识。接着做木钉练习(纺锤棒箱)。同时,在桌上进行数字下面放置相对应数目的颜色筹码游戏。筹码排成两行,便可以分辨奇偶数。

5. 第五阶段

继续前述的练习,并且开始进行更复杂的韵律活动。

从上述所引用的内容可以理解,蒙台梭利虽然没有特别指出这些儿童教具使用的实际年龄,但教具的提供必须按照阶段和系统的条件,这是非常明显的。

三、教育方法

此部分从三个角度来呈现蒙氏课程中教学方法的精神:① 环境的规划;② 教具与提示方法;③ 教师的角色。

(一) 环境的规划

蒙氏强调,幼儿阶段是大量吸取外界信息的时期,这时的幼儿有旺盛的内在生命力,不断地追求有秩序的世界,因此成人就需提供给儿童所需的环境,协助他们迈向独立自主之途,亦即成人需提供给幼儿"准备好的环境"。所谓"准备好的环境"就是当吸收性心智发生作用时(无意识自我形成时期),幼儿成长所需之要素能随着其敏感期的出现而出现,而进行协助幼儿成长的工作。其所包括的内涵不是就狭义的"环境"而言,而是也包括在硬设备内的软件,如教师、气氛、课程等内涵在内。基本上,教师在准备环境时有以下几个规则可依循。

(1) 能让幼儿自由充分发挥其内在生命力的地方:环境的提供可以尊重到每一个幼儿的兴趣、能力、节奏、步调,以及需求。

(2) 丰富且安全的环境:环境的提供不仅是要满足幼儿生物性的需求(如食物、活动空间等),同时要是一个丰富的、可以刺激和激发幼儿潜能的环境,亦即能满足幼儿心智、道德、精神与社会需求等各层面发展所需要的要素。

(3) 可自由活动的环境:蒙氏认为,幼儿心智的成长与动作是息息相关的。幼儿通过自由选择的活动,去吸收周遭的养分,以满足心智发展所需的要素。因此,环境要提供给幼儿不断动手的场所和用具,以便其持续地去做搜集、分解、移动、转换等有助于心智发展的活动。

(4) 要有限制:蒙氏强调的自由是有限制的自由,因此提供的环境是要能让幼儿在里面做对的事,而不是做想做的事。

(5) 要有秩序:幼儿对秩序的敏感期约在2~6岁间,此时环境中呈现的秩序(例如每日的作息时间要有一致性与惯性、教具的摆放要有顺序等)要有助于他们的学习以及对未来的准备。

(6) 混龄班的编制:蒙氏教育的目的之一是让幼儿做好进入社会的准备,因此为其准备好的学习环境应该要与整体社会、文化有关联性和连贯性。蒙氏教室就是一个真实的社会,是三个年龄段混龄的空间。这种环境有助于集体生活的学习,为不同年龄段的幼儿提供可以互相学习尊重、合作、选择朋友等机会,年龄大的幼儿可以发挥领导、示范、协助的作用。

(7) 合作的环境:教师应该创造一个幼儿互相合作学习的环境,而不是一个竞争的环境。

蒙氏强调,准备好的环境包括教具呈现的顺序(这部分在教学内容里谈过)和提示法(这部分将在后面再谈)、教学时间与空间的规划,以及教师的准备。现在先谈后三者。

1. 教学时间的规划

学校创建之初,上课时间表就要制订;时间表的制订牵涉到时间长度和学习内容之间的分配问题。有关学习内容分配的问题此处不谈,将在教具部分细述。

关于上课时间的长度也可以分两方面来看:一是每天在园的时间长度;二是每个分段的时间长度。就在园的时间长度而言,会因小区的需求、幼儿的年龄和新生或旧生等因素的不同而变化。有的小区由于有托儿的功能,因此在园的时间可能从早上8点到下午5点,弹性很大。幼儿年龄愈小,在园时间长度愈短。新生入园前两至三周左右,其在园时间大约是:第一天至第三天,其在园时间约1个小时内;第四天至第二周间,其在园时间大约是一个半小时内;第二周至第三周间,在园时间约为2小时内;第三周起可以排5个小时时间在园。这样安排的目的是让幼儿逐渐地适应环境,避免其在心理上产生畏惧或不安的压力。

就每个分段的时间长度而言,原则上都是以大时段方式分割,甚至有的蒙氏幼儿园将时间表仅列为参考数据,实际上几乎所有时间的分配都是由幼儿自己决定的。理由是:幼儿有其内在成长法则,因此当他们正在进行一份工作时,必须要有完成该工作的循环时间。如果能让幼儿在没有什么干扰的情形下完成一个工作循环,他就不觉得疲累。当以成人工作半小时就要休息一次或工作1小时休息20分钟的方式来规定时刻表时,幼儿的工作就会受到干扰,甚至丧失其生命中所蕴含的生命主动性的特质。正常的时间长度以2.5~3小时为原则,其中全体教学时间不宜超过1小时,其他的时间应以小组或个别教学为主,如表11-1的范例所示。

表 11-1 一个蒙氏幼儿园之作息表：A 蒙氏幼儿园的一日作息表

时 间	活 动
8：30~11：20	上午活动时间
11：20~11：30	集体活动时间①、半天班放学
11：30~14：00	午餐、刷牙、中午休息时间②
14：00~14：50	集体活动时间,下午活动时间
14：50~15：00	放学

注：① 集体活动时间由教师视当天情形或课程需要来安排,或是在放学前提早集合进行活动。
② 此园的中午休息时间并不像别的幼儿园是午觉时间;此园幼儿没有午睡,幼儿可以玩非蒙氏的玩具,当然幼儿也可以操作蒙氏的玩具。

2. 教学空间的规划

理想上,蒙氏教育比传统教学需要更大空间,但如果空间不够,也不是很严重的问题,主要原因有以下两个。

（1）蒙氏强调秩序、纪律和尊重,因此在学习过程中,儿童会学到:行动时,动作上的正确性与纪律以及对他人的尊重,此可克服空间较小的环境。

（2）教师会允许幼儿将工作拿到临近的走廊、阳台去做,一个空间里的理想人数是 30 位,最多不超过 40 位。

3. 教师的准备

蒙氏认为,教育的目的不是教幼儿背诵文章或是塑造他们成为怎么样的人,教师是在指导一个有生命的个体发挥其全部的能力和不断地创造自己,因此教师本身就需是一个充满爱心、自由、有纪律、内心充实的生命。蒙氏认为,教师最需要的是精神涵养,是态度。他们必须借助外力去了解自己的缺点,不断地自我成长、自我纠正,以使自己时刻准备好,能成为可以协助幼儿成长的环境的一部分。

（二）教具与提示方法

教具是蒙氏教育思想的具体呈现。教具在蒙氏教育中的地位是"一种协助儿童生长发展的媒介",其主要意义在于借着外在刺激物,以激发幼儿内在的生命力。蒙氏教具有以下几个特性。

1. 性质的孤立化

蒙氏认为,从诞生到3岁期间的儿童,会本能地吸收环境中的各种景象,唯这个时期儿童所吸收到的各种景象都是混沌地存在于无意识和潜意识之中,这种吸收性心智到了幼儿3岁时,便由无意识地吸收逐渐地变成意识性地吸收。2.5~3岁左右的幼儿开始会将混沌的景象予以整理,使之成为有秩序的知识。蒙氏认为,与其让幼儿以偶然的机会去获得与整理外在的刺激,不如提供给幼儿一个有秩序的、能刺激感官的环境,这样会更有效地激发幼儿由内心涌出的生命力。但要儿童同时吸收各种不同知觉的道德信息,是一件很困难的事。因此蒙氏教具虽具有各式各样的特性(如颜色、大小、形状),但这些特性不是集中在一个教具上。根据某一教具要达到的目标,该教具就只呈现该特性的变化。也就是说,对某物体所具有的特性进行处理,突出其中某一项特性,这样便能将物体的不同特性分别和明显地表现出来。例如,长棒能区辨出长度、色板能区辨出颜色、触觉板能分辨出粗与滑的触感、圆柱体组具有分辨三度空间的功能,但四组圆柱体的教具则分别有不同的特性:第一组是具有高度变化的圆柱体;第二组是只有粗细变化的圆柱体;第三组是粗细和高度同时变化的圆柱体;第四组是直径和高度呈相反变化的圆柱体。

将复杂、困难的概念细分成各个独立的特性,让幼儿在无挫折的情况下一一去感受和理解该教具所呈现的概念,此为蒙氏教具设计性质的孤立化的理由。

2. 被具体化的抽象

蒙氏教具的目的不仅仅是刺激儿童的感官,同时期望能协助幼儿在对教具的操弄中,将事物的性质加以抽象化。因为蒙氏教具形成的程序是先分析具体东西中的某一种属性,然后再将抽象的属性加以整理,使之具体化。例如,"粉红塔"是抽取出立方体"大小"的属性,由大而小,依序递减叠成的;当蒙氏想取"长短"的属性时,她就固定其他的属性,只变化长度,由长至短排列,形成"长棒"教具。根据物理的性质,使教具保持固定属性的差别,其属性的差别就自然呈现。蒙氏将各种属性整理成套,也就设计出表达抽象概念的具体化教具。

3. 可自我校正

蒙氏教具多数都可以让幼儿操作后,自己评估表现得正确与否;若有错误时,产生错误的地方会明显地显露出来。例如,圆柱体A是由高度逐渐降低的十个洞穴和刚好可以插入的十个圆柱所构成,由于这些圆柱刚好能适合于这些洞穴,所以不能有错误;一旦做错了,幼儿会看得出来,并且重新修正。这种教具的优点在于幼儿可以立即地得到行为后的回馈,此有助于教师未介入时,幼儿亦能达到自我教育的目的。

4. 可移动性

幼儿有活动的欲望,为了配合幼儿的学习,幼儿可以自教具架上任意选取自己所喜爱的教具,也可以配合活动的需要而移动操作的场所。

5. 符合幼儿身心发展

蒙氏教具的设计是为了协助幼儿的成长,因此所有尺寸和大小均适合幼儿的身心发展。例如,尺寸、重量等都在幼儿易于抓取、搬动、拿捏的范围之内。

蒙氏教育课程的内涵、教学方法与教具间有着密切的关系,在谈教学方法时几乎无法脱离其教具和提示教具操作的方法。换言之,蒙氏教育在幼儿阶段的方法就是以对教具的操作为主。每种教具有其操作的重点、程序及延伸变化的方式。基本上,蒙氏教具提示(教学)方式约有三种:① 集体提示(给全体幼儿的提示);② 小组提示(给两位以上幼儿的提示);③ 个人提示(对个别幼儿的提示)。

这三种提示形态会由于不同教育内容、幼儿学习的阶段而改变其程度(详细数据可参考岩田阳子等,1991)。

(三) 教师的角色

蒙氏教育的目的是培养幼儿养成自我独立学习的能力,教师的职责是尽量激发幼儿的潜能,在幼儿自己动手做得到的范围内给予帮助,因此教师是以辅导者的角色出现。所谓辅导者的角色是指教师作为幼儿与教具间的桥梁,观察幼儿的需要后给予适时的介入。具体而言,教师的责任包括如下几个方面。

(1) 准备环境:教师应提供幼儿一个适合他、能协助他成长的环境。这个环境应包括教师自己的准备、教室和教具的准备等。

(2) 观察:蒙氏教育内容、方法、教具的产生都是从对幼儿日常生活的观察而发展出来的。教学的进度、协助及评估等问题,均以教师敏锐的观察力为基础,进而提供有依据的协助。

（3）监督：教师应监督班上活动的进行，防止可能发生的意外或粗鲁的行为，也就是"班级经营"的工作。

（4）示范提示：提供给幼儿操作教具的适宜技巧。

四、评价

蒙氏教育里所谓的教学评价是以教具为中心，在教师和幼儿之间展开。从教具的系统性使用、错误的订正、正确的模仿开始进行教学评价，观察时应注意的五个要点如下。

（1）设定明确的观察目标。

（2）明确地列举观察项目。

（3）做好周全的准备、决定时间、持续地观察。

（4）配合观察项目，做成摘要或备忘录式的客观性整理纪录。

（5）与其他观察者比较检讨，当然最后少不了综合性的判断。

这些教师的记忆伴随着纪录，一一针对幼儿实行（岩田阳子等，1991）。以表11-2与表11-3为例，表11-2是以全班每位幼儿一天里的工作项目为观察内容时使用的表格；表11-3是以一位幼儿为单位，将全班的表转记到每一位幼儿自己的纪录表后所汇整的表格。

表 11-2　蒙台梭利操作观察纪录表

观察日期：

幼儿姓名	日常	感官	语文	数学	文化
蔡文佳		粉红塔 M			
欧阳芬	倒水 RE				

注：进度符号为 P = 已示范，RE = 再次示范，M = 熟练，L = 相关词汇，EXT = 延伸活动。

表 11-3 蒙台梭利操作观察纪录表：日常生活练习 –1

观察日期：

项　目		已示范	再次示范	熟练	相关词汇	延伸活动	备注
对环境的照料（基础动作练习）							
走路练习							
搬运练习	1. 搬椅子						
	2. 搬桌子						
	3. 端托盘						
	4. 持地毯行走						
	5. 持水桶行走						
	6. 持瓶罐行走						
铺、卷地毯							
拼、拆方块毯							
倒谷类							
倒沙							
倒水工作	1. 由一水瓶倒至另一水瓶						
	2. 由水瓶倒进水杯						
	3. 由水瓶倒进数个水杯						
	4. 由水瓶倒进不同刻度的水杯						
	5. 使用漏斗倒进窄口瓶						
清理溢洒物	1. 谷类						
	2. 碎屑（如面包屑）						
	3. 液体						
舀豆							

第十二章
华德福课程模式

第一节 华德福课程模式的发展源流

华德福学校创始人史代纳(R.Steiner)于1861年出生于奥匈边界。他曾表示,自己在7岁时便时常有超越经验世界的心灵体验,而这些体验影响了他的一生。他相信这些心灵感觉的世界是存在的,并认为应可将其视为一种"科学"来研究。因此在1902年时,他将自己对心灵体验的研究与探索命名为"人智学"(Anthroposophy,源于希腊文,Anthropos指人,Sophia指智慧),旨在探索生命存在的起源及本质,企图揭开生命的奥秘。史代纳认为,人类生命存在于物质世界与精神世界之间,若过度重视自然科学易使人偏向物质,造成心灵退化。人智学探讨如何引领人以正确和客观的观察及方法进入灵性世界进行学习,强调人与宇宙间的关系,借以唤醒人与自然、宇宙之间的联结,再进一步创造当下及未来人类的福祉(林玉珠,2003;邓丽君、廖玉仪,译,1998)。

1918年,第一次世界大战结束,德国经济陷入低迷。社会改革者莫尔特(E.Molt)于1919年邀请史代纳为其工厂的员工创立华德福学校。当时史代纳要

求几项办学条件:学校要开放给所有想就读的儿童、男女合校、十二年制、由该校教师担任学校经营者,将政府及经济的干预减至最低。在莫尔特答应后,史代纳便在斯图加特(Stuttgart)成立了以香烟工厂名字华德福·阿斯托里亚(Waldorf Astoria)命名的学校——华德福学校(Waldorf Schule),此即为世界第一所十二年制的"自由华德福学校"(林玉珠,2003;庄美玲,2008;黄晓星,2003;邓丽君、廖玉仪,译,1998)。自此之后,世界各地陆续建立了其他史代纳学校,例如在德国、荷兰、英国、美国等国家。在第二次世界大战前,全球已分设有16所史代纳教育学校。截至2015年,全世界有60个国家分布共1 063所华德福和史代纳教育学校。

台湾第一所实验华德福教育机构是台中市磊川华德福实验教育学校林玉珠校长于1995年成立的"娃得福托儿所",接着又陆续成立了多家华德福幼儿园。如今,台中市磊川华德福实验教育学校与宜兰县立慈心华德福教育实验国民中小学,将台湾华德福教育由幼儿园延至中学阶段。

第二节 华德福幼儿教育系统的基本教育信念

华德福教育乃由"以人为本"的教育思想出发。史代纳认为,"人"的教育不能仅了解人的表象,以及运用表象的知识来教育人类,就如面对植物,不能仅看见其表面的枝叶,应探究植物的本质,才能了解植物接下来的生长状态。对于生生不息的植物是如此,对于"人"的教育,起点更应从对"人"本身的了解及研究开始(柯胜文,译,2002)。史代纳学校教育的目的乃在发展均衡与和谐的人格、对"人"的了解(人智学);课程不仅仅是教授科目的内涵,所有的领域都应融合人与万物的关系,也都应强调人文的精神,更重要的是借由各领域的学习,以发展完整的人格以及道德。以下将从个体的"身、心、灵"、气质的分类,以及史代纳的儿童发展观三个角度,来探讨华德福幼教系统的基本教育理念。

一、个体的"身、心、灵"

华德福教育将人视为一个"身、心、灵"完整的个体,以培养其成为一个"全人"。史代纳强调,人的整体应为身体、心灵、精神合一的个体,因此,教育就是将幼儿视为一个完整的个体,以培养他们具有完整的"身、心、灵"(林玉珠,2003;邓丽君,译,1998)。

(一)身体

身体(body)乃指人身上的各个感官体,人通过各感官体与外界接触,并且接受讯息与刺激。对幼儿而言,虽然外在的身体已完整成形,但实际上,身体是在毫无选择地接受外在讯息的,借由感知环境而形成内在经验,再借由意志力由内展现出心灵和精神来。

(二)心灵

人接受讯息后,即进入了心灵(Soul)的层次。内心的心灵世界有感知(Sensation),例如,感受到愉悦或生气、喜爱或厌恶等情绪与情感(Feeling)。再经由身体的意志(Will)以及精神上的思想(Thinking)来规范,人则从这些行为中表露内心的情感。

(三)灵性(或称之为精神)

灵性(spirit)是人类本质的中心,通过"思想"这个表达工具来传达中心的灵性。我们的感官在接收外在的讯息后,用有灵性的思考去进行判断,最后引领我们的行为。人类的思想与理想,例如百善孝为先、爱护万物等观念和想法,都是通过思想的专注与思考而形成的,而这些观念和想法最终会引导一个人的行为。

二、气质的分类

史代纳认为,气质是由父母遗传与天生拥有的混合体,主要分为土相(忧郁型,Melancholic)、水相(冷静型,Phlegmatic)、风相(活泼乐观型,Sanguine),以及火相(急躁激进型,Choleric)等四大类型。华德福认为,幼儿的气质不同,家长和教师对待他的方式也应不一样,其差异如表12-1所示。

表12-1 不同气质类型的特点与对待方式

气质类型	特 点	对待方式
土相气质	心思细腻,做事谨慎小心,安静沉着,常出现忧郁的神情,较欠缺活力	通过角色扮演养成幼儿的同理心,鼓励幼儿观察外在世界
水相气质	个性和善随和,慢条斯理,有些被动,做事认真负责不会半途而废,但对事情常提不起兴趣	通过他人对某件事的兴趣来诱发幼儿的关注,使其参与到活动中,同时可交代一些任务给幼儿,为了遵守约定,幼儿会认真执行
风相气质	兴趣广泛,对于周遭的事物常满怀好奇,对事物常采取正向思考的态度,但想法变化快,无法对于相同事物持续保持热情,对事物的认识很容易停留在表面而易半途而废	提供给幼儿适度的引导,帮助幼儿专心和专注,使其兴趣持续延伸
火相气质	精力充沛,自信,意志力强,具有强烈的领导力和决断力,但性格急躁,缺乏耐性,处理问题常常很冲动	为幼儿树立偶像和建立崇拜之情,进而帮助幼儿纠正错误,在纠正错误时,减少训诫或惩罚,通过较为轻松的方式,给予幼儿时间来缓和情绪

三、史代纳的儿童发展观

史代纳将儿童的发展以七年为一个周期,从出生到21岁分成三个周期。史代纳认为,教育应配合不同成长阶段的特性与需要,让人的"身、心、灵"获得统合与完整的发展。第一个成长周期是从出生至7岁(换牙之前),以发展"生理上

身体"（Physical Body）为主；第二个成长周期是从 7 岁到青春期，以发展"感觉"（Feeling）为主；第三个成长周期是从青春期到 21 岁，以发展"思想意识"为主。本章只探讨第一个成长周期的内容。

在第一个成长周期里，幼儿的生命力注重于生理发育，幼儿的行为依循的不是"要做什么"（have to do）而是"想做什么"（want to do），他们的行为受到强烈欲望的支配，因此会出现吃饭、玩玩具、跑来跑去同时发生的状况。幼儿的学习方式是依本能去游戏、模仿和向榜样学习。若在此时过早开发幼儿的智力，会干扰其整体发展的平衡。此时，幼儿成长会显示出"植物性"与"动物性"的特征。

（1）植物性特征：自然界的一切都符合幼儿的天性，大自然的一切也都符合幼儿的兴趣，自然的构造与形体也都是幼儿对此世界概念的形成与想象力的来源。

（2）动物性特征：并非指动物性的欲望，而是以身体成长为目的的好动、好爬等特征，而这些天性来自于生命发展的需要。

第三节　华德福幼儿教育系统的课程内涵

一、教育目的

史代纳对人类成长的最终理想为"自由"，教育的目的在于发展均衡与和谐的人格，强调"全人教育"的重要性。他说："我们最大的努力一定要放在培养自由的人，让人有能力定义自己的目标，指导自己的生活。"具体而言，史代纳认为，教育在于回应人性本质及人类真正的需求，生命的每个阶段皆有其发展和需求，因此身为教育者应先了解"全人成长"的知识，才能有效协助儿童的心灵顺利进入物质身体,实现身体的生命目的。在幼儿阶段,就"身、心、灵"层面的实践而言,应强调发展身体器官组织,重视发挥意志能力,并培育感恩的心,通过拥有这三者,人类就能在物质的世界中实现人的灵性(林玉珠,2003)。

二、教育内容

华德福幼教系统的重点在于响应儿童"身、心、灵"的发展需要。儿童生活在幻想、想象、情感及意志里,他们需要的是想象、节奏与活动的教学,而非形式、概念的教学,因此没有固定的、现成的、编定好的教材。华德福教育重视"头、手、心"的发展,"头"便是人的思想,"手"便代表着意志,"心"代表情感。课程要能帮助他们发展情感、意志,以及自由思考的能力,使幼儿能发挥模仿与意志的能力,建立规律的生活习惯与基础。因此,华德福幼教系统具体为儿童提供的教育内容如下(林玉珠,2003;刘禧琴、吴旻芬,译,1997;邓丽君,译,1998)。

(一)创意游戏

华德福幼教系统重视游戏,认为游戏能让幼儿从中学习与成长,进而为未来世界做准备。创意游戏是幼儿由内而外、主动自发创造出来的游戏,幼儿能在其中感受到乐趣及快乐。更深入而言,游戏本身要结合幼儿与生俱来的意志、欢喜的心,以及创意想象的思考,借此它能促进人的"身、心、灵"的平衡发展。因此,游戏并非是虚度光阴的活动,幼儿在其中重新建构、统整新经验,使其能将生活推到最细致及深入之处。目前,华德福教育系统将幼儿于7岁前的创意游戏分成三阶段,详述如下(Dancy, 1989;林玉珠,2003)。

1. 身体的游戏

此阶段的幼儿会不断重复同样的动作,例如跑、跳、爬、翻跟斗、画圆圈及线条等。就华德福教育而言,幼儿是通过四肢、新陈代谢、意志力系统来支配他的身体、驱力及精力的。因此,当幼儿反复地以纯动作技巧在练习时,同时也反映出其内在的成长情况。举例来说,当幼儿借由反复堆砌积木再将其推倒的动作,以获得快乐的感觉时,表示他的器官目前正处于健康地执行同化及异化作用的成长过程。

2. 想象模仿的游戏

对 2~3 岁的幼儿来说，反复纯动作的身体游戏已无法充分消耗他们的精力，所以转而追求想象中的假装游戏。他们喜欢模仿周遭人的动作、心情等，例如，"假装"吃、"假装"喝。而这类模仿并非出自实用主义的活动，所以幼儿并不需要真的完成什么。值得注意的是，这个年龄的幼儿会无法分辨好、坏地去模仿，他们看大人吵架，也会模仿出生气和谩骂的模样，因此在幼儿面前成人应谨言慎行，并且注意自己的情绪，避免造成不良示范。

当幼儿到了 3~5 岁，他们便开始进入高阶的创意想象游戏。例如，将一个玩具幻想成另一样他想要的东西，把一块木头想象成一头牛，过一会儿，同一块木头可能变成火车等。

3. 有目的之假装游戏

幼儿到了 4.5~5 岁时，即进入有目的之假装游戏阶段，他们会有自己想要成为的人、想要做的事情，所以这个阶段的幼儿已能在假装游戏前进行一系列的计划，例如，想要玩什么游戏、找谁来玩、每个人的角色是什么等。

（二）故事

1. 故事讲述

史代纳认为，童话故事里的世界与幼儿的世界本质相同，通过童话故事各个角色的生命经历及其所含的寓意，可以使幼儿内在的意识逐渐开始在自己建构的乐园中苏醒，即拥有人类所需的觉醒的意识。在这当中，教育的力量与儿童的生命成长自然地产生交融流动，此即是童话故事的魅力，它一方面反映、共鸣幼儿的梦幻需求，同时也温和地促进了幼儿发展，使其不至于受惊吓而从容苏醒，且能充满勇气及信心地迎向未来的人生道路。因此，教师应依照幼儿的年龄与需求，挑选适宜的故事，以帮助幼儿内化故事中的智慧与艺术。教师有可能会在同一天反复讲同一个故事，讲一至三个星期不等后才换新的故事，其目的是为了使故事成为安定幼儿内心的力量，成为给其带来喜乐与智慧的源泉。由此可知，故事在幼儿成长岁月中，扮演着相当重要的精神食粮的角色，特别是在儿童 9 岁之前。

此外，故事也被华德福幼教系统作为治疗幼儿问题的方法之一。在华德福幼教系统中存在着各种不同类型的故事,例如童话故事、生活故事、生日故事等,同时也有具备治疗功效的故事,其目的都是为了帮助幼儿解决问题、纠正其偏差行为。教师运用史代纳教育的巧思,将幼儿存在的问题转化变形成故事中有待解决的问题,当教师讲述此类故事给有相同困扰的幼儿听时,期待能触动、激发这些幼儿解决问题的意志。最后,故事结局会指出解决问题的方法,鼓励幼儿在以故事温暖心灵的状态下,反思自己的行为。如此纠正幼儿偏差行为或解决问题的方法,远比说理、恐吓或要求等更能彻底有效地帮助幼儿解决困扰。

2. 布偶戏

华德福幼教系统的课程包含布偶戏。一般来说,同一场布偶戏会在每周演出两至三次,并一再反复,持续两三周甚至更长的时间。教师会根据故事的需要预备布偶,将柔和色彩之丝绸、棉纱布铺于桌上作为舞台,再放置石头、贝壳和木头等作为布偶戏的场景。当幼儿进入教室后,教师掀开幕布,布偶戏才正式上演。在过程中,随着柔美的琴弦声、教师稳定的语调、丰富的色彩及动人的故事情节,幼儿的心灵慢慢地沉浸在安定、健康的氛围之中。布偶戏存在的终极目的是希望能唤起幼儿的感官发展,刺激其语言及动作,同时达到鼓舞幼儿发展其创造力及想象力的目的。

(三)艺术活动

1. 水彩画

使用水彩画色彩的经验可以发展幼儿艺术的潜力,且色彩与心灵、情感有直接的关系,有些色彩带给人愉悦的感觉、有些色彩带给人忧郁的感觉、有些色彩表现出活泼的感觉,可以让人通过感觉与自己的心灵对话。华德福教育中的三原色水彩活动,让幼儿不会觉得自己得画出明确的形状与图形,而是在颜色的渲染、交迭中,随心所欲地进行创作。此时,教师可提供与颜色相关的故事或诗词,以激发幼儿对颜色的想象及对颜色故事的创造。

2. 诗歌晨圈

"诗歌晨圈"又称为"轮舞"或"韵律游戏",这类似幼儿园中常见的"律动",但不同的是,华德福教育中的"诗歌晨圈"是大家手牵手、围成一个圆圈,共同以唱歌的方式来进行,而歌唱的主题大多与自然有关,通过反复的节奏与柔和的律动,以体悟大自然的寓意。

3. 蜂蜜蜡捏塑

蜂蜜蜡捏塑的活动,让幼儿通过揉、捏、拉的过程,感受蜂蜜蜡由开始的坚硬触感渐渐地在手中变得温暖、柔软。此不仅能满足幼儿对触觉的需求,更可以通过艺术来表达内心的经验。

4. 编织、缝纫与刺绣

幼儿会经由模仿成人的行为而习得编织、缝纫与刺绣的方法。通过此类手工活动,不仅能发展幼儿手指的灵活度,培养耐心,也能让幼儿在随心所欲的拼凑中,发展想象力及创造力。

三、教育方法

(一) 环境的规划

华德福教育强调"社群"(Community)的重要性,因此在环境的规划上有如下几项重要的原则。

(1) 要有"家庭"的感觉:华德福教育系统认为学校是家庭的延伸,因此在环境设计与功能上都会有家庭延伸的感觉,例如,每间教室里都会有厨房,校园里会有菜圃、家禽圈舍等。

(2) 要有美的感觉:华德福教育系统认为,学校应该提供可以滋润幼儿感官的整体环境,例如,墙壁应该用朴素淡雅的颜色,要用木制的家具,要准备天然材料制成的玩具,要有用植物性染料染成的窗帘等。

(3) 混龄班:华德福教育系统认为,学校是家庭的延伸,班级由不同年龄的儿童组成,更符合家庭组成的性质。对年幼的孩子而言,有模仿学习的榜样;对年长的孩子而言,可以学到负责任、照顾他人的品格。

(4) 有节奏、规律的生活作息:每天、每周、每月、每季的活动设计,都会让幼儿感受到节奏性及规律性。

（二）教与学的原则

华德福教育奠基于三个相当重要的学习原则：节奏（Rhythm）与重复（Repetition）、榜样（Example）与模仿（Imitation），以及做中学。

1. 节奏与重复

意志（Will）是存在于人类躯体中的潜能，能驱使人完成日常活动或艰困的任务。在婴儿期，意志力驱使个体学爬、站、走，也驱使个体牙牙学语，进而获得语言的能力；在幼儿期时，意志驱使幼儿模仿、学习，进而有所创造。锻炼意志力的方法有"反复"与"规律"，通过不断的反复而形成规律，进而培养坚定的意志力。

在幼儿园中，首先让幼儿的活动与大自然四季的变化相关联，通过四季温度的改变、大自然规律的变化，以及年复一年的节庆、庆典，让幼儿获得规律的意识。在各项活动中，也通过不断重复的活动，例如，诵诗、讲故事、画水彩画、玩蜜蜡等，在重复与规律中引发幼儿自我指导，形成对自我管理的力量。

2. 榜样与模仿

这个阶段儿童"模仿"的现象比其他年龄层都要显著，幼儿会通过模仿周遭的环境事物而保存对这个世界的记忆，进而对世界产生既定的认知，亦即这世界所展现的一切道德或不道德、条理或紊乱、理智或鲁莽的行径，皆会被幼儿的感官所记忆，并深植于其心中而成为内在的力量。学前阶段幼儿模仿的本能最为强大，他们并非借由训诫或道德劝说而学习，"典范"才是最重要的。因此，幼儿园教师与成人须扮演最重要的角色——"榜样"。成人在道德教育上要发挥"身教"的作用，即通过成人的实际行动，让幼儿在看见后发挥其模仿的本能，从中接受各种行为举止的启示（邓丽君，译，1998）。

3. 做中学

华德福教育强调幼儿自我探索的学习方式，通过模仿成人的活动，幼儿于实际"做"的过程中而得到学习。

四、评价

华德福教育强调对完整个人的建造，不强调对学术知识的奠基或是为其未来上小学的学科学习做预先的准备。因此，评价强调不用传统的评估方式，主要是靠教师的观察与陈述。

第十三章
瑞吉欧幼儿教育系统与其幼教课程模式

第一节 瑞吉欧幼儿教育系统的历史源流

20世纪初期,意大利走向工业化,政治上社会党的壮大,使得社会逐渐重视对职业妇女的需求以及对儿童的照顾和教育等议题。皮斯蒂洛(Pistillo)认为,1904—1913年间是意大利幼教发展特别快速的时期,在这段时间内,蒙台梭利创立了第一所"儿童之家"(Children's House)。不过,幼儿教育主要的推动力量还是天主教教会。1933年时,超过60%的学前学校是由宗教团体所经营。在第二次世界大战之后,教会介入教育的比例逐渐下降,家长们开始意识到他们的孩子需要更佳的幼儿教育;此时,新的教育机构和观念,例如,法国的"大众学校"(Popular School)和进步主义学者弗雷内(C.Freinet)及杜威(J.Dewey)的翻译著作,开始进入意大利。在1968—1977年这十年间,意大利有许多关于社会法案的条文通过,同时更多的妇女团体进入了劳工组织,她们对于儿童学前教育的诉求更为强烈。瑞吉欧·埃米莉亚(Reggio Emilia)这个意大利北部约有50万人口的小城镇,在这段时间里,由于一位新闻从业人员马拉古奇(L.Malaguzzi)的领导以及市立教育局

的支持,通过巡回展览,展示他们对于幼儿及幼儿学习的见解,获得了欧洲教育工作者的注意。1987 年,巡回展览到了美国;1991 年,《新闻周刊》(News week)将之列为全球前十个最好的学校之一。本章介绍的瑞吉欧幼儿教育系统就是基于上述的历史背景而得到发展的教育系统。

第二节　瑞吉欧幼儿教育系统的基本教育理念

瑞吉欧学校创办人马拉古奇指出,影响其思想的理论家和同僚包括:克伯屈、杜威、布朗芬布伦纳(Bronfenbrenner)、艾萨克斯、瓦隆(Wallon)、弗雷内、维果斯基、布鲁纳、皮亚杰,以及后皮亚杰学派学者、霍金斯(Hawkins)、马图拉纳(Maturana)、瓦雷拉(Varela)和其他人等(Malaguzzi,1991)。从上述人物名单来看,瑞吉欧的教育系统大体上是受到了进步主义与建构主义的影响。除了进步主义与建构主义之外,另有一种理论对于瑞吉欧的教育也有所影响,那就是将符号语言视为儿童多元智能表现的形式理论(Edwards, Gandini & Forman, 1998; Gardner, 1983)。

瑞吉欧幼儿教育系统历经了五十多年的岁月,经由团队共同发展形成。由于此系统是由实务经验的探索而逐渐形成,并非先有理论,而后根据理论所发展出来的教育实务,因此本章所探讨的只能说是此系统的重要教育理念,而无法整理出其独创的一套理论基础来。笔者归纳出来的教育理念大致如下。

一、强调"互动关系"和"合作参与"

马拉古奇强调"互动关系",此处的关系指的是儿童、教师、家长、学校和环境间的关系（学校系统内的环境，如教室内外环境间的互动关系；学校系统外的环境，如儿童与小区环境间的互动关系）。马拉古奇主张，教学时不可视"个体"为单独的一个要素，应视儿童与其生存环境为一整体。换言之，在教学时，不可以将儿童与教室、学校、家庭和小区的关系切割掉。

在马拉古奇的观点中，"互动关系"与"学习"是在主动的教育过程中获得调和的。他认为儿童所获得的学习结果并不是教师所教的自然结果，其中有很大一部分来自于儿童自身活动或运用资源的结果。在任何情境中，儿童不是被动地等待向自己提出问题和形成思想、原则与情感，而是无论何时何地，儿童总是处于主动学习与通过理解进行建构及获得知识的过程之中。成人与儿童相处的方式会影响儿童的动机与学习，因此在设置儿童的学习环境时，必须要将儿童的认知面与情感、关系面连接在一起。因此，在发展与学习之间、在不同的符号语言之间、在思想与行动之间、在个人与人际关系之间，都应该有互动关系的存在。"互动关系"理念的落实结果，就是强调无论是课程或学校行政事务，都要以"合作参与"的方式进行与完成，例如，教师时常与儿童的家庭在一起讨论课程，无论在组织活动、设置空间或营造欢迎儿童的氛围方面，教师都是与家长合作的；教师也鼓励儿童彼此探访，并且要儿童去看看父母工作的地方；在学校设备准备、布置方面，教师也是与家长一起完成的。

二、对儿童的看法

（一）有关儿童的学习能力

马拉古奇主张，儿童是主动的学习者。儿童对那些值得知道的事情感兴趣，儿童能做许多事情，包括以许多方式来表达他们的概念与情感。因此，成人应该要提供给儿童许多机会，让儿童在自己尝试去建构、沟通对于经验的理解时，能够发挥自己的图像性技能（Representational Skills）。儿童从小开始就愿意和希望去建立不同的社会关系，喜欢去享受那些意料之外的事物，这些都是他们学习时最重要的资源（New, 1992）。

成人给儿童提供愈广泛的可能性，就愈能增强他们的学习动机以及丰富他们的经验。无论是课题或目标的订立、情境类型及其结构层次的确立、资源与材料的结合,或是事物及幼儿间、幼儿和成人间的互动等,成人都应该开放些,以提供儿童发展的各种可能性(Malaguzzi, 1993)。成人必须去观察儿童的个别差异,而不必急着将儿童予以归类。在自然界中,以人类的幼儿期最为长久,因为对人类的幼儿来说,要走的路还很长,需要有更多的时间来改正错误,以获得对自己形象的了解(Malaguzzi, 1993)。

基于上述对儿童能力的看法,儿童利用多种符号语言来表达自己的方式,应该受到教师的鼓励与重视(New, 1992)。因此,在瑞吉欧的幼儿学前教育环境里,特别重视"镜子"在教室里的存在(如图13-1、图13-2、图13-3所示)。

图 13-1　三角柱的镜子

注:儿童在三角柱的镜子里,可以随意地用自己的肢体来摆造型。

图 13-2、图 13-3　婴幼儿教室的设计

注:儿童无论是躺或趴,还是坐或站着玩躲猫猫游戏,随时都可以看到自己肢体的动作与形态变化的过程,这对儿童了解自己的形象很有帮助。

（二）对创造力的看法

马拉古奇认为，儿童是创造力的用处与价值的最佳评鉴者与最敏锐的判断者，他们总是会主动去探索，做出种种发现、改变他们的观点，等等。创造力并不是神圣不可侵犯的，它也不是超凡的，而是由日常经验所激发的。马拉古奇对儿童的创造力的理念可以简述如下。

（1）创造力不应被视为一种分开的心智能力，而应有思考、认知与选择方式的特征。

（2）创造力来自于多重的经验，伴随着的是个人资源的发展。

（3）创造力是通过认知、情感与想象的过程表达出来的。

（4）最能表现创造力的情境是在人际关系的交流之中。

（5）当成人较少使用命令式的教学，而成为问题情境的观察者与解释者时，儿童的创造力会更具力量。

（6）创造力是否受到重视是基于教师、学校、家庭、小区等的期望，也是基于儿童对上述期望的看法。

（7）当成人注重儿童的认知过程而非结果时，儿童的创造力会变得更明显。

（8）当教师相信智力活动与表征性活动所具有的力量时，创造力与想象活动间会有密切的交流。

（9）创造力需要将"认知"与"表达"结合起来，才能发展儿童各种不同的表达方式。

马拉古奇认为，学校在协助儿童创造力发展的过程中所扮演的角色是，帮助儿童爬过他们的"山头"，而且尽可能地爬高（Malaguzzi, 1993）。

三、对"学习"与"成人角色"的看法

在儿童学习的过程中，成人固然扮演了相当重要的角色，但儿童自身的参与才是学习的关键点。儿童借由计划、观念的统合与抽取日常生活经验等的体会，自动地创造出事物间的"意义性"。各事物间的"意义性"，并不是静止的、具有唯一性的或最终的。儿童通过不同的经验总会给予事物新的和其他的意义。成人的作用

便是在旁激励儿童,间接地协助儿童制造"意义性"的能力,以便这种能力成为儿童一切学习的基础(Malaguzzi, 1993)。

马拉古奇认为,皮亚杰理论中最具潜力的部分在于认识论的领域。但是,马拉古奇也认为皮亚杰所讲的"建构论"将儿童孤立了起来,因而他对皮亚杰理论也有不同的看法,例如,他认为皮亚杰低估了成人在儿童认知发展过程中的重要性,对于社会互动与记忆力不重视……将认知、情感、道德发展等领域分开来,过度强调结构性的"阶段"与逻辑数理知识的重要性,过度使用生物学与物理科学的典范等(Malaguzzi, 1993)。马拉古奇指出,他强调儿童的"学习"并不表示他拒斥"教学",而是主张:"成人应站在一边一会儿,为儿童的学习留些空间,小心观察儿童在做些什么,然后如果你清楚地了解了,你或许会发现你所谓的'教学'会不同于以往。"马拉古奇主张,教学是提供给儿童学习的机会。如果教学成为单向的,而且是根据某些"科学"而有着高度的结构,那教学对教师与学习者来说都会变成不可容忍的、充满成见的,并且会对两者的关系有所损害(Malaguzzi, 1993)。

总之,"学"与"教"并不是对立的两方,它们彼此间应该交流,在这种相互的交流行动中,"教学"能够促使儿童去"学习"如何去学习(Malaguzzi, 1993)。

第三节 瑞吉欧幼儿教育系统的内涵

瑞吉欧教育信念的落实,需要从环境及课程两方面来看。

一、环境

（一）小区、家长与学校合作关系的环境

瑞吉欧学前教育之所以获得成功，与该教育系统、教育理念受到家长和社区的支持与合作有关。从20世纪70年代开始，"小区应参与学校教育"的观念就获得了瑞吉欧镇政府的支持。在瑞吉欧的每个学前教育机构中，都有所谓"咨询委员会"（Advisory Council）的设立，作为学校与小区的衔接。通过个别性的会议、小组讨论及社交活动（Social Events），加强了"家长与学前教育机构的互动"关系，由于家长与教师间经常互动，使得学前教育机构中发展出一种教师与家长休戚与共的共同意识。

（二）学校环境的设计

走入每一所瑞吉欧学前教育机构，都会被其丰富、明亮、充满艺术气息的环境所吸引。瑞吉欧学前教育机构在环境设计上的特性简述如下。

1. 环境是"第三位"老师

入口区域部分是属于学前教育机构将讯息传递给家长的地方，亲子栏的布置让人一看就想进去看看里面有些什么。给父母的讯息与儿童作品的展示高挂在墙上，形成一个教育性的环境。

对访问、参观幼教机构的客人而言，他们会特别注意到空间和环境的安排，他们会"阅读"其中所蕴含的讯息与意义，看看空间环境提供给儿童怎样的教育质量。诚如里纳尔迪（Rinaldi，1993）所说："空间的设计必须让儿童感受到整个幼教机构（包括了空间、教材与方案）对于他们与他人之间互动与沟通的重视与维护。"瑞吉欧幼教机构的空间设计，不只是在创造一个安全而有用的空间，同时他们所创造出来的空间也能够反映出一般性的文化与每个幼儿园或托儿所的特殊历史。整个空间不只是令人愉悦的、温暖的，同时也包括了许多关于"方案"、活动、日常计划与人际沟通等的内容。

2. 空间安排反映了教学形式与内容

教室空间不只是有助于各种互动的"容器"，它也应具有教育性的"形式与内

容",因此在瑞吉欧,教室内空间的排列与摆放形式,会随着不同的教育计划而有所设计或改变(如图13-4、图13-5、图13-6所示)。

图 13-4　小组活动时的空间

图 13-5　视觉艺术活动空间

图 13-6　集体教学空间

3. 空间设计反映了对美以及历史、文化的看重

空间在许多方面反映出空间创造者的文化。首先,我们可以看出设计的美观与和谐,例如,一些漂亮而又有用的摆设、墙壁的颜色、阳光穿透的大窗户、健康而又翠绿的植物等,从这些都可以看出对于整个空间美感的追求。

每个学校都有其特别的历史,因此瑞吉欧的幼教机构都非常的有"个性"。每个幼教机构都有关于将儿童在每次活动中的作品作为收藏物的展览,这些东西都会成为空间的一部分,让儿童觉得他们所做的都很有价值(如图13-7所示)。

图 13-7　运用儿童的作品来布置教室

注：儿童的作品深受重视，运用儿童的作品来布置教室，不仅增加了教育环境的美感，同时也让儿童感受到其作品深受重视，进而增进他们的学习动机。

（三）社交空间、个人空间和边缘空间（Marginal Space）的规划

空间的规划与设置都是为了使幼儿之间，以及教师、工作人员、家长之间或他们与幼儿之间的互动和交流变得更容易。空间设计必须保证幼儿感受到个人的利益与集体的利益同为一个整体（如图 13-8 所示）。

图 13-8　空间规划

注：用玻璃分隔教室，让幼儿可以观察得到别的幼儿和成人的活动，以拉近彼此间的距离。

（四）纪录的空间

瑞吉欧幼教机构的墙是可以"说话"与"纪录"的，外来的访客在瑞吉欧幼教机构到处都可以看到幼儿作品的展示。展示内容包括：学习过程的照片、对步骤的叙述、活动或方案的演变。这些叙述是通过幼儿自身的意见与会话的纪录而完

成的（如图 13-9、图 13-10 所示）。

图 13-9　教学活动纪录展示板

图 13-10　方案结束后的成果展示

注：这是方案活动发展的流程，在整个方案活动结束后，教师们将其流程整理出来并布置在一面墙上。这种纪录帮助家长和教育人员对其课程的发展有了很好的了解。

二、课程与教学

瑞吉欧幼教系统在课程与教学方面的特色，依笔者的看法有二：一是重视视觉艺术在课程与教学中所扮演的角色；二是"方案"（Project Approach）的课程。以下即从这两个角度来说明瑞吉欧的课程。

（一）视觉艺术在课程与教学中所扮演的角色

瑞吉欧镇的幼儿园不管有几个班级，一定有一位驻校艺术教师的编制，此即可窥知瑞吉欧镇在幼儿园阶段对艺术教育的重视。

重视艺术在课程中的应用，远可追溯到意大利本身文化的特质，近则源自于该地的学者认为幼儿是通过艺术活动，例如素描、绘画、雕塑或黏土等，来进行学习的；同时，成人也可以通过艺术的活动来了解幼儿的世界。换言之，瑞吉欧镇强调以"艺术"作为帮助幼儿反映及增进其思想的媒介。艺术（尤其是视觉艺术）犹如一扇窗户，通过这扇窗户，幼儿将他的世界呈现出来，而成人亦透过这扇窗户来了解儿童的世界。

传统的观念认为语言是人类认知的精髓，学术界许多学者（Bruner, 1964; Piaget & Inhelder, 1964）也都认为语言在认知中占有最基本的地位，他们主张语言不仅构成了这个世界的认知架构,同时还构成了我们的经验。也有学者(Sapir, 1962; Whorf, 1956)认为,语言使得对特殊事物的分类与抽象化成为可能,通过语言,我们可以将一些不能直接遇到的事物概念化,诸如无限性、真理等"概念",没有语言,这些概念也不可能形成。但艾斯纳(Eisner, 1991)却不这么认为,他认为这种传统的观念——即"人类所有的概念性思考都需要运用语言"的观念,是错误的。这种解释源自于传统上一些对人的心智(Mind)、知识(Knowledge)和智力(Intelligence)的观念,这种观念已经深入到学校中,并且成为我们世界观的一部分。在这种观念影响下,我们常认为在学校中表现良好的学生,就是指在语言技能上有特殊表现的学生。这种观念造成学校的教育忽视了艺术在儿童学习与表达能力上的功能。

人类认知系统的运作,除了发生于个人经验之中的、在个人内在所进行的活动之外,还牵涉到与外界互动、沟通的活动。无论是哪一种活动,都会牵涉到感官系统将外界讯息传入而予以"内化"(Internalization)的过程,或是将概念"外化"(Externalization)后传递给他人的过程。

在某些方面,个人必须学习从环境中得来的各种"表现形式"(Representation)并将讯息予以内化;另一方面又需学习使用一种可以把已经概念化的东西重新表达给自己或他人听(看)的形式。这种工作就需要运用到"表现形式"。重新表达概念的困难在于很难找到或创造这些概念的对等概念,在做这种重现工作时,所引用的形式必须要与一个或更多的感官产生关联,例如,一个听觉概念可能可以用听觉或视觉,甚至口语及其他形式进行外化。因此,儿童可以藉视觉形象(绘画)表现跳远这项活动的种种规则,也可以用口语形式陈述跳远的规则。

人类的知觉不是被动地将所见、所闻"复制"下来,而是主动地将他们所看到以及所了解的事物加以"转换"出来,例如,当我们"看到"一对男女彼此看着对方,眉毛、眼波流动着(视觉形式)信息,我们可以"体会"到他们之间在传达情意,因此我们用"眉目传情"来形容(以文字形式将内在意象表达出来)。同样的道理可以应用到"怒发冲冠""喜极而泣""咬牙切齿"等概念上。概念的外化则通过"表现形式",使得修正过程得以进行;而在将概念重现的过程中,也会有新的概念形成。

"表现形式"除了文字、口语外,还有艺术,例如绘画、音乐、雕刻、戏剧、舞蹈等。艺术的特质是相当复杂而微妙的,我们可以从每个特质间的关系及细微的差异里学习,而形成一种自己理解的模式,而这种理解模式是无法化约为文字形式的。我们的感官系统较语言有着更多的分化,有时我们甚至会找不到适当的语言来表达我们所直接经历过的事物(Eisner,1991)。

经由上面对于艺术与认知间的关系的分析,我们可以得出这些对于教学或课程设计的启示如下:应多培养儿童视觉、听觉等多种表现能力。换言之,从学理上分析,瑞吉欧课程里强调对视觉艺术的培养与应用,是极合乎教育原理和深具理论基础的。

(二)瑞吉欧体系课程的特色之一——方案教学

因为有人会将瑞吉欧的课程与方案、萌发课程的概念混用,因此先从几个容易混用的概念分析起。

1. 瑞吉欧体系课程概念的厘清

(1)瑞吉欧式教育。

很多人将瑞吉欧课程与方案课程之间画等号,其实瑞吉欧课程不是只有方案的形式。瑞吉欧课程里也有大团体、小组的教学,也有学习区的空间设置。图13-11是将瑞吉欧式教育(Reggio Emilia Approach)、课程中的方案、萌发课程的概念的差别,以图的方式表示出来。瑞吉欧式教育内涵所指的是包含了瑞吉欧幼教系统里所拥有的共有、共享、共享的信念(包括对儿童、教师和成人角色、学习、创造力的看法,对合作、共存、互动、关系的看重)、组织与系统运作,以及课程与教学三大范畴。就运作过程而言,强调范畴内各子范畴间的互动、三大范畴间以及三大范畴间各子范畴间的互动。不同部分间的互动,遂形成"瑞吉欧教育"的独特面貌。因探究的焦点不同及为了写作方便起见,我们针对瑞吉欧幼教系统下的多元表征(Multi-symbolic Approach)在教学上的应用(Forman, 1993; Forman, Lee, Wrisley, & Langley, 1993; Malaguzzi, 1996)、方案课程(Leekeeman & Nimmo, 1993; Rabitti, 1995; Rankin, 1993)、组织运作(Gan-dini,1997)等特色做焦点式、深入性的探讨,但部分的总和并不等于整体。要深入了解瑞吉欧式教育,可能除了要努力从微观的各个部分来拼成一个图像外,还应努力从宏观的角度统观各个部分在整体图像中的位置,以及这些部分对整体的作用和影响。例如有人问:"为什么瑞吉欧幼教系统里的幼教机构强调教学档案的搜集?"那是因为瑞吉欧的共同信念强调互动的重要性、对幼儿能力的肯定以及对成人角色的肯定(属信念的范畴),因此通过对教学档案的搜集与整理,可以促进成人与幼儿间的了解;可以让家长与幼教从业人员了解幼儿,进而为成人决定如何提供方向与方法的相关信息协助幼儿,以及向新进幼教从业人员提供专业成长的机会(属组织与系统运作和课程与教学范畴)。

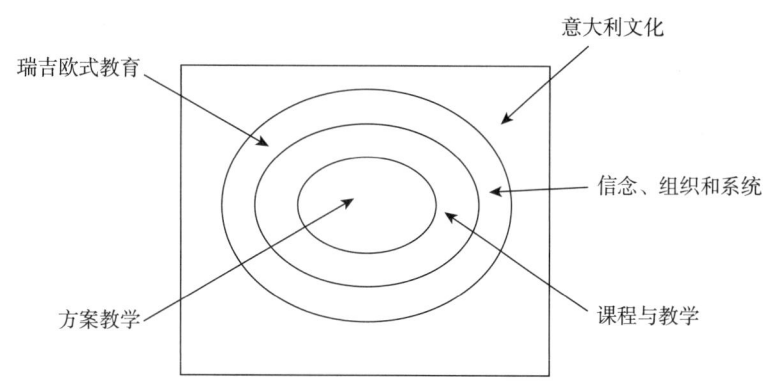

图 13-11　瑞吉欧式教育、课程中的方案、萌发课程的差别图

(2) 课程中的方案。

教学方式若以人数组合方式来区分,可分为个别式、小组式和团体式教学方式;若以教学形式来区分,可分成角色扮演、创造性舞蹈、朗诵等,方案只是众多教学方法中的一部分和方法之一而已,它是教学方法、课程发展方式之一,而不是"唯一"的教学方式。当我们只提方案课程时,其实焦点是放在对方案教学本身的介绍的(Chard, 1998; Katz & Chard, 1989)。当我们在看一个方案时,应该把该方案放在整个课程与教学的活动范畴中去观看,亦即一种课程中的方案(Project in Curriculum)。这一观念的厘清有三个意义,可以在此延伸:① 教学中不应该视方案为唯一的教学法;② 当我们思考为什么瑞吉欧幼教机构可以发展出我们所看到的方案时,我们必须关照到瑞吉欧式教育系统里的信念、组织,以及运作课程与教学的因素对其方案的影响;③ 瑞吉欧教育系统里的方案只是其课程与教学的一部分,同时因为瑞吉欧文化上的特色,因此在对方案发展记录的过程中,强调视觉表征的应用与培养。

(3) 生成课程。

许多教师有一种迷思就是:方案课程是随着幼儿的兴趣发展的,因此它是生成的(emergent),遂有生成课程(Emergent Curriculum)产生。生成课程概念的出现可能是受到克莱(Clay,1966)在研究中提出的观点——读写生成(Emergent Literacy)和全语文(Whole Language)的影响。在全语文教学中,自有其概念适用的条件。方案教学的学理并不是源自于全语文教学的情境与理念,因此不能全然地应用全语文教学中生成课程的概念于方案教学中。方案的产生与发展确实会有许多不确定性,教师不可能完全事先将其规划好,也因此在方案进行过程中会有生成性活动产生,但这种生成性活动的范围是受方案教学的精神、目的和步骤性以及方案主题的限制的,例如,当方案是以"做一只真实大小的恐龙"为目标时,就不太可能让教学活动走到"钉子"的主题上去。若是以幼儿兴趣为理由,认为可以由"做恐龙"转到"钉子"的主题上去,确实可以称为生成课程。若在设计课程与教学活动中,以脱离语文学习理论而强调生成课程,就引发出另一个值得讨论的议题——就是"设计课程与教学活动时是否可以没有目标,完全以幼儿兴趣为设计课程与教学活动时的唯一依据",此有待另文讨论。另外,教师是否可以以自己的理念而决定是否由原本决定的方案转到另一方案,或是转到其他的活动,不再进行方案教学,这又是另一个值得探讨的问题,但不应该将方案与生成课程混为一谈。换言之,不宜将瑞吉欧的课程视为生成课程。

2. 方案教学与课程

自从瑞吉欧教育风行之后,方案教学与课程也随之盛行,但实施后带给现场教师不少困扰,例如,课程主题是由谁来决定?是由教师还是由幼儿决定?因为要以幼儿兴趣为主,因此教师是否还需要事先设定好教学计划?在课程进行过程中,教师可以介入吗?何时可以介入?笔者相信,如能对方案教学与课程产生的背景、定义与要素有些了解,诸如此类的问题,应可迎刃而解。

"方案教学"的提出是反对传统的课程组织以"科目"(Subjects)形态为本位的。杜威主张,学校的课程要用直接的、功能性的(Functional)方式来组织。同时,克伯屈(Kilpatrick)认为只有在行动中才能求得知识,知识唯有依赖行动方能获得,此亦即杜威所提之"问题解决法"(Problem Solving)。换言之,方案是指让幼儿采取一连串的"行动",以培养解决各种"问题"的能力为宗旨的一种教学方式。克伯屈(Kilpatrick,1918)指出:"方案"是指"在一个社会性的环境中,全神贯注地从事有目的活动的过程",在后续文章(Kilpatrick,1921,引自黄昆辉,1968)中,克伯屈再次对"方案"一词做进一步的定义:"一个有目的的活动或经验。在活动中,幼儿内心为此目的所驱策,决定其活动的计划、进行的步骤,幼儿有学习的动机。"从克伯屈前后两次的定义来看,笔者认为方案教学至少包括(或强调)下列几个要素。

(1) 方案教学是一个目标导向的教学方式。

"解决问题"是每一个方案的终极目标,应用方案教学的教育目的即在培养幼儿解决问题的能力,例如,以"书"为主题,教学目标在对"解决问题"能力的培养,就会强调通过各种设计、操作的过程去完成一本书的制作。此时,不仅是强调一本书的完成,而且是强调在此过程中、在解决各步骤所面临的问题时,对问题做深入的探索。此时,就可应用方案教学进行教学活动。

(2) 方案教学强调"步骤性"的"学习过程"。

方案教学强调达到目标"过程"中的"步骤性",此处强调两个要素:一个是"过程",另一个是"步骤性"。方案教学强调在方案发展过程中,教师应注重"学习过程",而不只是看重其结果。"步骤性"可以指杜威问题解决法的五个步骤:发现问题、确定问题的性质、提出可以解决问题的方法、实验(验证),以及解决问题。要先有计划,计划好之后就动手开始做;完成之前要有反复修改的步骤,然后才会到最后的评鉴阶段,每一个阶段都是有步骤性的。

(3) 方案教学强调学习活动对幼儿的意义性。

方案教学强调学习活动对幼儿而言是有意义的(Meaningful),这样幼儿才能产生有意义的学习过程与结果,因此学习动机在幼儿学习过程中就极为重要。幼儿的学习动机可以是自发的,也可以是经由教师的诱导所引发出来的(此所以在教学的第一步骤就是为了引发幼儿的学习动机)。方案教学的主要精神之一就是强调幼儿参与活动时的全神贯注,唯有全神贯注地投入,才能获得有意义的学习。这种学习与被强迫和索然无味的学习,在表面上不易说明其相异处,但其效果是截然不同的。为了区别上述两种学习上的差别,杜威举了一个"两位男孩做风筝"的例子来说明:一位是自发性、全神贯注地着手一个有目的的活动;另一位是直接被迫依照模型模板来做出风筝。虽然最后两个人都做出了一个风筝,但是过程中的经验与学习效果却是明显不同。第一位男孩积极地朝他唯一的目标迈进,并且以眼见为凭、可以飞得起来的作品风筝,作为其决定与检视作品的依据标准。第二位男孩也许有两个目标想要达成:做出一个风筝和达到教师的要求与标准,其制作风筝的乐趣通常会被害怕未能达到教师的要求而淹没。他做出来的风筝也许可以飞,但是很可能因为没有绑出"正确"的结或是用了太多的糨糊等这类的事而被贬低价值。第一位男孩在学校活动中充满了自信、喜欢思考与悟透事情。第二位男孩则认为学校会提出许多待完成的任务,强迫学生去执行,这些任务不是从学生的角度和发展提出来的。他可能不喜欢在持续可能犯错的压力下,被迫工作或思考;假如他学不到一些东西,这不会是他本意想如此,而是为了他人而做(引自许瑞雯,译,1999),所以方案教学强调的是学生主动参与式的学习,强调学习活动的过程与结果对学生本身的意义,而非被动灌输式的学习,或是学习活动对他人(例如教师、父母)的意义性。

(4) 方案教学强调"做"的要素。

从定义可知,方案教学是杜威"问题解决法"和"做中学"理论的具体运用。从杜威问题解决法的五个步骤中的"实验"(验证)阶段和克伯屈提出的"执行"阶段来看,方案教学的关键要素之一,就是要幼儿将其所思考的抽象观念或程序性思绪以具体方式做出来,例如,通过"书"这个主题来培养幼儿解决问题的能力,必须要求幼儿"做"出书来,而不是完成"讨论"如何做一本书后即可结束的。

(5) 方案教学强调"思考"的要素。

在杜威的"问题解决法"五个步骤中,每一个步骤都涉及活动者(学生)的"思考",例如,以"书"这个主题为例,学生必须思考"要做哪一种书(图画书、文字书、工具书、娱乐性书籍等)""做给谁看"等,目标决定后,还要思考"用什么材料去做""如何做"等问题。开始做的时候,碰到与规划所期望的条件或结果不一致时,就得思考替代的方法。依此类推,整个做书的过程就是一个不断思考的历程。因为对这个要素的强调,才可以区分美术才艺课与方案教学的不同。许多人看到方案式的教学活动,会有与美术才艺课分不清楚的感觉。如果美术课教学的方式不是直接教导式,而是强调学生自己深入地思考,且包含了前述的数项要素,该美术课亦属方案教学。

有人会问,瑞吉欧式方案教学和一般谈的方案教学间有何差别,笔者认为,就方案教学的精神来看,两者间没有太大的差别,但就内容或媒介而言,瑞吉欧式方案较强调视觉艺术为其媒介,也就是其内容强调视觉艺术的重要性。

第四节　瑞吉欧方案教学的实施程序、教师角色与案例

一、方案教学的实施程序

(一) 方案教学的教学计划

方案教学的课程组织方式属非结构性,教学计划的制订是依据幼儿的兴趣与能力为主要方向,很难如传统的教学方式写出一个完全据以依循的教案设计。但对初学者或刚刚使用方案教学的教师而言,事前的规划、设想还是有必要的。在计划阶段应考虑的问题依序是:待探索与解决问题的选择、探究的范围和方向的决定,以及教学档案文件的搜集与整理等。

1. 待探索与解决问题的选择

可视幼儿与教师的经验、能力、兴趣、校内行政开放程度等的不同情况,而由教师个人、全体教师、师幼,或是完全由幼儿来决定。

2. 探究范围的决定

可协助这个步骤进行制作主题网(如图 13-12 所示),主题网可以通过集体以头脑风暴的方式发展而得。值得一提的是:方案教学未必一定要画主题网;主题网不是方案教学的要素之一。主题网联想方式及成果会因不同的人或集体而形成不同的结果。

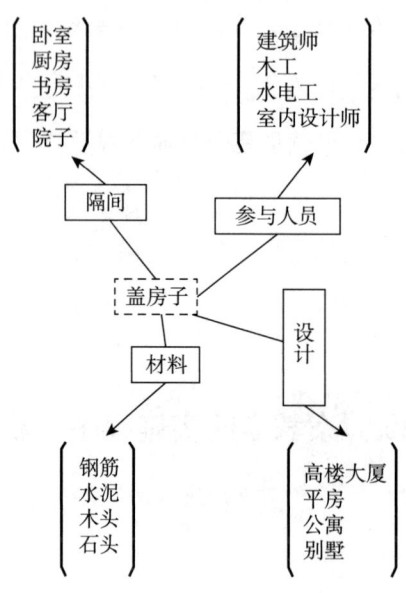

图 13-12 "盖房子"的主题网

3. 探究方向的决定

一旦决定探究范围以后,还需考虑探究的方向。探究的方向要以能引导幼儿产生问题、能引发幼儿思考,以及需要"做"的方向进行。换言之,方案进行方向的规划及未来进展的情况、教师介入与否等均应以前面所提的方案教学的要素为思考方针。方案课程的发展方向是随时会变的,但教师事先可设定一些有待解决的问题,这将有助于教学活动的顺利进行以及教学目标的达成。如图 13-13 所示,方案课程的发展方向可以是西点制作方向,改变各种变项可制作出不同的西点,或是可以朝着制作一个特定的西点发展。

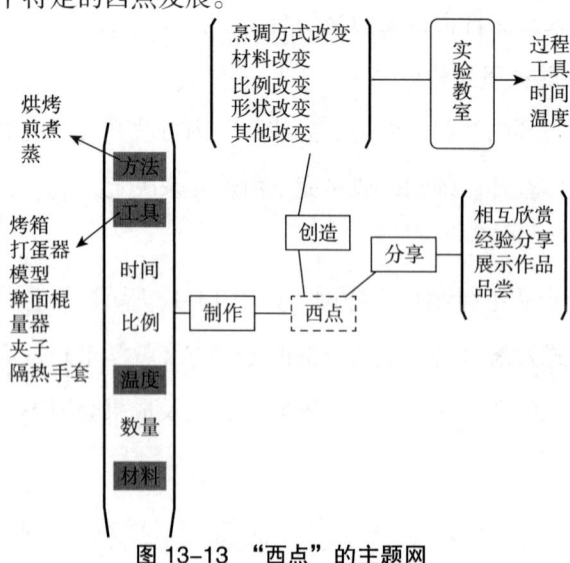

图 13-13 "西点"的主题网

不论是一开始就有一个方案,抑或是逐渐形成一个方案,教师的角色应该是引导、诱导幼儿去思考,通过思考与"做"的经验以及反思的历程,使幼儿的学习走得更深、更广。方案属于课程的一部分(Project Curriculum),因此教师有必要事先规划课程,但事先规划的课程又需时时检视幼儿每天的学习状况而适时适宜地加以修改、增删。以图13-13的"西点"主题网为例,可以有两条线去发展方案,如表13-1所示。

表13-1 方案发展的方向

A. 课程发展的方向与范围是:西点制作	B. 课程发展的方向与范围是:西点实验
活动设计	活动设计
1. 由生日会的蛋糕引发如何办一个不同的生日会的讨论,初步讨论需要什么材料,要做什么西点。 2. 搜集资料:西点图片、西点食谱等。 3. 讨论图片、书本的材料,了解制作方法及过程。 4. 参观西点店与食物制作过程,回来后画心得图,剪贴西点制作流程图及材料比例图。 5. 讨论制作哪些西点,需要哪些材料。讨论如何分组,材料如何取得。 6. 再参观材料店,认识各种材料与选购材料。 7. 开始制作:邀请义工妈妈协助、示范,分组动手做。 8. 作品展示及品尝:经验分享,说出自己制作的过程与作品的造型创作	1. 选择并控制特定变项做西点,例如酸、甜、咸,并让幼儿品尝比较及表达其中的差异。 2. 设置数个实验,放置各种西点材料、做西点的工具,鼓励幼儿实验并记录。 3. 展示及发表实验记录。 4. 讨论实验过程中有哪些因素可变化。 5. 准备下一个实验

4. 教学档案文件的搜集与整理

方案教学从一个方案开始到结束,整个过程在不同阶段应有不同的评价重点,教师在每一个阶段里搜集与整理教和学的档案文件,这将有助于教学质量的提升。查德(Chard,1998)对方案进行中各阶段教和学档案文件的搜集与整理有以下几个值得参考的建议。

(1)问题产生阶段,应搜集与整理的数据包括:① 幼儿的学习潜力;② 学习资源;③ 幼儿的想象力;④ 幼儿面临的生活问题。

(2)计划阶段,应搜集与整理的数据包括:① 活动程序;② 资源;③ 幼儿对问题的了解;④ 幼儿期盼探索的方向;⑤ 探讨的问题对幼儿的适合度。

(3)发展阶段,应搜集与整理的数据包括:① 讨论的目的;② 讨论的焦点;③ 讨论后的决定。

(4)成品发表阶段,应搜集与整理的数据包括:① 成品与原计划的比较;② 理念与成品的比较;③ 成品的独创之处;④ 在活动过程中,幼儿的思考方式。

(二)方案教学的实施与结束

以教学计划为蓝本,开始某一方案课程的实施,原则上是依着教学计划去进行,但方案课程的精神是强调幼儿内在的学习动机、统整性学习、非结构性课程,以及解决问题能力的培养等,因此教学计划必须时时与之相应。当幼儿的反应与计划所设想的有所不同时,就应将计划暂时放下,依解决问题的步骤去思考并寻找一个新的出发点。

当一个方案结束后,可以举办展示会增强幼儿的学习效果。展示会可以是面向班级的、同年级的、全园的师幼或家长。将小组所完成的作品,在别的幼儿或家长面前展现并做说明;这样做将可增进班级内或园内幼儿间的感情与模仿学习,也可增进家长对幼儿学习的了解与支持。这里需强调的是,展示会的重点在于沟通及整理教学成果,而不在评价作品的好坏。

(三)小结

前面所提的方案教学实施程序仅是一个范例而已,教学者在运用时应掌握住下面所提的几项重点。

1. 方案开始阶段

(1)方案小组成员最好是 2~6 个幼儿的小团体。当然根据幼儿年龄上的差异和问题的特性,方案小组成员可扩大到全班(20~30 人)。

(2)多运用头脑风暴的方式来思考各类事情的可能性。

(3)事先预测待解决的问题何时会自然地出现。

2. 幼儿集体规范的运用

(1)尝试让幼儿经历和学习成人层次的民主式参与、合作学习与争端解决等过程与方法。

(2)允许幼儿相互比较与批评。

(3)帮助幼儿将发生不同意见的时机转变为解决问题的机会。

（4）使集体关系体系成为具有教育性的媒介。

（5）在方案工作中使用不同人数的小组来进行工作。

（6）感受不同性别幼儿在解决问题时的不同"风格"。

（7）信任幼儿间的辩论。

（8）在幼儿间建立"共同感"，以促进社会性动力。

（9）鼓励建设性的冲突，运用所谓的社会建构论。

（10）利用幼儿对于规则的兴趣，使其成为一种教育性的媒介。

3. 对教师的建议

（1）让幼儿有知识上与情感上接受挑战的机会。

（2）充当幼儿的书记员，记录他们的行为。

（3）提供道具来支持幼儿的讨论。

（4）让幼儿讨论何种表达方式的沟通效果最好。

（5）直接教导幼儿一些专业性的技巧，例如，当幼儿在进行黏土的工作时，可直接指导一些雕塑的技巧。

（6）对幼儿的作品本身发表意见，而不是就他的技术层次发表意见。

（7）针对幼儿缺乏的技术能力来进行指正，引发他们的思考。

（8）当幼儿向教师学习时，教师也要向幼儿学习。

（9）给幼儿充裕时间进行工作。

（10）鼓励幼儿思考。

二、教师的角色：伙伴、协助者、引导者、指导者、纪录者以及研究者

方案教学里对教师在教学过程中的角色期待如下。

（一）教师是幼儿的伙伴、协助者、引导者与指导者

教师应视幼儿、情境的实际情况与教育目的的需要来决定自己介入的程度和时机。

菲利皮尼（Filippini）于1990年在美国一次公开演讲中，对于教师的角色做了清楚的定义。她说：教师有时是在儿童团体之"内"工作；有时则在他们"周围"工

作。教师研究幼儿,提供给幼儿学习机会,在重要的时刻介入,并且与幼儿分享高昂的情绪。教师不是一个裁判而是一项资源,当幼儿需要支持时,他们可从教师那儿获得帮助。师幼的互动应该是教师能接到幼儿丢过来的球,并且以一种使幼儿仍能继续与教师玩下去的方式丢回去,而后再发展其他的游戏。

教师的角色是引导幼儿集体讨论的进行,以便使他们的个别观念形成集体行动。有时是教师领导一个集体讨论或寻找刺激的"火花",例如,写下幼儿所说的,阅读幼儿的意见,与幼儿一起找寻可以激发下一步行动的观点;在其余时候,教师必须坐下来聆听,听听看有无具有启发性的意见产生,借以维持幼儿谈话或活动的进行。有些时候教师会找寻一些与观念有关的争论,而后将之转化为一种假设,并且尝试着去测试它,然后以不同的方式将它表达出来。

教师角色的作用在于帮助幼儿发现他们自己的问题。教师不是要使幼儿的学习变得更"容易"或更"平坦",而是要使问题变得更"复杂"与"广泛",以刺激幼儿的学习。教师是幼儿的伙伴,在旁扶持幼儿,并提供各种必要的协助;教师并不是袖手旁观任由幼儿独自发展,而是与其一起完成他的目标(Edwards, 1993)。

爱德华兹(Edwards)根据她的研究小组所拍摄的视频,整理出以下四个例子,以下即借这四个例子来说明教师复杂的角色(Edwards, 1993)。

1. 例一:教师的角色是"机会的分配者"(Dispenser of Occasions)

这个例子是叙述教师在如何帮助幼儿进入他们一天中的第一个活动的这一过程中教师所扮演的角色。我们应特别注意例子中教师在帮助一名幼儿进入活动时,她表现出的灵活性以及对幼儿的照顾。

早上9:23,地点是3岁幼儿的教室,早上的讨论才刚结束。在这个讨论中,教师已经告诉全体幼儿今天早上的活动,都与他们目前所做的"春天"主题有关。讨论结束后,一位教师带了8名幼儿去广场做黏土。另外一位教师则待在教室中继续看着其他12名幼儿活动。她不断地鼓励幼儿去进行一项活动,然后她在每个小组中花了一些时间,帮助幼儿开始学习活动。

例如,教师向一个4人一组的幼儿介绍放在某处的材料:"摸摸看,这张纸跟其他纸是不一样的。"

"它是凉的。"一个孩子说。

"是的,它是凉的。"教师同意地说。

"它是凉的,不过这一张纸和别的纸还有一些不同。"教师又说。

当她从一张桌子移到下一张桌子时,她看着那些还没准备好的幼儿,问:"你们想要在小工作间中用绿色的纸去做东西吗?还是你们想要用剪刀和胶水?"

她又走到另外一张小桌子旁,有两位幼儿坐在那儿,他们面前摆着一些白纸和一些装着叶子、花草的小篮子,那些是今天稍早时采来的。

"看这是什么?你们找到的绿叶和草,还有今天早上摘来的花。如果你们喜欢的话,可以把它们贴在纸上。假如一张纸不够的话,你们可以在它右边再放一张,好不好?"教师说。

教师在旁解释这个活动的目的是在说明"探索"的乐趣与重要性,并且帮助幼儿熟悉拼贴的活动。当教师离开后,幼儿进行得很快乐,他们彼此交谈:"你想要这个吗?""我也拿这种。""看这个有多漂亮。"

9:26,教师回来看,然后称赞道:"我非常喜欢这个。你还可以再多用一张纸。如果你们还想要什么东西,再跟我说。"

9:28,教师来到了紧邻教室的小房间,那儿有两位小女生,一个正在用马克笔画画,教师给了她更多画画的材料,然后走向第二名幼儿。

"现在让我们来看看你已经做好的东西,让我们看看它在哪儿?"

教师从一个抽屉中拿出了一本折叠式书本,然后开始慢慢地翻阅,说着:"哪一个是你的?哪一个?是这个?还是那个?"

这名幼儿看起来无精打采,眼眶泛泪,也没答话。

他们最后找到了那名幼儿的抽屉,然后教师说:"这个需要些什么?""你需要黑色马克笔继续下去吗?""你想要另一张纸来黏这个胶水吗?""你想要去玩游戏吗?"

这位幼儿没有回答教师的所有问题。最后,教师仅仅是弯下腰来吻吻她,然后温柔地与她谈话。这时另一名幼儿出现在门边要求教师的帮助,教师说:"我就来了,甜心。"

教师离开时,擦干了那个女孩的眼泪。

2. 例二:教师直接提供给儿童使用工具的技术

9:34,另一位协同教师正和8名幼儿一起进行黏土的工作。在过程中,教师直接提供了材料与工具的正确使用方法,例如,教师知道若幼儿把黏土滚得太薄,黏土在烤干时就很容易裂掉。因此,她就采取积极介入的角色,直接教导儿童该注意的事项。

　　幼儿们坐在一个长方形的桌子旁,教师则在他们之中走动或站立。在每位幼儿的面前都有一个木制的写字板,幼儿可以在上面从事黏土的作业。教师为每位幼儿准备了一块黏土:她撕下了一块,用滚筒将之滚平,并把它切成正方形,然后把它分给幼儿。教师使用小刀来切这些黏土,并且说:"当黏土很平而且很厚时,我们可以用这个工具去切黏土。"

　　在幼儿的附近有许多切割黏土的工具,幼儿要解决的问题是"如何在一个板面上进行黏土活动"。借助小刀,幼儿可以切下一片片的黏土,并且把黏土折叠起来。教师所做的是在技巧方面的教导——在幼儿的面前展示如何去滚黏土、如何去切割黏土,以及如何使用工具等。

　　9:34,教师把一块刚滚平的黏土给了某位幼儿,并且问:"你需要这个吗?"

　　她告诉另一位幼儿:"你压得太用力了。如果你压得太重了,我们就没办法把它拿起来,也没办法把它放在窑中去烤了。"

　　此时,有一位幼儿望向教师说:"这样对吗?"

　　"是的,很好,如果你还想要另一块黏土的话,我还可以给你。"教师说。

　　教师观察到有两位幼儿彼此间有冲突,其中有位幼儿想要用另一位幼儿一直在使用的小刀,于是另一位幼儿就抗议了,他说:"这是我的,我一直在用它。"

　　教师指着其他的小刀说:"可是它们都是一样的,它们真的都是一样的。"

　　教师靠得更近些,而那个想要这把小刀的幼儿告诉教师这把小刀在黏土上所留的痕迹与其他小刀不同,所以教师改变了她的说法:"哦!我看到了。但是如果你看工具箱里,你会发现另一把小刀,就像这把一样。"

　　于是这位幼儿很高兴地去看工具箱。教师开始准备其他的黏土,在做的时候,看着正在她面前的幼儿,问:"你在做什么呢?"

　　这个小男生告诉了她,教师说:"非常好。"

　　当教师做完后,她把黏土分给需要的幼儿。看着这位幼儿所做的第一个作品,教师说:"你做得真好!现在你需要想想看你还要做些什么。你可以在新的黏土上面加上和从前相同的记号,或者你可以把它们折起来,或者让它们站起来。"

教师边说边展示着。这个小女孩手中拿着一把小刀,将其放在黏土上,同时也没有说一句话。教师继续说:"你不过只是想要切一个小轮子,不是吗?它是个非常漂亮的记号。"

在桌子的另一边有位幼儿看起来有些为难的样子,教师走了过去,问:"我可以帮你弄整齐吗?"

教师使用了一块木片把他的黏土给压平。教师向这个孩子解释:"这有点像橡皮擦。然后我会教你怎么来使用这工具(小刀)。你可以将黏土弄成一个薄片,然后你可以把它折起来,并且拿起来。"

她拿起黏土的一端,拿起刀片并站在幼儿的后面,教导幼儿怎样双手并用。

"用这只手拿着黏土,然后另一只手用力地压下去。就这样,好了吗?现在你来做做看。"

9:41,教师问所有的幼儿:"你们想要更多的黏土吗?我还可以给你们。"

"我也要!""我也要!"所有儿童喊着。教师说:"好,我现在再去拿一些回来。"

她离开房间一会儿,留下幼儿在教室中。

3. 例三:教师协助幼儿将一个"争论"转变为一个有待测试的假设

9:12,一位教师和一群 5 岁的幼儿坐在工作室外的一个小房间里。她的小组正在从事一个"方案",这个方案的目的是设计一本关于学校的"教学手册",这本手册是要寄给那些下年度即将入学的幼儿的。这个小组内有 3 个男孩与 3 个女孩,他们决定了这本册子中应该包括如何去"工作室"的路线指示。

但是这些指示要怎么做呢?在一个先前的讨论中,一个女孩提出了:既然小孩子不能阅读,所以应该画一张图出来给他们;但另一个男孩则认为:小孩子说话跟大孩子说话并不一样,所以给他们的指示应该用涂鸦的方式画下来。其他幼儿对此意见强烈反对,他们认为一个涂鸦的图画并不好。

另一个儿童提出了建设性的建议,要大家画出两种图画,看看哪种效果比较好。所以在昨天最后时,幼儿们已准备好了两种图画。那个提议涂鸦的男孩画了他自己的涂鸦画,而那个女孩则画了一位幼儿正在工作室旁的小房间内的视听器材上自由活动。为了测试这两幅画的效果哪一个较好,这 6 个孩子提议到学校中年龄最小的班级中进行测试。他们去问这些更小的孩子:"你们比较喜欢哪一幅画?""哪一幅画你们比较清楚地了解?"

6个孩子中的一个女孩子注意到支持两幅画的人数竟然不相上下,因为女孩子比较喜欢那个女生的画,而男生则偏向涂鸦的画。

9:18,我们看到这一群5岁幼儿与他们的教师站在3岁幼儿的班级中,3岁幼儿班级的两位教师也在场。在这过程中,我们注意到了教师如何协同合作,使这个待解决的问题得到解决。

通过教师的帮助,幼儿开始准备:两个画画的幼儿分别站在这群3岁幼儿的面前,兴奋地拿着他们的图画。教师说:"3岁幼儿可以上前讨论他们最喜欢哪幅画,决定后站在他们所喜欢的人身后,而其他5岁幼儿的工作则是看看在谁身后的队伍最长。"

3岁班的教师开始点名让3岁幼儿一个个地上前来选出自己喜欢的那幅画,然后在教师的协助下,幼儿站在其所指的图画身后。当幼儿们选完之后,5岁班的教师介入了幼儿的活动,她说:"非常好!"

然后,她转身对那群5岁幼儿所组成的"裁判"组说:"小朋友,你们看哪一队比较长?"

幼儿们指着女孩那一队说:"这一队!"

9:26,教师弯下身来对那个落选的男孩子说话。

然后,她站起身来说:"好!非常谢谢你们!我们现在要回自己的教室了。"

于是5岁幼儿离开了3岁幼儿的教室。

当5岁幼儿回到教室坐定后,重新开始讨论手册中所用的地图时,每个幼儿,包括那个男孩,看起来都是很高兴与投入的样子。

4. 例四:教师如何鼓励幼儿去解决他们自己的争议

就在午餐时间之前,两个5岁大的幼儿正在为他们的班级排桌子。在这个学校中,每个年龄的幼儿都有责任轮流去准备午餐时的桌子,并且决定座位的安排。教师们相信,让一些幼儿轮流做座位的安排,比完全由教师控制座位的安排或幼儿自己随意坐的效果要好得多。

这两位幼儿铺好了桌巾,摆好了盘子与银器,并且放好每个人的个人餐巾(上有名字），决定了每个人应该坐在哪里。当他们在做这样的安排时，另一个男孩子进来并且要求坐在某一个男孩子的旁边。这两位幼儿同意了。后来，有一个女孩子进来，问："你们到底把我放在哪里？"

有个男孩回答说："你自己找。"

她说："喂！你不想告诉我你们把我放在哪里吗？"

就在这时，其他幼儿进来了，幼儿们七嘴八舌地讨论，使得两位幼儿转移了对此女孩所提之要求的注意力。

最后，一个男孩拿起一条餐巾问："这是你的吗？"她回答说："是的。"

另一个男孩子接着说："你的位置靠近×××。"

这显然使得那个女孩不太高兴，她说："我不喜欢这样。"

教师进来看见争论的情形。其中一个男孩问女孩说："你不想和×××坐在一起吗？"

她说："不，你就是不了解！"

这个教师看了第二个教师一眼（第二个教师正在安静地录下这幕），她决定不要干预。

她告诉幼儿："你们之间自己取得协调。"

她回到了隔壁的房间。其中一个男孩去找看看有没有这个女孩想坐的位子，然后向这个女孩说她必须坐在他们所安排的位子。

女孩大声说："好！"然后不高兴地离开。

一个男生跟在她后面，叫着她的名字，然后把她带回教室。

这个男生问了两次："你想跟另外的×××坐在一起吗？"

她仍然生气。"随你们喜欢！"她大叫。

（之后，在教师解释这一情境时，她认为把这情境尽量缩小，让幼儿自己照顾自己是适当的。这个女孩常常有这样的反应，这个情形并不会对她有太大的危害。）

（二）教师是纪录者和研究者

在教学过程中，教师如何知道要教些什么呢？在传统教育中，一般教师想了解幼儿时，多半是从书本上去了解幼儿的发展特质，而不是通过直接的观察来了解幼

儿。但事实上,书本中所给予的多是一般性的、普遍性的发展特质,幼儿的个别差异很难从书本中找到一个清楚的、典型的结果。我们建议通过聆听、观察、发问、对儿童回答予以回应等方式,来了解幼儿的兴趣与能力。因此,教师在平常就应该以记笔记、照相和录音的方式,将幼儿在集体讨论与游戏中的情形记录下来;同时,教师应该搜集幼儿在整个方案发展初始、中间及结束过程中的作品,包括绘画、雕刻、黏土、照片等。然后,教师们应该每星期会面讨论和分享,讨论分享的焦点是对幼儿的观察。教师们应共同检视他们的纪录,尝试去发现幼儿心中最强烈的兴趣,以及知、情、意的发展程度。教师就是使用这些他们所学到的方法与所观察到的东西去制订活动的计划,因此这些活动可说是"真的"以幼儿为中心而产生的。除此之外,这种对于幼儿的热心研究,也等于给教师提供了在职进修的机会。借着检视这些纪录,教师可以获得对于幼儿个别与整体发展的了解。这些系统化的纪录使得教师成为研究的"生产者",教师可以借着这些纪录来产生关于研究与学习的新观念,而不仅是传统教育中的"消费者"。

"纪录"对幼儿而言也是很有益处的,教师的纪录结果等于是在帮每个幼儿"记忆"他的成长史;教师也会通过各种纪录档案来让幼儿时常检视自己的情感、知觉与观察,并且重新解释与建构它们。瑞吉欧教育系统非常重视教学档案的搜集与整理,整理好的档案至少有五个意义:① 有助于教师在教学过程中对教学问题的发掘及对教学活动的延展;② 借着对教学档案文件的整理,有助于教师在整个教学过程结束时,回顾及自我反思教学工作的改进点;③ 档案文件的留存对后进、新进教师及幼教界人士而言,将会是非常有价值的参考和学习的资料;④ 对幼儿而言,是其"成长史"的保存;⑤ 对家长而言,档案文件有助于家长对学校所开展活动的了解,以及从中了解、认识到幼儿的潜力、学习与发展的情况。

(三)方案教学里教师角色的困难

在使用方案教学时,教师常提出以下四个感到困难的地方,笔者认为这四个困难点不是应用方案教学时产生的问题,而是在教学时教师会面临的困惑点,在此一并提出看法。

第一个困难点,由于方案课程属于非结构性课程,因此教师每天要面对不同的挑战。其中最困难的就是要帮助幼儿发现问题,而且这个问题要够大、困难度要适中,好让幼儿尽可能多地能把他们的精力与思想投入其中。不仅是那些较大型的方案需要教师这样做,就连日常工作,最好也应包括这些"固着点"(Sticking Point)或是"结"(Knots)。这些"结"不只是混乱或不一致产生的"时刻",它们也是认知失衡的"时刻",其中包括了测试假设与观念比较等。教师的工作便是要注意这些"结",以便引起幼儿关注,并使之成为进一步研究的出发点。

第二个容易遭遇的困难是教师要知道如何介入与何时介入,因为这有赖于教师对幼儿思考方式的了解。有时教师不应该介入幼儿的学习太多,因为幼儿所想到的解决方法常是我们成人所想不到的;可是教师若等得太久又很有可能错失适当的时刻。因此对教师来说,"何时介入"及"如何介入",必须要很快做出决定,而这的确是件很困难的事。虽然这种"悬疑性"一方面使得教师的工作更具挑战性,但一方面也增加了教师工作的困难度(Edwards, 1993)。

第三个困难是在进行"协同教学"时,教师之间的协调、批评、彼此容忍和接受的程度。在瑞吉欧学校里,每一个班是由两位教师共同教学与发展课程的,共同的讨论是不可避免的。教师讨论的目的并不在于强化不同观点的冲突,而是在于突显解决的方式与下一步骤,因此在这种讨论过程中需要有一定程度的"容忍"。教师之间的关系,除了相互忠告之外,还有着情感上的相互支持;对于彼此之间的批评与自我检视的接纳程度,是使用方案教学的教师所需学习的主要课题之一。

第四个困难是真实性评价与教学档案文件的搜集与整理的问题。近年来,学界提倡教师研究角色的增加以及真实性评价取代检核表式的评价,使得幼儿园内的评价方式发生改变,教师教学纪录与档案文件的搜集与整理工作负担加重。教师对教学纪录的重点的选择常有困惑之感。

(四)方案教学与课程案例

1. 源起

"恐龙"这个方案的实施时间为期4个月,对象是5~6岁幼儿,也是以小组形式展开的。该方案起源于教师注意到有许多幼儿把恐龙玩具带到学校来,而且幼儿在游戏时也常会自动地转到与恐龙有关的事物上。教师认为,或许通过儿童对于恐龙的兴趣可以帮助教师更了解幼儿,因此决定与幼儿一起对恐龙做进一步的研究。

2. 活动的流程、内容与形式

(1)画出自己所想象的恐龙。

当幼儿在画画时,彼此间会交谈,并且会去问别人觉得他们画的恐龙如何。有些好的想法于是就会四处流传,幼儿会因为别人的意见而改变他们原有的画法,例如"那不是恐龙,恐龙要有四只脚"。

(2)集体讨论。

在幼儿完成他们的图画之后,教师就将幼儿所画的画公开进行讨论。此时,教师提出了一连串的开放式问题,以激发儿童间的讨论,例如,恐龙在哪里生活?它们吃些什么?它们怎么照顾它们的孩子?它们的孩子是怎么生下来的?恐龙现在还活着吗?公恐龙与母恐龙之间有什么不同?上述这些问题有部分是源自于幼儿早先的游戏与他们对他人作品所提出的意见,有部分则是教师所提出的问题,其目的是唤起幼儿更多的兴趣与反应。在研究恐龙的小组中,三位男生对于恐龙的知识较为丰富,所以他们常将知识提供给其他人,有时也会反驳其他人的看法,而且他们常常是拥有同一立场的。一般来说,男生、女生的思考方式会有所不同,男生对于恐龙的知识较为准确,例如,男生会在恐龙的肚子中画一条小恐龙来表示它是只母恐龙,而女生则多半是画长头发或是带只小恐龙在旁以表示这是只母恐龙(Rankin, 1993)。

(3)去图书馆搜集数据。

在集体讨论快结束时,大家获得一个结论,就是需要进一步寻找有关恐龙的资料。在接下来的一天中,幼儿们到当地图书馆去查找了许多书籍。他们在图书馆中阅读了一些书籍,并且也带了许多书回到学校来。这些书都被放在幼儿园的工作室中,以供幼儿随时查考。幼儿借着这些书籍,将自己的图画与书中的图画予以比较。当出现问题时,他们通常会回到书中去弄清楚他们遇到的问题。

(4)发邀请函。

幼儿邀请了朋友与亲戚们来到学校分享他们的信息,幼儿对写邀请函给亲友们常会有很高的兴致。信函的创作是由整个"恐龙小组"制作的,每个幼儿都提供他们自己的想法,而教师则是信函的书写员,再是叙述信函的目的。然后,两名幼儿照着教师所做的原型,写下最后的定稿,其他幼儿则是负责写好信封的地址、画上相关的图画,以及为活动制作海报等工作。由于幼儿事先都准备了一些问题,因此他们与访客的讨论非常充实。在邀请函发出后、客人到来之前的这段时间里,幼儿还用黏土制作恐龙,以及用染料、水彩、粉笔等为恐龙上色。当男生与女生使用黏土时,可以看出他们的差异:女生较注意恐龙身上细节的装饰,而男生则用黏土共同做了一只大恐龙——这个活动使得他们想要做出一只"真正的大恐龙"。

(5)做一只和真实恐龙一样大小的恐龙。

当幼儿想做一只和真实恐龙一样大小的恐龙时,他们又开始讨论了,讨论的内容包括了图画可能的大小、他们可以在哪里工作、要画什么样的恐龙等。幼儿再度回到书本中去找寻所要使用的恐龙形象,最后他们找到了所要的图画。它告诉儿童:恐龙有 27 米长、9 米宽。幼儿最先要处理的问题,是看看 27 米到底有多长,所以他们从学校的工作室中找出了一把 1 米的尺,将它放在庭院中。不过,幼儿并没有想到把尺连续使用 27 次,相反地,他们想要另外去找 26 米的尺,最后他们在另一间教室中只发现了另一把 1 米的尺。

这个时候,幼儿被"卡"住了。他们能做些什么呢?教师提议幼儿回到工作室中去找其他的测量工具。就在此时,幼儿在架子上发现了一捆悬挂海报用的长塑料棒!幼儿和教师一起证实了这些棒子每根都是 1 米长,幼儿又数了数棒子,发现数目超过了 27 根,已经足够了!研究终于可以继续下去了!由于教师的提议,使得幼儿可以继续研究下去,教师此时的介入是幼儿能够把问题解决的重要支持因素。

当幼儿把 27 根棒子铺在庭院中时,发现庭院实在太小了。这时一位幼儿早先的提议浮现了出来:可以使用学校前面的运动场,那儿有足够的空间。场地问题解决了之后,接下来的问题是将棒子排成一个巨大的长方形。

经过了不断的错误尝试之后,长方形的三条边终于形成了,分别是 27 根棒子、9 根棒子和 9 根棒子,而第四条边由于没有足够多的棒子,所以无法做成一个完整的长方形。其中两名幼儿回到工作室去找其他替代物,过了几分钟,他们拿着卷筒卫生纸回来了!这个大长方形终于完成了。

坐在草地上,看着他们所完成的结果,幼儿相当地满足,不过他们也很清楚还有很多工作尚待完成。有个幼儿此时提议，可先从较小的纸张开始，看看如何去做，然后再做较大的。其他幼儿都同意她的看法。

由于3个男生中，有两个男生生病，所以这天的工作主要是交给女生做。教师要这3个女生自己选择用什么纸来做，她们最后选择了"方格纸"（graph paper）。她们经过尝试之后，也了解到她们可以数纸上的方格来表示所要的27个单位。

当教师要男生去选纸时，有个男生很快地就选择了方格纸，并且数了27个方格，表示他了解方格纸是最适用的。而另一名幼儿则挑选了白纸，并且开始在纸上描出27个点，当他描完第二行的27个点时，却发现这两行的长度不一样，这个问题困扰着他，而另一个男生则针对他的问题提出了自己的看法。事实上，这个工作有点类似皮亚杰式研究中的"长度保留"的工作，当这名幼儿在数27个点时，就表示他已经知道了"数数目"是一种建立相等关系的方法。但是，幼儿还不知道每一单位的长度必须相等时，数数目才能表示相等与否，而另一个选择用方格纸的幼儿则表明，他的"长度保留"概念已经清楚地建立了。

在听完另一个幼儿的意见后，这个幼儿开始踌躇不前。后来，教师建议他可以换张纸，他才高兴地换了另一张纸。不过，他换的不是方格纸，而是另一种纸。但是，他后来看着另一个幼儿进行工作后，才慢慢地拿起方格纸来，开始数方格。值得注意的是，教师在此处的介入只是刚好要使得幼儿能够开始他们的探索。

然后，这两名幼儿黏上了一个剪下来的恐龙图形，这个恐龙图形的大小为27×9米，刚好适合27×9方格的方格纸大小。有个幼儿说："让我们假装每个方格表示1米。"所以他们去数方格，看恐龙身体的每个部分各有多长，例如尾巴、身体、脖子与头部的尺寸。在接下来的一天中，6名幼儿终于聚在一起，他们彼此问着别人做了些什么。这个讨论的过程并不顺利，最后有个女生下了结论："我想无论是女生或男生的画都是需要的。"每个幼儿都有他的计划，他们将27米×9米的恐龙影印了出来，当他们到外面的运动场去重画长方形时，他们就把这些画拿到户外去，他们同时也开始思考如何把恐龙画进大长方形里。

经由男生与女生的通力合作，男生铺出垂直线，女生则铺出水平线。由于他们已事先测量了恐龙身体各部分的长度，所以当他们用绳子将各要点连起来时，恐龙的背就显现出来了，恐龙的轮廓也成形了。

早上另一个值得注意之处是活动的时机问题，6名幼儿之间的讨论是开始于9：30，当午餐时间将近时，幼儿仍然在工作着。教师于是告诉他们可以先回去吃饭，等到饭后如果他们想回来的话还可以再回来，结果饭后每个人都回来了。当然这种情形并不是日程表的常态，只是有时发生。对于成人来说，这是可以接受的，因为幼儿此时正在进行问题的探讨。事实上，在方案进行过程中，有时幼儿甚至会在午睡时间工作。

几天后，在一大片塑料布上做出的恐龙画吸引了学校中大部分5岁幼儿的注意力，也吸引了学校中所有教师与其他幼儿的注意力。

（6）举办展览说明会。

小组中的幼儿很乐于将他们所学到的事物和学校中的其他幼儿共同分享，教师对于幼儿之间的这种交流也予以重视，因为当幼儿把知识传递给其他幼儿时，他原先所获得的知识也会更为稳固。

小组中的幼儿面向幼儿园中的其他人举办了展览会，叙述了他们所做的活动及活动过程中的种种步骤。展览前的准备是很重要的，幼儿准备了图画与雕塑，也做了邀请函与海报，他们想了种种方法将自己的经验呈现给其他的小朋友。其他的儿童则期待着展览的来临并且也享受它。不过最快乐的还是小组中的成员，尤其是在他们向其他人解释活动的过程的时候。

第十四章
高瞻课程模式

第一节 高瞻课程模式的发展源流

20世纪60年代初,美国密歇根州伊普西兰蒂公立学校里一位负责特别事务的教师魏卡特(D.P.Weikart),因看到伊普西兰蒂市的高中生中,来自于低收入家庭的学生在学校一直是属于成绩较落后的一群,就开始探究其原因,最后他归因于这些学生在小学的时候,就没有为未来的学习奠定基础。因此,魏卡特成立了一个特别委员会,和三名小学校长共同研究如何帮助来自低收入家庭的学生在小学期间的学习。在特别事务部门(Special Services Department)亦成立了一个自己的行动委员会,这个行动委员会也在研究如何去帮助学校里落后的学生。经过研究后,这个特别事务行动委员会认为,针对3~4岁幼儿给予提早介入的服务,将会更有助于提高其未来进入学校的学习表现,同时他们认为这种提早介入的方案要独立于公立系统之外,这样才可以避免为了实施此方案,而引起学校因改革消耗时间。于是在1962年,魏卡特在密歇根州的经费支持下,成立了密歇根州第一个政府赞助的学前（preschool）方案，称之为"培瑞学前方案"（Perry Preschool Project），这也就是后来闻名的"High/Scope Perry Preschool Project"。

通常为3~4岁幼儿设计的方案，强调的重点多在社会和情感方面的发展，但魏卡特认为，培瑞学前方案的主要目的是在帮助低收入家庭的儿童（指居于教育不利的儿童，即 Educating Disadvantaged Children）为进入学校做准备的，因此该方案更应加强幼儿的认知发展，他希望这种高瞻课程可以支持幼儿在未来学校学业上的学习与成长。在这段时间里，培瑞托儿所方案的理论基础深受皮亚杰学说的影响，其发展出来的课程于1971年出版，书名是 The Cognitively Oriented Curriculum:A Framework for Preschool Educators。从这本书可以看出，在1971年以前，培瑞学前方案的教育目标与焦点是在教教师有关皮亚杰派的实验工作与学说，将皮亚杰理论中的结构论的部分予以逐字地解释与应用，期望通过培瑞学前方案来加速儿童的认知发展，促使儿童提早进入下一个认知阶段。

1970年，魏卡特离开了伊普西兰蒂公立学校，另外成立了高瞻教育研究基金会（High/Scope Education Research Foundation），至今该基金会仍继续研究与发展培瑞学前方案之内涵。

1979年，高瞻教育研究基金会出版了 Young Children in Action:A Manual for School Educators。与1971年的书比较，可以发现1971—1979年间培瑞学前方案的发展与改变。从1979年的书来看，可以看出培瑞学前方案由强调皮亚杰式的认知性工作转变到强调儿童是知识的建构者。与1971年的比较，1979年培瑞学前方案的一般性的教育目标仍属于认知的，但在其认知发展的主要经验（Key Experience of Cognitive Development）目标中增加了"主动学习"（Active Learning）一项，由此可以看出培瑞学前方案课程的走向愈来愈看重儿童的"主体性"与"主动性"，这个趋势在其1995年出版的书中可以明显地看到其转变的轨迹。有关"认知发展的主要经验"的分类与内涵，将1971年与1979年的做比较，有些许的增删与分类上的重组。

1995年，高瞻教育基金会出版了 Educating Young Children:Active Learning, Practices for Preschool and Child Care Programs。这本书更进一步地将"主动学习"从十个主要学习经验中提升出来，而成为整个课程发展的核心。在此时，培瑞学前方案更强调学习过程中幼儿的主体性和主动性的重要地位，虽然其理论基础依然

是来自皮亚杰的理论，但笔者认为这时的培瑞学前方案更看重的是皮亚杰学说中的建构论部分，而在早期时，培瑞学前方案所看重与倚重的则是结构论的部分。

培瑞学前方案发展之初，在1964年秋亦请过阿密兰斯克（S. Amilansky）做咨询，阿密兰斯克建议的教学程序：计划—工作—回顾（Plan-Do-Review）已成为培瑞学前方案沿用至今的每日作息表的组织原则。然而，社会与游戏方面一直是培瑞学前方案的活动方式之一，对于社会与游戏的教育意义或是有关社会与情感层面的发展的相关问题，在1971年的书中很少提及；到了1979年时，开始注意到儿童社会与情感层面的发展的问题，因此对教师角色强调，教师应如何去支持、帮助儿童社会与情感方面的发展，同时认为儿童社会与情感的发展也都会在学习活动的过程中附带地有所发展；但直到1995年出版的书，才直接地、正式地将社会与情感的发展放入其主要的学习项目。

受到"继续方案"（Follow Through Project）的影响，美国政府聘高瞻教育研究基金会为其开发幼儿园到小学三年级的课程。从过去的和现在的发展状况来看，高瞻课程模式是一个还在继续发展、延伸的课程模式。

第二节　高瞻课程模式的理论基础

高瞻课程模式相信幼儿有能力自己做选择，通过特殊安排的作息表以及教具的摆放方式，提供给幼儿独立操作的机会，这样幼儿可以自己决定工作或游戏。高瞻课程模式的理论基础是以皮亚杰学说为根本依据，在1995年的书中，仅极简短地写出其理论基础，如下所示。

一、对于人类发展的观点

（1）人类的发展是依一个可预测的顺序展现的,当个体成熟时,新的能力就会出现。

（2）尽管人是依一个可预测的顺序发展的,但经由每日的互动也会展现出个人独特的特质。

（3）在生活史中,会有某一特定的时期特别有利于对某种事情的学习;某些教学方法会特别适合发展中的某一阶段。

二、对于学习的观点

学习就是发展上的转变。儿童与外界互动,进而建构真实概念的精进化过程,称为学习。

第三节 高瞻课程模式的内涵

一、教育目标

虽然到了1995年,培瑞学前方案已以"主动学习"为其教学设计的核心,但其教育目标基本上还是以与正式学校教育连接为其主要目标。换言之,培养学生上小学所应具备的认知能力是其主要的教育目标。

二、教育内容

高瞻课程模式的课程采用开放式架构(Open Framework Curriculum),相信幼儿是在可预期的阶段发展。同时,各种学习都有它的关键期,幼儿的发展应由成人来给予引导和支持。该课程重视主动学习,学习是由学习者所引发的,而非靠教师主动教。同时,幼儿要学习的是一些重要的经验。1995年出版的书指出,培瑞学前方案的"主要方案"内容有十大类,同时每一类下面又分别细分了一些该类下的主要经验。

1. 创造性的心象(Creative Representation)

创造性的心象有以下主要经验:

(1)通过五官认识物体。

(2)模仿行动和声音。

(3)将模型、图片、照片与实地实物联结。

(4)假装游戏。

(5)用黏土、积木和其他材料做模型。

(6)绘画。

2. 语言和文学(Language and Literacy)

语言和文学有以下主要经验:

(1)与他人分享对个人有意义的经验。

(2)物体、事件与各种关系的叙述。

(3)享受语言:听故事书、编故事等。

(4)用不同的方式书写:画画、涂鸦等。

(5)用不同方式阅读:读故事书、符号,表征自己所书写的东西。

(6)听写故事。

3. 社会关系(Initative and Socialrelations)

社会关系有以下主要经验:

(1)做选择、计划和决定,并将之表达出来。

(2)解决游戏中所遇到的问题。

（3）照顾自己的需要。

（4）用语言将感觉表达出来。

（5）参与团体例行活动。

（6）能敏感地感受到他人的感觉、兴趣与需要。

（7）建立与成人和其他幼儿间的关系。

（8）创造和经验合作性游戏。

（9）处理社会性冲突。

4. 运动（Movement）

运动有以下主要经验：

（1）以不移动位置的方式移动。

（2）以移动位置的方式移动。

（3）带着物体运动。

（4）以创意方式运动。

（5）叙述运动。

（6）依指示运动。

（7）感受节奏并能将节奏表达出来。

（8）依一个节奏和顺序活动。

5. 音乐（Music）

音乐有以下主要经验：

（1）律动。

（2）探索与辨认声音。

（3）探索歌声。

（4）发展旋律。

（5）唱歌。

（6）玩乐器。

6. 分类（Classification）

分类有以下主要经验：

（1）探索与描述事物的异同与特质。

（2）分辨与描述事物的形状。

（3）分类（sorting）与配对。

（4）用不同的方式去使用与描述事物。

（5）同时注意到事物的一种以上的属性。

（6）分辨"一些"与"所有"。

（7）描述某些事物所没有的特质。

7. 序列（Seriation）

序列有以下主要经验：

（1）属性的比较（较长／较短，较大／较小）。

（2）将一些事物依序排列，并叙述其间的关系。

（3）经由错误尝试进行两个序列的正确配对。

8. 数（Number）

数有以下主要经验：

（1）比较两组事物的数，以决定是"较多""较少"还是"一样的"。

（2）一对一配对。

（3）数物品。

9. 空间（Space）

空间有以下主要经验：

（1）添满与倒空（Filling and Emptying）。

（2）将事物加以组合或拆分。

（3）改变物体的形状与排列。

（4）用不同的空间观点去观察人、地方与事物。

（5）从不同的空间去体验、描述位置、方向与距离。

（6）解释绘画、图片与照片里的空间关系。

10. 时间

时间有以下主要经验：

（1）根据信号开始和结束一个动作。

（2）体验与描述运动的速率。

（3）体验与比较间距。

（4）预测、记忆、描述事件的顺序。

三、教育方法

以下主要是根据相关文献（DeVries & Kohlberg,1990;Hohmann & Weikart,1995;Weikart,Hohmann, & Rhine,1981），依学习环境、成人角色、每日例行活动的架构等三部分来说明。

（一）学习环境

高瞻课程模式强调,提供给幼儿的环境是要能引发幼儿主动学习的环境,因此强调环境里的学习材料要让幼儿有选择的机会,"兴趣区"（interest areas）的安排也就成为其学习环境设计的特色之一。概括而言,以下分三方面来摘要其学习环境规划时的准则。

1. 空间的组织

（1）空间的设计要具有吸引力,包括对软硬度、色彩、光线、舒适感等物理因素都应加以考虑。

（2）兴趣区的区分要鲜明,以鼓励幼儿参与不同类型的游戏。

（3）空间的规划要能符合大活动、午餐、午睡等不同时间的需要。

2. 兴趣区的建立

兴趣区的建立要有弹性,能随着幼儿兴趣的转变而更改,同时要注意不同兴趣区的摆设原则（这部分有专门的书籍介绍,有意深入研究者请去找专门的书籍阅读）。

3. 材料的提供

（1）材料储放柜的设计除了要能让幼儿自由取用外,还要能让幼儿用完后能自动放回。

（2）材料需具有多样性且数量要足够,要有能反映幼儿家庭生活的材料。

（3）材料要具有可操作性,幼儿的学习是通过实际操作的过程而产生的,因此

提供给幼儿的材料需具有可操作性。

（二）成人角色

高瞻课程模式强调幼儿学习的主动性,因此提供给幼儿一个心理上觉得安全的环境将有助于其主动学习。由于此课程模式亦强调家庭参与的重要性以及家庭和学校合作的重要性,在教学时教室除了教师外也常有家长或义工的参与,因此在教学过程中会强调成人角色(教师角色亦包括在其中)的重要性。

由于此模式强调学习是从建构的过程中产生的,因此成人的角色基本上是辅导者、支持者、观察者与引导者。1995 年出版的书,不仅对每项学习经验都提出了教学上的建议以供成人参考,而且同时也在环境的准备上和教学历程中都提出了具体性和建设性的做法。

（三）每日例行活动的架构

基本上,高瞻课程模式并没有一个特殊的教学方法,但有一个架构引导着每日例行活动的进行。借着这个秩序去引导和协助幼儿的主动学习,同时也可以帮助教师了解幼儿学习发展的信息。这种秩序可以让幼儿了解一天例行事物的顺序,但内容是由幼儿或师幼间经互动而产生的,因此不会影响幼儿的选择性、主动性与活动的弹性。大致上可分成如下几个时段。

1. 计划—工作—回顾时间

这个时段是一天里各时段中最长的一个时段,其目的是从幼儿的兴趣出发去发展他们的兴趣与能力。

（1）计划:每天的一开始,每位幼儿都要思考一下当天想做的事,并与教师讨论,教师则给予回馈或予以精进化或予以澄清化,让幼儿在当天有较清晰、具体的活动目标。

（2）工作:经过设计后,幼儿就可以开始单独或与其他幼儿共同工作,直到完成了既定的目标,或是放弃了他的计划为止。工作的目的在于让幼儿将焦点放在游戏中和解决问题上。当幼儿在工作时,成人要时时刻刻地在旁观察,并适时地予以协助和支持。大约工作 45~55 分钟左右,幼儿就需要开始收拾工作场所,并将未完成的作品收至橱柜内,工具材料归回原处,再进行下一阶段的活动。

（3）回顾:幼儿聚集在一起分享、讨论他们当天做过的活动。

2. 小团体时间

这段时间是教师为了特定的目的,以设计好的活动,让幼儿通过实物操作以解决问题。通常是 5~10 个幼儿一组,一位成人带领着进行。

3. 大团体时间

这个时间是为了建立幼儿的团体意识,让成人与幼儿有对共同活动的分享、体验的机会。这时候通常做的是唱歌、律动、说故事、演戏等活动。

4. 户外时间

每天有一至两次户外活动时间,每次约 30~40 分钟,让幼儿有机会做大肌肉的活动,且有机会与其他幼儿一起玩并发明新的游戏方式与规则。

5. 转接时间

当幼儿从某一个经验活动换到另一个经验活动时,常需缓冲的转接时间,例如,早上从家里刚到学校那一段时间、小团体活动转换到大团体活动间的那一段时间、放学的时候等。成人如能注意幼儿在转接时间内的需求,将可提升幼儿的经验质量。

6. 点心、午餐与休息时间

这是一个很适合幼儿社交的时间。

上述几个时段组合成一天的学习时间,以下举例说明上述架构的实际运作情形（如表 14-1 所示）。表中只叙述活动形式而未列出详细时间,这表示教师可视幼儿实际需要,来决定何时转换到下一个活动。

表 14-1 高瞻课程每日例行活动表

种类	半日制	全日制
幼儿在同一时间内到校与离校	非正式的聚集时间 计划—工作—回顾时间 点心时间 大团体时间 小团体时间 户外时间与放学	早餐 大团体时间 计划—工作—回顾时间 小团体时间 户外时间 午餐 阅读与休息时间 点心时间 户外活动与放学
幼儿到校时间与离校时间不一样	早到者参与的小团体时间 非正式的聚集时间 计划—工作—回顾时间 点心时间 户外时间 大团体时间 晚到者参与的小团体时间	早餐与自由活动 非正式的聚集时间 计划—工作—回顾时间 户外活动与点心时间 小团体时间 大团体时间 午餐 唱歌、休息时间 点心与户外时间 和父母计划—工作—回顾时间

四、评价

高瞻课程模式的评价方式是以观察纪录为主，教师每天利用幼儿午睡的时间交换观察心得与问题，进而决定继续引导幼儿的方式与内容。每隔一段时间，就用他们发展出来的、以主要经验为基础的评价工具［高瞻课程幼儿观察纪录（High/Scope Child Observation Record（COR）］（High/Scope Press，1992）去评价幼儿的学习情形，进一步的评价工具可查询谢维哈特（Schweinhart，1997）以及麦克尼尔（McNeil，1990）的资料。

第十五章
安吉游戏教育[①]

第一节 安吉游戏教育的历史背景与发展现状

"安吉游戏教育"是对安吉县幼儿园以游戏为基础的学前教育模式的简称。安吉位于浙江省内,是中国第一个国家级生态县。该县因以游戏教育的形式覆盖整个安吉县幼儿园而闻名于中国,乃至全世界。目前,安吉县有 130 所公立幼儿园、14 000 多名幼儿接受"安吉游戏教育"的课程。

"安吉游戏教育"的带头人是现任安吉县教育局学前教育科科长的程学琴。她从 1998 年担任县教育局幼儿教育管理培训中心主任开始,为了要让学前教育得到切实的改善与发展,就从建立完整的幼教行政体制和机制着手。1999 年 9 月 20 日,安吉县人民政府颁布了《安吉县幼儿教育管理办法(暂行)》,奠定了全县幼儿

---

① 虽然安吉游戏教育在中国、全球已享有一定声望,但深入性、学术性的论著和专著不多;同时,安吉游戏教育本身属于一个还在发展中的课程与教育系统,因此本章或许有些部分的介绍、说明不够充分,但为了引起大家对安吉游戏教育的关注,本书还是将其纳入。

教育的管理原则。"安吉游戏教育"发展历史分为三个主要阶段（李志方，2009）：2000—2003年，"安吉游戏教育"帮助了教师树立"朴素资源观"，将充满乡土气息的本地资源和废旧材料作为游戏材料提供给幼儿们使用；2003—2008年，"安吉游戏教育"帮助教师们转变了教学观，让教师们明白游戏对孩子的重要性；2008—2015年，"安吉游戏教育"的重点在实践"真游戏"（程学琴将幼儿园教育中开展游戏的现况分成"无游戏""假游戏"与"真游戏"），即把游戏的权利还给幼儿，玩什么、怎么玩、与谁玩都由幼儿决定。教师的角色则为观察者，解读幼儿游戏的过程（叶欢平，2013）。

第二节 安吉县幼儿园隶属的行政组织系统

一、安吉县幼儿园隶属的行政组织

安吉游戏教育值得肯定与期待的原因是，它不仅仅是一个单独的课程系统，它背后有一个完整的管理系统做支撑，程学琴称之为幼儿园"镇村一体化管理模式"（如图15-1所示）。

县教育部门主管全县的幼儿园（班），负责规划和制定管理办法和重要的规章制度，同时建立评价与考核等机制，指导教科研工作。县卫生、计划、财政、物价、人事和城乡建设等部门分工负责，对幼儿园的卫生保健、事业发展、经费开支、收费标准、人员聘用、园舍建设等方面实施规范管理。县教育局幼儿教育管理培训中心具体负责全县幼儿教育行政管理和业务培训指导。乡镇政府负责辖区内学前教育事业发展，改善办园条件，办好中心园；村民自治组织负责村幼儿园的建设和维修

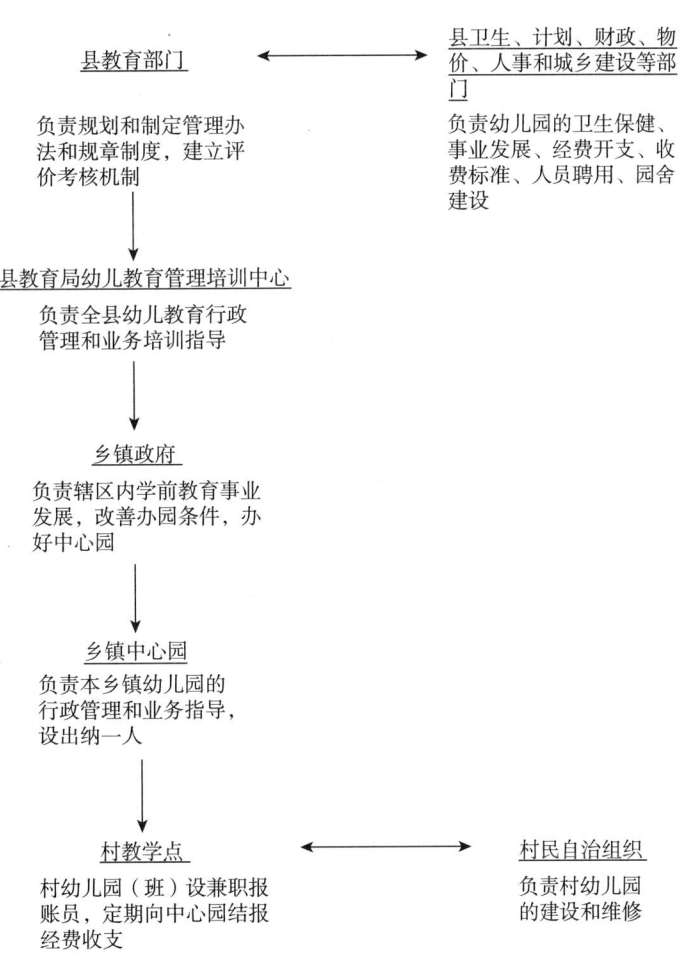

图 15-1　镇村一体化管理模式

（汤有根、程学琴、方永建，2006）。

乡镇中心园（人口多、辖区大的乡镇两所以上）在县教育局注册，到县人事局办理事业法人登记。中心园的财务、人事、业务等管理纳入政府公立教育系统规范；乡镇中心园负责本乡镇村幼儿园的行政管理和业务指导。园长由县教育局考核任免，享受乡镇中心小学校长级待遇。乡镇范围或一定区域内的村办园以教学点的形式成为中心园的一部分，接受中心园的管理。村教学点和中心园一样都属公办园。村教学点的行政、业务由中心园管理，人员由中心园聘任调配，经费由中心园统筹管理。幼儿园财务人员由教育系统会计核算中心人员担任，乡镇中心园设专（兼）职出纳一人，村幼儿园（班）的兼职报账员，定期向中心园结报经费收支。

镇村一体化管理模式有以下几个优势。

（1）使乡镇中心园成为全县农村幼儿教育纵向管理系统的重要枢纽,便于管理部门的宏观管理和决策、政府的政策和投入可以顺利到达村幼儿园,确保学前幼儿教育的公平性。

（2）乡镇中心园的资源和信息与村幼儿园共享,有利于提升各个幼儿园的保教水平。

（3）乡镇统筹管理规范了经费的使用,确保幼教经费专款专用。

（4）乡镇、村在农村幼儿教育事业发展中各司其职,规范管理,有利于安吉农村幼儿教育向永续、高质量方向发展。

二、安吉游戏教育系统里各组成部分的角色定位

安吉游戏教育系统中除了幼儿、教师和园所外,还通过行政力量加强家长和小区的参与、政府的支持等,兹将其各个组成部分的角色定位分述如下。

（一）幼儿:游戏决策者、材料和环境拥有者和思考者

（1）幼儿可以自行对游戏材料的用途进行定义和规划:材料多是原生态的、开放式的、低结构性的、多样性的、丰富性的,提供给幼儿自主、自由、思考游戏的可能性。

（2）幼儿有适度选择、调整游戏时间和场域的机会:通常上午有约一个多小时的户外游戏时间,如果有幼儿还想继续玩(例如,合作建构的作品还没有完成等),教师会尊重幼儿,并建议让幼儿午休后继续完成他们想完成的游戏活动。所以,安吉游戏教育系统中的幼儿园的一日活动时间规划是有弹性空间的;在游戏场所中,幼儿可以跨区域游戏、自主选择游戏同伴。在这种被充分、适宜赋予权力的情境之下,幼儿的友伴关系也随之被赋予更多的选择机会。

（3）在游戏中,幼儿是诠释游戏的主角,幼儿思考他们自己的行为,解读材料和环境的变化。

（4）幼儿在游戏中享有自主权的同时要对自己所选择的材料和环境负责。

（二）教师：环境创设者、材料提供者、观察者、记录者和守护者

教师的主要工作是为幼儿自由自在地玩游戏提供场地、环境、材料（各类可组合的积木、梯子、油桶、长板、滚筒、木箱、可移动的木屋、矮柜、栅栏、布帘等低结构素材）、基本的安全监护，以及维护幼儿自主选择的权利（蔡金莲，2016），并近距离地观察幼儿的行为、活动、兴趣、困境、冲突、经历以及问题的解决方式，并将其整理作为后续教师讨论的题材与内容；分析幼儿的学习过程与发展特征，为提供相应的环境、材料与教学打基础。

（三）幼儿园：兼负新农村小区教育的责任

安吉县对幼儿园角色的定位很特别，安吉县幼儿园的责任与功能不仅仅是针对幼儿园内的幼儿与家长，同时安吉县通过行政上的设计与培训工作，赋予幼儿园发展农民素养与农村文化建设的责任与功能。幼儿园不仅是行政、网络与好的社会信任关系等社会资本的使用者，同时，也作为社会资本的一部分，回馈到农村的小区教育（李华玉，2015）。

以幼儿园为中心，通过各种家、园、小区合作的文化活动，让家长与社区进入幼儿园，幼儿园也进入到家庭与小区中去影响和凝聚新农村的小区成员，成为构建新农村的基层文化中心（程学琴，2015）。

（四）家长：支持者、协助者和学习者

幼儿家长不仅仅需支持安吉游戏教育的理念，协助完成在家中观察幼儿和搜集整理文件资料的工作；同时，也要接受幼儿园的培训，将学到的安吉游戏教育理念融入幼儿的日常生活及学习中，使自己成为优质的家长与村民。

（五）地方政府：统筹、建立幼儿园与家庭、小区间有效、长期、合作机制

地方政府制定各种规章、办法，并监督、考核执行成效，因此，地方政府除了提供设立幼儿园硬件所需的经费（包括游戏区和玩具材料的配备）、师资编制与待遇的提升等配套工作的设计与支持，还对这些内容进行统筹、规划、监督、考核，形成一个长期的、有效的、系统的、合作性的机制。

第三节 安吉游戏教育的理念与基本哲学

安吉游戏教育的理念与基本哲学可从其对幼儿、对学习,以及对环境的看法三个角度去分享(程学琴,2016年7月12日)。

一、对幼儿的看法

安吉游戏教育的基本理念是相信幼儿是有能力的个体、有不断发展崭新一面的可能性;幼儿就像科学家,在解决问题的过程中通过探索、假设、尝试错误、检验、延伸运用等来获得对世界和社会的认识;在与世界和同伴的互动中形成自己的见解,进而去思考和规划。通过不断的经验积累,自律且不断突破自己,不断挖掘自身的最大潜能。

二、对学习的看法

安吉游戏教育强调:幼儿的学习内容是广泛的,他们通过实际操作和亲身体验去模仿、感知和探究而得到学习。要真正让幼儿获取知识,不能将幼儿与自然分开。认识与存在、身体和心灵、理念与行动应该是并存的。幼儿通过游戏,通过自己特有的方式与环境互动,可以主动地探索周围的社会、自然与物质环境。幼儿的自主游戏正是他们探索和感知客观世界、认识和了解社会的学习媒介与过程。

三、对环境的看法

安吉游戏教育对幼儿园内学习环境的看法可以归纳如下（AnjiPlay, 2016）（如图 15-2 所示）。

图 15-2　安吉游戏教育的环境

（一）自主性的游戏环境

游戏的材料、目的与方法、时间长度、内容、同伴等都属于环境的元素，安吉游戏教育系统所提供的这些元素都由幼儿在适宜范围内由他们自主决定。

（二）提供思考的环境

幼儿每天有多种机会去反思、诠释他们的经验。教师将游戏前后观察到的讯息加以组织，进一步地提供给幼儿思考的机会，这是安吉游戏教育强调的环境特点之一。

（三）游戏材料、设备与环境

安吉游戏的环境设计理念可归纳为"充满野趣的户外环境"和"充分留白的室内环境"。在户外，幼儿可以充分接触大自然，用身体动作和多种感官体验自然界，同时，可以不断改变游戏主题、内容和难度，以探索未知；室内环境充分留白，以使幼儿能够不断创造新的游戏和作品。

低结构、开放式的材料有利于幼儿在游戏中勇于冒险、建构和发现，以及尝试团队合作。安吉游戏的设备是基于多年的实验和观察设计出来的。许多大型设备可以让幼儿更好地伸展他们的肢体，去建构他们自己发现的、新的游戏方式。

第四节 安吉游戏教育的课程与教学

一、教育目标

安吉游戏教育的目的在于帮助幼儿通过直接体验去发现直接经验之间的关系，进而获得能力和智慧。

二、学习内容

安吉幼儿园创设了富于挑战的空间和环境,通过游戏场地的不同软硬度、粗细程度、干湿程度和高低起伏的变化,引发幼儿视觉、听觉、触觉、嗅觉、平衡觉、运动觉等多种感知系统的发展;户外设计了丰富的沟壑、山坡、滑道等,提供了促进幼儿跳、爬、穿越、翻越、搭建、攀登、翻滚、滑行等基本动作发展的机会;通过友伴间的合作游戏,不仅促进了幼儿的独立能力和社会行为能力的发展,同时也促进了儿童各领域的发展。

三、方法

以下是安吉幼教系统里最具特色的方法。

(一)游戏

自主游戏是幼儿学习的方式,幼儿园每天安排充足的游戏时间,提供低结构的游戏环境和材料,以使幼儿在游戏中获得快乐。幼儿不断挑战冒险,通过探索、假设、验证而获得丰富的直接经验(如图15-3所示)。

图 15-3 安吉游戏教育的幼儿游戏

(二)绘画与讲故事

在游戏前、游戏中和游戏后,教师会在教学活动里请幼儿将其对游戏的计划、游戏的过程以及游戏经验进行分享,用说与画的方式去记录、抒发、建构自己的情感、想法与问题(如图15-4所示)。

在绘画与讲故事的过程中,幼儿分辨、整合和借鉴他人的信息,反思自己的经验,逐渐提高自己的管控能力、利用自己认知的优势和已储备的知识来学习和接纳新知识。有时教师则与幼儿一起将游戏中不断探索的问题拓展为一系列生成性的课程,给予幼儿充分的时间和资源,使其能深入探究感兴趣的问题(如图15-5所示)。

图15-4 安吉游戏教育的绘画

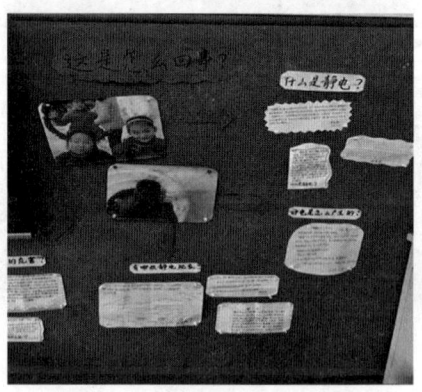

图15-5 课程生成流程示例图

（三）每日作息表

安吉幼儿园的每日作息时间照幼儿的节律灵活调整。幼儿有高度自主的"时间、内容决策权"。教师可根据幼儿的兴趣与需要，顺延活动时间。当幼儿对游戏仍持有兴趣时，教师不会因急于进入下个环节而停止幼儿正在进行中的游戏（如表 15-1 所示）。

表 15-1 一日作息表

时　间	内　容
8:00—9:00	来园活动
9:00—11:00	生活、游戏、学习
11:00—12:00	午餐及生成性活动
12:00—14:30	午睡
14:30—15:30	自我服务
15:30 以后	生活、游戏、学习、离园活动

资料来源：程学琴老师提供。

四、评价

教师会用照片、录像、文字将观察到的幼儿一日生活中的行为加以记录。接着会从两个角度来分析幼儿的这些数据：其一是分析幼儿的行为，记录幼儿发现了什么、得出哪些结论、进行了怎样的运用；其二是分析幼儿的能力发展，一种或几种能力的连续变化过程和相互之间的关系。基于这些分析，教师得到每一位幼儿发展的实际情况，记录下幼儿直接经验的发展脉络，掌握幼儿能力发展的水平和能力间的关联性，并通过评价来理解和接受幼儿发展的复杂性，以支持幼儿的学习与发展。

安吉游戏教育独特之处在于，幼儿用自己的生活经验构想游戏，不仅游戏的结构和环境使得幼儿们享有游戏的主动权和决定权，同时在分享环节中，也造就了游戏的多样性及多元化的发展。

第五节 安吉游戏教育对幼儿教育的启示

安吉游戏教育超越了游戏课程的本身,除了游戏式的课程外,它也是引领中国农民素质教育及乡村幼儿教育走向进步的可行途径之一的范例。安吉游戏和安吉教育系统给我们的启示如下。

一、合宜的行政、政策规划是高质量课程落实的必要条件

(1)安吉教育系统将幼儿教育作为建构"美丽家园"的要求指标之一,这使得县市乡镇各垂直层级行政单位间为了达到"美丽家园"的指标而携手合作,直接地提升了行政单位项目负责人在幼儿教育里的参与力度,明确了方向;垂直行政单位间也因为有共同的评价指标、明确的努力方向,形成了一个在教育理念与做法上高度统一的生态系统。在幼儿接触到的环境里,譬如:家庭、学校、小区有一致的教育理念,通过教师在职进修和家庭、小区教育的推动,促进了游戏化课程落实,并使其有了持续发展的可能性。

(2)幼儿园是新农村小区教育的核心点,从幼儿教育辐射到亲子教育、小区教育、新农民教育;从师幼间、家园间的关系,至小区社会与乡、镇、市、县政府之间各种关系间的互动是安吉游戏教育能够发展的必要条件。通过政策的规划与推动,让乡镇中心幼儿园成为新农村小区教育的核心点,除了提供幼儿教育外,还提供幼儿教育新理念给家长、小区的农民等,让整个的小区民众、家长都能接受游戏课程化的理念与做法,直接地建立了安吉游戏教育的特色,进而提升小区民众、家长、农民的素质。未来安吉游戏的幼儿教育系统能用布朗芬布伦纳(Bronfenbrenner)的理论来彼此呼应、对话。

二、游戏课程化的可行性

在传统的幼儿教育现场不难发现,游戏与教学很多时候是分开的两件事,幼儿的游戏都是从成人的视角出发,从而被规范其框架。游戏在幼儿教育中既可以是一种教育手段(方法),也可以是一种内涵,而这两种对于游戏定义所蕴含的游戏观是不同的,前者将游戏作为一种工具和媒介,后者则强调游戏本身的价值。通过真游戏让幼儿在玩中学,游戏本身就成为一种教育,引领着幼儿在玩中思考和学习。安吉游戏教育就是一个鲜活的、成功的例子,这个例子足以鼓舞幼儿教育工作者及家长大胆地去协助幼儿玩游戏、创新游戏。

第十六章

IB 课程模式
（又称国际预科证书课程模式）

第一节 IB 课程模式的发展源流

国际文凭组织（The International Baccalaureate）是一个非营利性的国际教育基金会，成立于 1968 年，其成立的愿景旨在培育具有探究精神、有知识、富有同情心、接纳多元文化、积极进取、终身学习、能理解他人的年轻人。该组织针对 3~19 岁的儿童和学生研发及推动了四个层级的国际文凭课程（International Baccalaureate Programmes，以下简称 IB 课程），其发展并问世的时间，如表 16-1 所示。

1990 年，国际文凭组织在罗马会议中首次就为 3~12 岁儿童制订课程的计划进行讨论；1992 年，正式开始规划 3~12 岁儿童的国际课程；1997 年，国际文凭组织推出学前暨小学项目（PYP）课程，提供 3~12 岁儿童的教学内容与学习方法，其中包括教学理念、课程架构、课程内容，以及评价的策略。

表 16-1　IB 课程系统分类表

课程分类	学前暨小学项目	中学项目	文凭项目	职涯项目
英　文	Primary Years Programme	Middle Years Programme	Diploma Programme	Career-related Programme
缩　写	PYP	MYP	DP	CP
年龄范围	3~12 岁	11~16 岁	16~19 岁	16~19 岁
首次提出时间	1997 年	1994 年	1968 年	2012 年

第二节　IB 课程模式的理论基础

IB 课程的教育宗旨是帮助学生利用自己已有的知识,通过提供新的、具有启发性的学习体验,以及进行反思和巩固学习成果的时间和机会,使学生对周围的世界形成理解。这种建构主义教学法强调培养学生对社会与自然界产生自己的看法与理解,不断鼓励学生通过反思去建构他们自己的世界运作模式。

IB 课程应用的理论包含有以下几项(International Baccalaureate, 2015)。

一、杜威:儿童本位论、做中学,强调对解决问题能力的培养

杜威(J.Dewey)强调利用幼儿天生具有的好奇心的重要性。儿童天生就有好奇心,课程设计要以儿童为本位,课程内容与方法要符合儿童的学习兴趣与成长意义,以协助学生学习有助于解决问题的知识和能力。杜威也强调做中学的重要性,要在实际生活的体验中解决问题。IB 课程以儿童为本位,帮助勇于探索的儿童去

理解与尊重不同的文化;教学方法强调,应将各年龄层儿童的性格特点、能力与兴趣纳入教学的考虑因素。

二、尼尔:自由观

尼尔(A.S.Neill)指出,儿童的学习效果在不受胁迫的自由状态下为最佳。所有课程都应该是可选择的,学生可以自由选择用什么时间做什么事情,强调学生应在无限制的环境中自由发展。IB课程重视个别差异,包含学习速度及成长模式,强调以多元丰富的课程传授知识给学生。

三、皮亚杰:认知发展论

皮亚杰的认知发展论也是IB课程的重要参考理论之一。皮亚杰提出认知发展过程的核心概念:认知结构(Cognitive Structure)与基模(Schema)、组织(Organization)与适应(Adaptation),以及失衡与平衡。皮亚杰认为,学业智能在儿童时期通过认知循环来发展。IB课程的建构式教学强调学生的认知、理解、智力、社交、个性间的均衡发展。

四、布鲁纳:学习理论

布鲁纳(Bruner)认为,信息的自我发现让学生成为更好的问题解决者。根据布鲁纳(Bruner,1990)的主张,教学课程内容的重点需要转移到新的学习情境中,教师应在学生已有的知识和他们个人的学习方式之间建立联系。所以,教师在计划教学时必须事先了解学生现有的水平,所设计的课程和提供的学习环境必须使学生能够检验并修改自己心中所认识的世界模式,在新、旧学习之间建立联系,允许他们自由地建构属于自己的意义。IB课程借助儿童的先备知识,通过新经验提供刺激及机会,让儿童去进行反思与整理,并从过去经历的成长阶段得到正、负向反馈。

第三节 IB课程模式的内涵

一、教育目标

IB课程的教育目标是要培养具备国际情怀的人才,希望人类以共有的博爱精神,分担守护地球的责任,共同开创一个更美好、和平的世界。这样的人才需具备以下特质:具有渊博的知识,拥有热爱探究的好奇心,善于批判性和创造性思考,能运用一种以上的语言与他人沟通交流,拥有待人处事正直诚实等的原则,有开阔的胸襟能欣赏不同的文化和意见,富有同情心,勇于挑战,均衡发展智力、身体和情感,反思性强等。学前暨小学项目(PYP)关注儿童的全人发展:

(1)处理学生的学习、社会和情绪健康。

(2)鼓励学生独立发展,并对自己的学习负责。

(3)为学生的努力提供支持,帮助他们获得对世界的理解,并能自如地生活在其中。

(4)帮助学生建立自己的价值观,并以此为基础发展国际化的思维。

PYP有足够的灵活性去适应大多数国家或地区的课程,为学生提供最好的进入IB课程的中学项目(MYP)的就学准备。

二、教育内容

IB课程的教育内容强调五大要素,包含知识、概念、技能、态度,以及行动,分别说明如下(International Baccalaureate,2016)。

(1)知识:包括传统学科知识(如语言、数学、科学、人文、社交与体育教育、艺术)与跨学科知识的结合。

（2）概念：为教学内容提供了一个架构，通过有结构的探究，让学生对内容产生连贯、深入的理解，再将学科知识与跨学科知识链接在一起。

（3）技能：为学生提供广泛的能力，使他们在学习和生活中发展和应用这些能力。

（4）态度：帮助学生拥有国际化的思维，成为健康的个体，同时可以融入健康的学习共同体，成为具有IB课程模式的学习者特质的人。

（5）行动：期待学生将成功的探索付诸实践，这些行动应该是负责任的、考虑周全的，并且是可以实践的。

三、教育方法

（一）方法

PYP课程致力于通过建构的、有目的的探究来吸引学生积极地学习，可通过以下几个方法来支持学生建构他们对周围世界的定义。

（1）借助学生的先备知识。

（2）通过新的体验提供刺激。

（3）提供机会让学生去反思和整理。

这样的教学方法尊重学生发展对世界是如何运作的概念的理解，并鼓励学生们发问、思考和优化他们对社会与自然世界的解读。

有六大议题贯穿在各学科课程里，分别是："我们是谁""我们处在何时何地""我们如何表达自己""我们如何组织自己""我们如何分享地球资源""世界如何运作"。这些议题帮助实施IB课程模式的学校将所在地文化与国际事件结合于课程之中，以有效地帮助学生拓展视野，超越学科知识的范畴。

（二）环境

IB课程为学生提供具有趣味性、相关性、挑战性和重要性的学习体验，营造充满启迪与启发的学习环境。趣味性代表的是能使学生感兴趣，让他们积极主动地学习;相关性是指课程与学生已有的知识与经验以及当前的环境密切相关;挑战性是指扩充学生已有的知识与经验,提升他们的能力与理解;重要性是指有助于学生理解主题的跨学科知识,进而能够理解人类各种经验之间的共同性。当儿童在这样的环境中学习时,该环境应具备下列特点。

(1)成年人是悉心的学习推助者,能帮助学生重视自己的学习,并对自己的学习负起责任。

(2)相信学生是有能力完成学习的,并能听取其意见。

(3)鼓励学生保持高度的好奇心和求知欲,踊跃提问、开展探索,并在身体、社交和智力等方面与环境进行互动。

(4)学生清楚地了解他们的学习成果与学习过程。

(5)支持学生努力把握和掌控自己的成长,而成为独立自主的学习者。因此,教师会为学生提供机会,通过有组织、有计划的探究型学习来建构意义并修正自己的理解。

(6)教师要做到因材施教,照顾到组内学生在能力和学习方式方面的差别。因此,学生有时可以独立学习,有时可以两人一组学习,还可以组成规模更大的小组来开展学习。

(三)教师角色

在实行 PYP 的过程中,合作是一个关键的部分,所有的教师都要参与到计划制订过程内,定义课程的核心理念,探讨如何将探索融入这些理念,找到教学的最佳方案,并探寻符合每一个学生需求和兴趣的方式。

教师在执行 PYP 之前必须参加培训,国际文凭组织为教育工作者提供了一个宽广的专业发展平台,帮助他们对 PYP 有更深层的理解。

四、评价

PYP 项目没有设置考试或等级。IB 课程评价的目的是促进学生的学习,提供学生学习的信息以及促进课程计划的实施。通过评价,IB 课程帮助学校在教授

PYP课程的教与学的过程中,厘清学生的知识、理解、能力和在不同阶段的价值观。在PYP课程里,学习被看作一个持续的旅程,教师在这段旅程中负责确认学生的需求和利用评价资料来为学生下一阶段的学习做规划。教师应用广泛的评价策略来搜集在教学内容中所提到的五大元素的相关信息:概念的理解、知识的获得、技能的掌握、积极态度的发展,以及采取负责任的行动的能力。

在PYP课程的最后一学年,学生会进行深入的延伸合作方案:PYP成果展。它让学生通过合作的方式,来对现实生活中的议题或问题进行深入探究。学生通过与整个学校社群分享的方式来综合运用所有的PYP基本要素,同时它也为教师提供了一个强大的和真实的过程来评价学生的能力水平。

成果展是IB课程学生在全程纵贯参与PYP课程之后展现出独特特质的一个意义重大的时机,同时,它也为学校和学生提供了一个庆祝顺利过渡到下阶段教育的时机。

第四篇
课程模式实践案例的探讨

　　由于受园本课程概念与趋势的影响，目前多数幼儿园是融合并用或只运用了本书中模式的某一部分，因此无法在每一模式下呈现一个纯然的个案；同时，理论的论述多属抽象的、概括性的语言，当它落实到实务层面时，就会产生多元的面貌。尤其如各章所述，无论是教学内容或教学方法，各模式都留有很大的空间给教师和(或)幼儿。

　　除了直接教学模式是强调教师的角色属教导者角色外，其余的模式均强调教师是引导者、支持者、辅导者和观察者的角色，而非教导者角色，这使得写出一个大家皆认可的纯然符合某一课程模式的实例是不容易的。因此，笔者在本篇中所举的例子未必全然是某一课程模式的代表，只能说是偏向某一课程模式的案例。

第十七章
蒙氏课程与方案课程实例：
让课程与教学看得见

基本上，除了直接教学模式强调教师的角色属教导者角色外，其余的模式均强调教师是引导者、支持者、辅导者和观察者的角色，也就是强调要尊重幼儿的学习角色。本章的目的是以教室层级的课程与教学纪录来说明，即使是以一个大家都认同的课程模式、教育理念，例如，"以幼儿为中心""开放式教育"、蒙氏课程或方案课程，来设计课程和进行教学，期待通过理念的呼吁以及课程模式的应用，以达到教学质量和增加效能，但若教师忽略了自己专业上的自主性、责任感与伦理问题，则课程模式及理念的功能（教学质量与效能问题）也无法发挥了。笔者希望在以下的例子中，读者可以与前面各模式的理论部分结合，作为自我知识转化、对话，以及理论与实务知识之间转化与对话的基石。

本章除了希望让读者"看到教"（making teaching visible）的过程外，重要的观点是：笔者认为随着决定课程的层级（可分中央、县市、学校和班级等不同层级）的不同，教师决定课程的主动权、时机和范围也是会有所不同的。笔者常听到现场教学的教师反应：他们的课程都是园长规定好的；园长则常抱怨说：现在教学若不顺着家长的期望与要求就没有市场了。因此本章的重点之一是企图突破上述迷思，即企图显示与强调在教室内，教师是课程与教学的主要决定者。从前面各模式的数据来看，多数课程模式的教学内容与方法都留有很大的弹性空间给教师，不论其

背后的理论基础是强调"以幼儿为中心""开放式教育",还是"建构式教学观点",这些理论易让教师在课程与教学决定过程中面临两难的处境,进而常陷入迷思。本章重点之二即是企图显示口号式的"开放式教育"和"以幼儿为中心"的教育以及在非语文教育等目标下生成课程的潜伏性危机,并提出笔者认为值得反思之处。

课程与教学领域的分与合的历史,此处不予赘叙,本书将两者视为同一/合一的领域。本章企图将教室层级的观察资料的搜集与分析结果呈现出来,让读者"看到"蒙氏课程与方案课程的实例,此实例是一个班级、一个学期的课程。以下将通过:① 呈现蒙氏课程与方案课程的两种课程结构;② 根据课程发展中的"产生课程""实施课程"和"评价课程"等三个阶段(Woods,1996),来分析这两个课程模式的发展轨迹。

本书对课程结构的定义是对伍兹(Woods,1996)课程结构的概念加以分析的。笔者曾在蒙氏教室花了两年时间搜集蒙氏课程的相关资料,下面先介绍伍兹课程结构概念的定义,再依时间结构和概念结构,呈现与说明蒙氏课程与方案课程的实例。

第一节　课程结构的定义

课程结构即是要找出在课程中所发生的行动(Actions)和事件(Events)之间的关系,不论是在一节课中还是在课堂间所发生的诸多行动与事件之间的关系都属课程结构。课程结构的类型包括时间结构(Chronological Structure)及概念结构(Conceptual Structure)(Woods, 1996)。

时间结构即是指以时间次序来表示课程结构。教师在进行课程制定时,依照学年、学期、月、周、日、小时等时间单位来安排课程,因此课程的开始和结束应有明确的时间表,例如,幼儿园中一天的作息有固定时间的安排。

概念架构则是指课程是由不同层次的概念类别组合而成,而这些不同层次的概念类别皆是依据同一个目标确定的,例如,要达到全面学会英语的目标,需要进行听力练习课程、口语发音课程、文法课程、英文写作课程等的教学。此外,概念结构是由不同抽象层级的概念单元(Units)或要素(Elements)所构成,这些单元包括从最高层、最广泛的层级到最狭隘、最具体的层级(Woods, 1996)。

概念结构可视为目标(Goals)、内容(Contents)和教学方法(methods)的组合。也就是说,概念结构一个教学内容的单元结构,这些内容的单元结构与目标结构相关,而这些单元结构指向幼儿学习的最终目标或是学会某些能力的目标。同时,教学内容的单元结构亦与教学方法有关。所以,教学目标、内容和方法间是互相关联的(Woods, 1996)。

目标在区分时间结构和概念结构上扮演着重要的角色,因为在概念结构中目标是固有的,功能是链接较低层级的行动及事件,以便达成较高层级的目的,而这些目标在基本的课程概念结构中扮演着不可或缺的整合角色。

相反地,时间结构并没有固有的目标,因为时间结构单元单纯地只是以时间来分类课程;若强说时间结构具有目标,其目标充其量只能以完成的部分来看,但却无法说明关于如何完成这些部分的工作,例如,在时间结构的目标中,我们只能知道一个活动将在9:30—11:30的这堂课中完成,但在概念结构中的目标却可以知道,幼儿将借由这个活动学会某些能力。

伍兹(Woods, 1996)更进一步指出,课程的概念结构可分为四个层级,包括总概念目标(Overall conceptual goals)、整体的概念单元(Global Conceptual Units)、中介概念单元(Intermediate Conceptual Units),以及局部的概念单元(Local Conceptual Units)。此外,这四个层级具有层级性(如图17-1所示),说明如下。

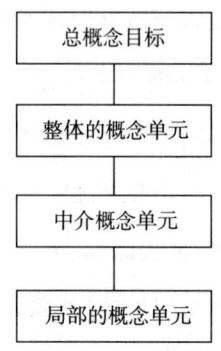

图 17-1　概念结构的层级性

一、总概念目标

伍兹（Woods，1996）依据其所研究的案例的课程名称及各教师所提到的整体课程，进而认为课程是由一个或多个整体的概念目标所构成，因此课程的概念结构最重要的即是要包括整体概念目标。此目标可以是最一般性或普遍性的部分，例如培养美的情操及创造力；亦可以是较细微或更具体的要求，例如学会利用各种素材创作出美的作品。

二、整体的概念单元（内容、主题）

课程中的概念结构需包含许多与整体概念目标相关的广泛性的概念次单元（subunits），这些次单元可视为课程的组成要素，隐含着课程结构是一种部分——整体（part-whole）的阶层性组织。简言之，整体概念单元即是指主题（Theme），亦即可以将主题视为课程结构最大的单元，例如，A 园所安排的品格教育课程中的主题"专注"；亦可以借由其他主题的（Thematic）和实用性的（Functional）单元来形塑课程，如美化教室教育课程为了达到美化教室的各主题而制作窗帘、制作画框、制作花瓶等。然而，广泛性的概念单元并没有固定主题的数目，随着概念性的内容愈复杂，将会组织出愈多的次单元。

三、中介概念单元（方法、活动）

在具有整体的概念目标及广泛的概念单元之后，每个主要的概念单元将会被分为数个较小的单位，此较小单位即是指能达到较高层级的其中一个概念目标的活动（Activities）或一组活动（Clusters of activities），而这些较小的单位亦可依各自的目标称为活动、习题练习（Exercises）、解释说明（Explanations）、讲课（Lecture），或是前者所述各单位之间的相互组合。换言之，此中介概念单元即是指达成目标的活动。有些中介概念单元与时间次序有关，即是指为了使下一个课程中的概念活动能够完成，须先进行前一个活动，之后才能进行下一个活动。

四、局部的概念单元

为了能了解教室中进行的课程的语言结构部分，需对此局部的概念单元进行分析，也就是在课堂中教师为了能达到先前设立的目标、主题及活动，必须运用语言进行分析，以表达出教师常常利用语言表达来达到的目标，例如，教师常会借由说一些事来描述出他们将要做的活动。

如同对时间结构要依照时间次序的层级来分析，对概念结构亦可依其为能达到一个概念目标所进行的不同主题、活动、言谈的不同层级来进行分析。在本章中，亦将使用此概念结构的层级来分析课程结构，但因为本章所探讨的课程结构以整体的课程层级为主，所以将不进一步分析局部的概念单元中教师言谈的部分，因此，本章中对概念结构的分析以总概念目标（目标）、整体的概念单元（内容—主题）、中介概念单元（方法—活动）三个层级为主。

第二节 课程结构实例：蒙氏课程

此节是以一个班级、一个学期的课程为例。

一、时间结构

A园实施的是以蒙氏课程为主的课程形式。颜老师一整个学期的课程大致以周为单位来规划，周课程之下还有日课程。

（一）以周为单位

颜老师在课程时间安排上，以周为单位，每周上课5天，从表17-1可以看到，除了周二为户外教学之外，其余4天在时间安排上都一样。周三下午的地理课是针对大班幼儿设计的，中、小班幼儿在周三下午则是自由活动。

表17-1 颜老师的周课程时间表

时间	周一	周二	周三	周四	周五
08:00	幼儿入园				
08:30	自由工作（一）	户外教学	自由工作（一）		
11:30	集体活动时间		集体活动时间		
12:00	午餐＆午休		午餐＆午休		
13:00	游戏时间		游戏时间		
13:30	自由工作（二）		自由工作（二）		
15:30	地理课（大班）		地理课（大班）		
16:30	放学		放学		

若遇下雨或气候不佳，则周二的户外教学将与周四的课程互调。

（二）以日为单位

表 17-2 为颜老师的日课程时间表，表中的自由活动时段通常是安排幼儿独自活动或进行小组活动，教师则对幼儿进行个别辅导。幼儿的自由活动时间长度为 2~3 小时，集体活动时间则为 30 分钟。由此我们可以发现，在一日生活的时间安排方面，颜老师倾向于将时间切割成大时段。

表 17-2　颜老师的日课程时间表

时间	活动	内容
08:00—08:30 (0'30")	幼儿陆续进班	来园的幼儿可以开始选择工作
08:30—11:30 (3'00")	自由工作（一）	幼儿可自行选择蒙氏工作或依蒙氏工作性质进行小组活动
11:30—12:00 (0'30")	集体活动时间	故事分享
12:00—13:00 (1'00")	午餐 & 午休	半天班幼儿放学
13:00—13:30 (0'30")	游戏时间	户外或室内
13:30—15:30 (2'00")	幼儿回教室并开始自由工作（二）	13:30 幼儿陆续准备开始工作，中小班幼儿可自行选择蒙氏工作，大班幼儿进行小组活动（做地理小书）
15:30—16:30 (1'00")	英文课（大班）	大班以下幼儿放学

在时间分配的比例上，从幼儿进教室起就可开始选择活动，因此幼儿的自由活动时间可长达 2~3 小时，而在这样大时段的独自活动中，幼儿可以自行选择，并在活动完成后再选择下一项活动。颜老师的课程明显呈现出幼儿独自活动时间多于集体活动时间的特点，这样的时间结构反映出颜老师已具体实现了蒙氏课程对于幼儿个人学习的重视。

二、概念结构

要了解颜老师课程的概念结构，首先要知道蒙氏课程模式的概况。在蒙氏课程中，教师、环境及幼儿形成学习"金三角"。这里指的环境，是蒙台梭利观察幼儿及环境间的关系之后，依据幼儿发展过程中的吸收性心智及敏感期的需要而提供的环境，目的在于帮助幼儿独立学习，为进入社会及未来生活做准备（简楚瑛，2003；Montessori，1966）。因此，预备好的环境中很重要的一部分就是蒙氏课程。

蒙氏课程可分为以下几大领域：日常生活练习、感官教育、数学教育、语文教育及文化教育。颜老师在幼儿进入教室之前会先将蒙氏课程资源依照对不同领域的规划要求放置于教室中，当幼儿进入教室时，能够受到资源的吸引，并在有秩序的教室中，学会控制自己，在尊重环境的情况下进行自己的学习活动。颜老师整体课程的概念结构与蒙氏课程所强调的顺序十分吻合。图17-2所呈现的是颜老师在蒙氏教育各领域的课程概念结构图上之实施结构。

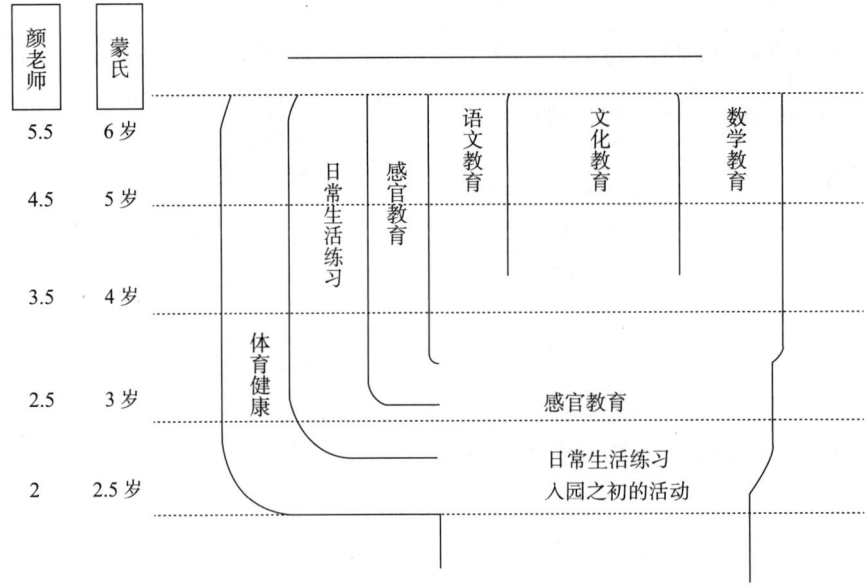

图17-2　颜老师的整体课程结构图

资料来源：修改自岩田阳子，等．蒙台梭利教育理论与实践（第四卷）：算术教育．台北：新民文教事业有限公司，1991：22．

在各领域课程进行的顺序上，以日常生活练习为起始，逐渐进入感官教育，然后分化为语文、数学及文化课程。日常生活练习放在感官教育之前的用意，在于培养幼儿独立自主的能力；而感官教育则是为促进幼儿进行高层次认知学习而做的准备。因此，感官教育所培养出来的能力及学习态度（例如专注力、自信心、持续力），能促使幼儿进行高层次的语文、数学及文化学习（相良敦子，1991；简楚瑛，2003）。

颜老师根据其教学的经验发现现在的幼儿各项能力发展较早，因此提供的课程相对于各领域适合的幼儿起始年龄有提早半年的趋势。

在阅读蒙氏课程相关文献及研究（相良敦子，1991；简楚瑛，2003；Hainstock，

1986; Montessori, 1966)之后,笔者对颜老师进行了访谈,并整理出颜老师在教室内各领域所开展的工作的系统及顺序。

以下就颜老师对于日常生活练习、感官教育、数学教育、语文教育及文化教育五大领域欲达到的目标,以及颜老师所认为的工作组织排序分别予以图示并说明之。

(一)日常生活练习

颜老师表示,蒙氏课程是通过感官操作来刺激幼儿头脑发展的,因此幼儿在日常生活中对具体操作的学习进行反复练习,其目标在于养成独立学习的能力,促进意志力、专注力、协调力以及良好工作习惯的发展,为接下来的学习做准备。例如,"抓豆子"是训练将来写字的三只手指的。

在图 17-3 中,可清楚看出,日常生活练习领域中不同层级的目标同时包含了四种练习:基本动作、照顾自己、社交动作及照料环境。四种练习之下各有一系列不同工作,对应的年龄也有所区别;在同一类练习之内,会依照由浅入深、由易至难、由简单到复杂的原则来安排。四种练习安排大致上有一定的顺序,尤其是小班幼儿,例如,幼儿要先具备某些基本动作能力,才能照顾自己及照料环境。但这样的顺序也并非绝对,四种练习也可同时进行,例如,小班幼儿并非只练习基本动作,也要知道社交动作(如打招呼),还要开始学习照顾自己(如利用衣饰框来学习穿脱衣服),同时也可进行照料环境的部分(如擦桌子)。

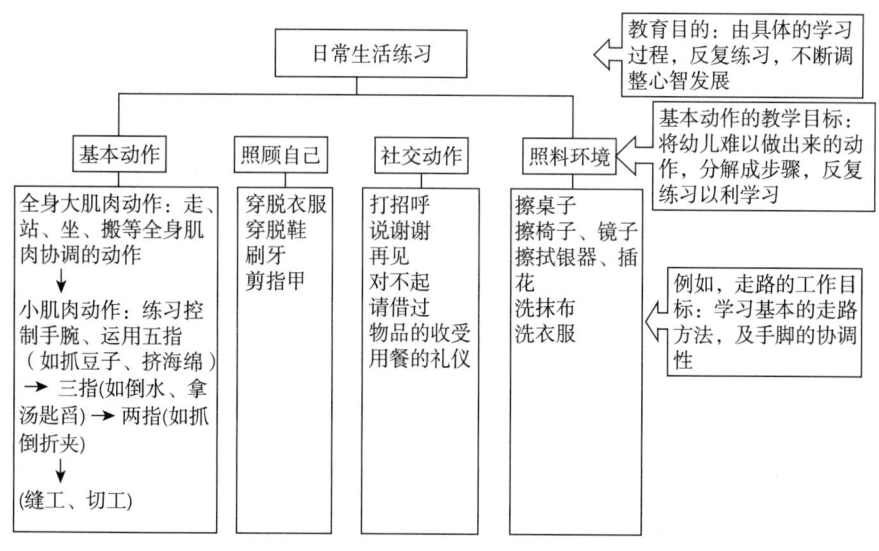

图 17-3 日常生活练习的课程结构图

(二) 感官教育

同样地,幼儿在敏感期的潜在能力需要受到外界环境的刺激才能充分发挥。颜老师谈到幼儿敏感期时,提到一个例子:

> 在小肌肉的敏感期,小肌肉对精细的小东西敏感,像小朋友都喜欢搜集小东西……我们要注意这样的敏感期,当孩子做出这种动作时,我们就知道这个时候要大量给他触觉的刺激,比如说布料的配对、蒙着眼睛的抚摸、触觉板或粗细板的配对……(访谈,021018[①])

因应敏感期的需求,颜老师指出:"给他工作的接触……然后也借着这样的活动让他对于某些认知的工作有更深层的了解。"(访谈,021018)因此,感官教育的第一个目的在于帮助幼儿各种感官的发展,进而使幼儿获得心智发展中不可或缺的各种抽象观念。第二个目的则是颜老师时时提到的对环境敏锐的观察力的发展,以使幼儿适应实际生活及未来的时代。感官教育围绕视觉、触觉、听觉、味觉及嗅觉展开,其不同层级的目标与实施顺序如图 17-4 所示。

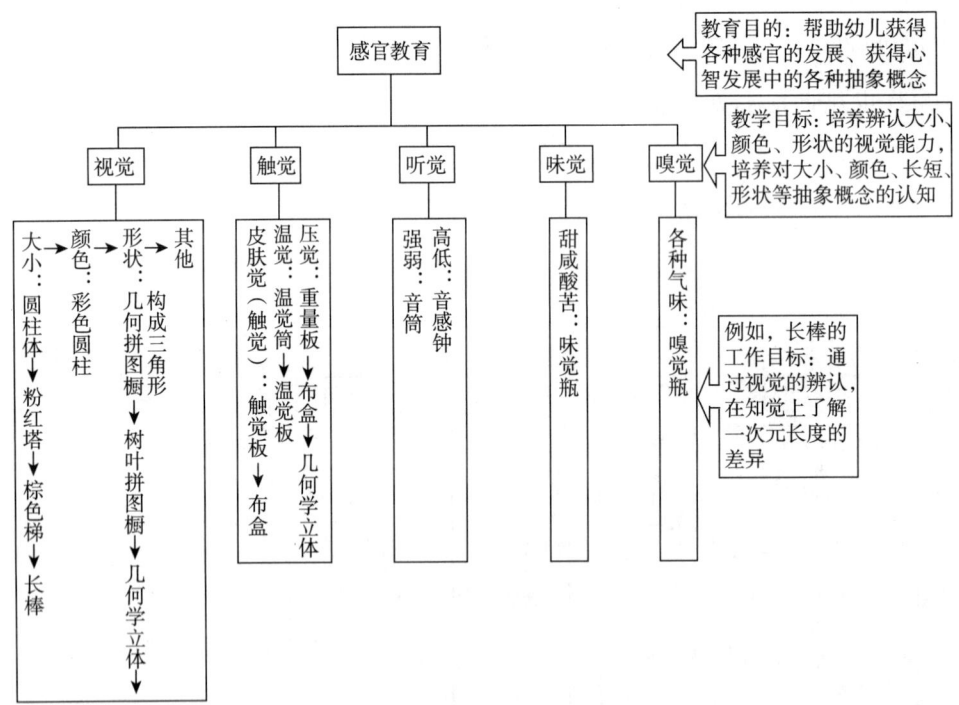

图 17-4　感官教育的课程结构图

---

① 021018 表示资料搜集的日期是 2002 年 10 月 18 日,以下均同。

幼儿的内在动力会驱使其追求秩序感,因此蒙氏"以幼儿为中心"的思想表现在感官教育上,即是提供给幼儿秩序性的活动,以协助幼儿完成其内在发展对秩序感的要求,并建立有秩序的知识。因此,蒙氏感官教育会依照以下原则来组织:① 同一性的认知(Recognition of Identities),教学中被称为配对,如圆柱体的圆柱与圆穴的成对;② 对比性的认知(Recognition of Contrasts),教学中被称为序列,如将圆柱体依高度或粗细排列;③ 类似性的认知(Discrimination of Similar),教学中被称为分类,如重量板的轻重分类练习。工作呈现原则也是依照上述三个原则依序进行。

(三)数学教育

根据颜老师的解释,图17-5中所列出的数学教育活动,难度是由左至右、由上而下逐渐加深。在数学教育不同层级的目标中,虽然有认知方面的学习目标,但颜老师一再强调的是培养幼儿的耐挫力、专注力、学习态度、观察力,以及完整人格养成的重要性。因此,要真正达到理解数学复杂的步骤以及逻辑性的数量概念的目标,在于帮助幼儿系统地学习,以及形成学习时所需的判断力、理解力、推理力及想象力等能力。

(四)语文教育

语文教育是另一个高层次、复杂的学习,其最终目的与数学教育一样是要培养儿童的耐挫力、专注力、学习态度、观察力,以及完整人格的养成。在颜老师的语文课程中,是以注音符号及中文为课程内容,在图17-6中,通过箭头来显示出语文教育安排的顺序性。课程顺序依照语文能力发展顺序,以"听—说—写—读"来编排。

> 语文教育会发展到用笔来做记录,在蒙氏的语文教学里面的顺序是"听""说""写""读"。我们把阅读放到最后……,"写"的发展在"读"的前面,"写"的话你可以照抄,你可以仿写,你可以练习,还有到最后是有创意地"写"。"读"就是更高一层的领域。而且,我们所谓的"读",不是狭义的读,指的是广义的阅读。广义的"读"有阅读书本,有阅读别人的作品,有阅读所记录下来的思想。(访谈,011203)

在"听"与"说"方面,最主要是充实口语经验,同时需重视口语的表达及理解;"写"的方面要先从书写预备练习开始,才能进入到书写练习;

"读"的方面则包括阅读练习及语文常识。从"听""说"的表达或讨论进入到文字表达，不但增进了幼儿的沟通能力，更是对于幼儿的能力给予"自我价值肯定"。（访谈，011203）

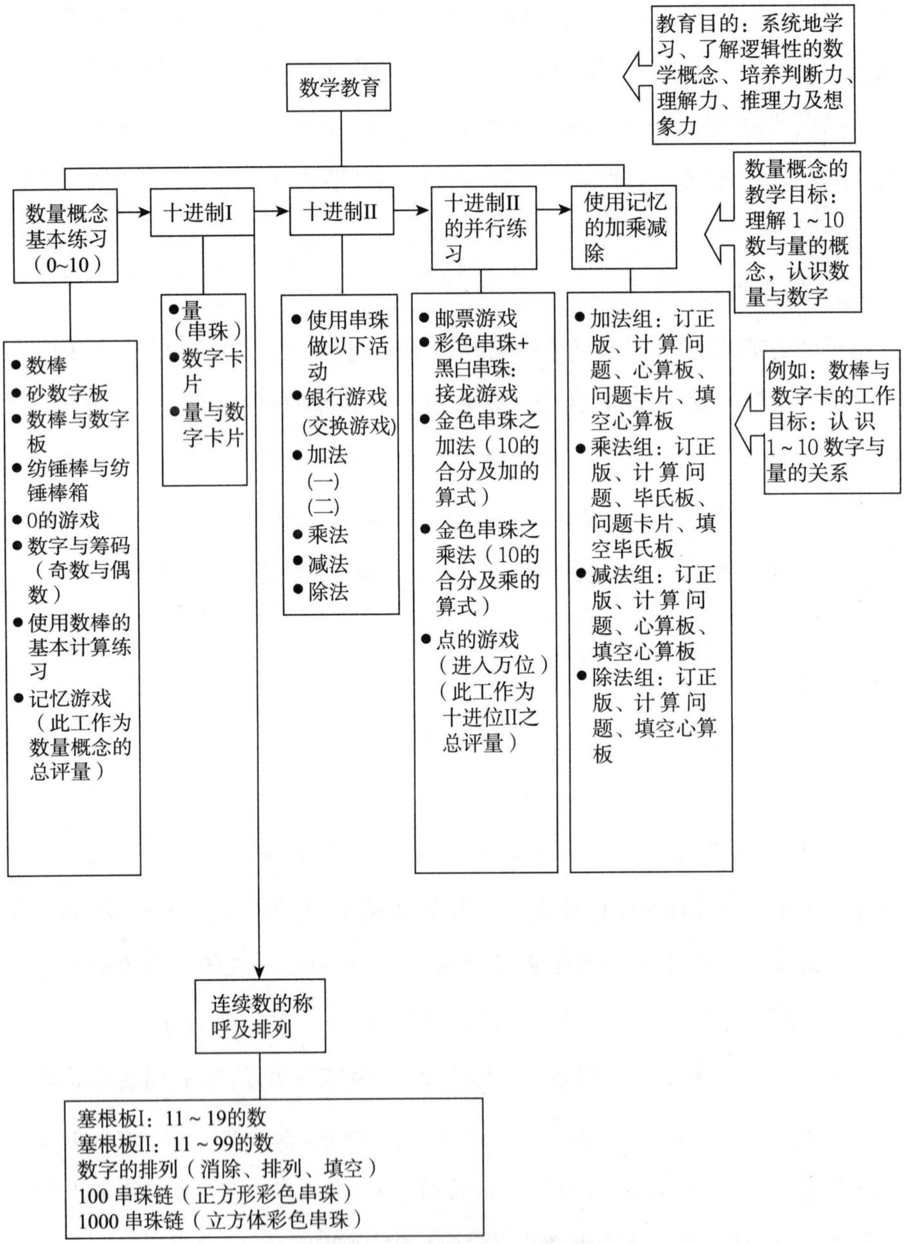

```
                              数学教育
                                 │
   ┌─────────┬──────────┬──────────┬──────────┬──────────┐
数量概念    十进制I     十进制II   十进制II的   使用记忆
基本练习                          并行练习    的加乘减除
（0~10）
```

教育目的：系统地学习、了解逻辑性的数学概念、培养判断力、理解力、推理力及想象力

数量概念的教学目标：理解1~10数与量的概念，认识数量与数字

例如：数棒与数字卡的工作目标：认识1~10数字与量的关系

数量概念基本练习（0~10）：
- 数棒
- 砂数字板
- 数棒与数字板
- 纺锤棒与纺锤棒箱
- 0的游戏
- 数字与筹码（奇数与偶数）
- 使用数棒的基本计算练习
- 记忆游戏（此工作为数量概念的总评量）

十进制I：
- 量（串珠）
- 数字卡片
- 量与数字卡片

十进制II：
- 使用串珠做以下活动
- 银行游戏（交换游戏）
- 加法（一）（二）
- 乘法
- 减法
- 除法

十进制II的并行练习：
- 邮票游戏
- 彩色串珠+黑白串珠：接龙游戏
- 金色串珠之加法（10的合分及加的算式）
- 金色串珠之乘法（10的合分及乘的算式）
- 点的游戏（进入万位）（此工作为十进位II之总评量）

使用记忆的加乘减除：
- 加法组：订正版、计算问题、心算板、问题卡片、填空心算板
- 乘法组：订正版、计算问题、毕氏板、问题卡片、填空毕氏板
- 减法组：订正版、计算问题、心算板、填空心算板
- 除法组：订正版、计算问题、填空心算板

连续数的称呼及排列：
- 塞根板I：11~19的数
- 塞根板II：11~99的数
- 数字的排列（消除、排列、填空）
- 100串珠链（正方形彩色串珠）
- 1000串珠链（立方体彩色串珠）

图17-5　数学教育的课程结构图

资料来源：引自石井昭子，等. 蒙台梭利教育理论与实践（第四卷）：算术教育. 台北：新民文教事业有限公司，1991:20

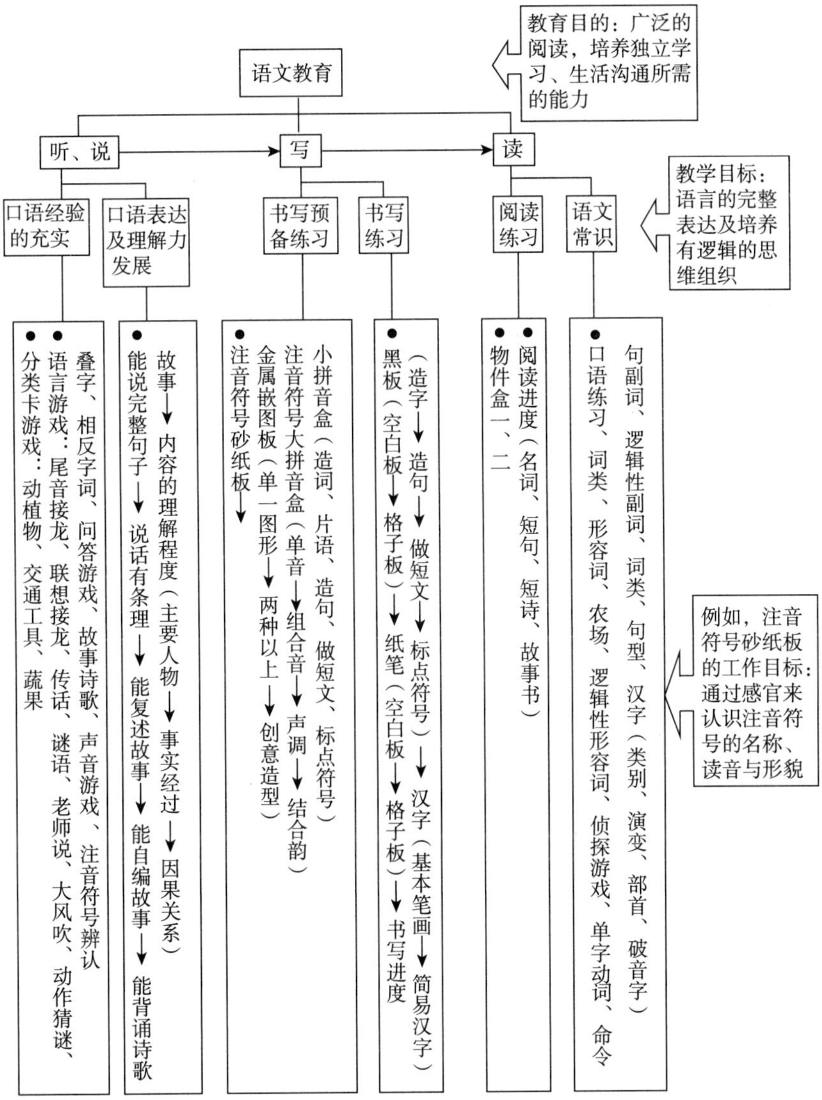

图 17-6　语文教育的课程结构图

换言之,看似偏重认知学习的语文教育的操作及练习,其实是为了达到高层次能力养成的目的所使用的方法,例如,对于 4 岁以上幼儿而言,注音符号砂纸板是要让幼儿通过感官来认识注音符号的名称、读音与形貌,以作为进入读写学习的入门步骤;对于 5 岁以上的大班幼儿来说,记录亲身经历的作文或书写游记是在练习写出心里的话,目标在训练正确语言的完整表达与培养有逻辑性的思维组织。

我们用制作地理小书来培养幼儿的学习能力、他对学习的专注力、他对语文的学习,譬如说,对他书写的、文字的、思想的统整能力,因为在我们对制作小书活动讨论过后,他必须要把它变成一段文字叙述出来,然后,再来做其他事情,我们其实是用文字纪录,来规定对幼儿在学习上面的要求,比如说他的学习态度、他的学习方法,包括他的专注力,包括他的逻辑思考能力,我们在帮助幼儿做这样的一个练习,最后的具体呈现是一本小书。(访谈,011122)

因此,语文教育的目的不仅是着眼于低层次的记忆背诵知识或词语,而且是要养成其独立学习、生活沟通所必需的语文能力。

(五)文化教育

颜老师说明了文化教育包含的内容有天文与地质、地理与历史、植物与动物,以及音乐,这些会因着各地的环境文化不同而有所差异。文化课程中的内容并没有先后顺序之分,应视该班上幼儿的经验而确定教学顺序。从幼儿年龄来看,约4.5~5岁的幼儿才会开始文化课程的学习(参见第十一章的图11-2)。图11-2所示的文化课程是颜老师所进行的地理课,主题为"台湾",课程对象是班上的大班年龄幼儿。颜老师介绍台湾的主要目标在于让幼儿"了解我们的生活环境",进而达到地理课的最高目标"建立宽广的世界观"。而认识台湾就要从"形状""位置""物产""交通"等具体的概念着手。课程结构环扣着"由大到小、由具体到抽象、由宇宙到世界、再到个人"的原则,等于是"给他一把钥匙,吸引他将来可以主动针对这个东西具有更深的认识",最后的目的还是为了培养幼儿将来能独立自主学习的能力及态度。

从图11-2可以看出颜老师在地理课程概念上的结构,图中虚线部分代表颜老师计划要做、最后却没有时间做的部分。

概念结构部分,分别针对颜老师的五大课程领域进行完整的体现说明,每个领域中的内容安排前后都有其系统性、顺序性与关联性,而从各领域中所提到的例子不难发现,虽然各个工作都有其具体的工作目标,但工作目标最后都是为了达到最终的教育目的,也就是培养幼儿独立学习所需的各种态度及能力。从颜老师不断地强调各种高层次能力的培养可以得知,她心中时时有着清楚的课程目的。因此,在课程实施时不至于沦为单纯的工作操作或对认知的学习,而是以精心安排幼儿活动的方法来达到课程的最高目的。

三、蒙氏课程结构上的特色

以上述颜老师蒙氏课程的例子及前述的蒙氏课程的理论,可以归纳出蒙氏课程的特色,至少包括如下四点。

(一)衔接性

颜老师课程中的衔接性,可用"整体与部分"来形容,为了更清楚地了解这一层关联,需要将焦点缩小至单一活动来看,每个单一活动都是介绍某个重要概念的完整活动。以数棒这个活动为例(见表17-3),从数棒的"直接目的"及"教法"不难发现,其目标在学习"量"及"数词"的概念。而从数棒的"适用年龄"及"错误控制"来看,可以发现数棒、长棒及视觉等活动可以视为一个整合的活动,因为在进行下一个活动之前,需要先前工作累积的能力。而从"间接目的"部分可发觉,数棒与十进制又是另一个整合活动,因为数棒所养成的数量概念乃是学习十进制所需的先备能力。由此我们可以清楚地得知活动与活动之间所产生的"整体—部分"的衔接性。

从前述数棒的例子已经说明了单一活动与其他活动之间的"整体—部分"关系,通过表17-3,蒙氏各个工作之间的关联性及衔接性更是一目了然。

表17-3 数棒表

活动名称	数棒。
活动准备	1~10的10根木制角棒,其尺寸与感官教育的活动"长棒"相同。数棒每隔10厘米分别涂上红色和蓝色,红色代表奇数,蓝色代表偶数。最短棒长为10厘米,代表"1"的量,最长棒为100厘米,代表"10"的量
活动配置	依1~10的顺序排列,每根木棒都是将红色部分靠左边对齐
适用年龄	熟悉感官教育的活动,尤其是开展过长棒活动的幼儿

（续表）

活动教法	1. 提示（A）：名称练习（1~10）。 第一阶段：教师坐在幼儿的右侧，以左手握住1棒，向上提起，用右手食指指着数棒，清晰地说："这是1。"（以下2~10依此类推） 第二阶段：将1和2两根数棒散置于地垫上，教师对幼儿说："请把1拿来！""哪一个是2？"（以下依此类推） 第三阶段：教师拿起1的数棒问："这是什么？"（以下依此类推） 2. 提示（B）：找出教师所指示的数目（量）的数棒。 错误控制：当数棒排列整齐时，红蓝的部分没有对齐。（视觉） 直接目的：了解数的集合体（量）。记忆名称（数词，也就是1~10的数字）。 间接目的：十进制的准备。导入数的概念

资料来源：石井昭子，等．蒙台梭利教育理论与实践（第四卷）：算术教育．台北：新民文教事业有限公司，1991：27．

岩田阳子等人尝试性地将蒙台梭利的五个阶段（前面曾提及的课程与配备的教具的呈现顺序一致的阶段）内容，和从她的著作当中所能知道及参考过去所学的内容（以感官教具为主），整理成系统图（参见第十一章的图11-4）。横坐标是各种感觉教育的内容，纵坐标以大约年龄和蒙台梭利的五个阶段来安排教具，以呈现教学内容的先后顺序。

图中纵坐标的年龄是岩田阳子等人提出的参考年龄，因此并不意味着实际教学中一定要按照这个表来给予教具不可。

关于教具的排列问题，蒙台梭利是先以视觉为重点，由基本的大小辨别（三种视觉教具）着手，发展到对颜色和形状的认识，然后对其他感官、触觉或听觉也有进行系统性的刺激。

蒙台梭利不是只有感官教具是系统地注意衔接性的排序的，其他教具（语文、数学、文化）也有系统的安排。斯坦丁（Standing，1957）指出，儿童的心智不是仅在感官教材中寻求不同的秩序，对更高阶的蒙台梭利教材也相同，若将这些教材集合起来可以形成所谓的"文化之道"。所有的学科，如阅读、书法、数学、地理、几何、文化、历史等，可以形成一个统整的途径，等待儿童去探索。儿童自动自发顺着这些路径，各按自己的步调进行，在他们前进时各有所发现。

大多数的路径，如第十一章的图11-4所示，是由感官教材呈放射状延伸。他们继续向前行,迈向更高、更抽象的层次。

据此,我们不难理解蒙台梭利不只是对于感官教具是如此,对于其他教具(包括数学、语文、文化等)也都建立了衔接性与统整性的系统,同时也能理解蒙台梭利确立了将感官教育(教具)作为迈向连续学科(智能教育)的准备教育。换句话说,蒙台梭利已将感官教育作为所有教育的前提。

(二)统整性

蒙氏课程强调统整性,而非分散的、片段的内容。

以地理课程为例,颜老师利用制作地理小书作为统整幼儿地理概念的方法。由图17-7可发现,制作台湾地理小书需要具备特定的知识、态度及能力,而这些先备知识、能力及态度都是在日常生活练习、感官教育等领域培养起来的,最后被应用到文化领域内。

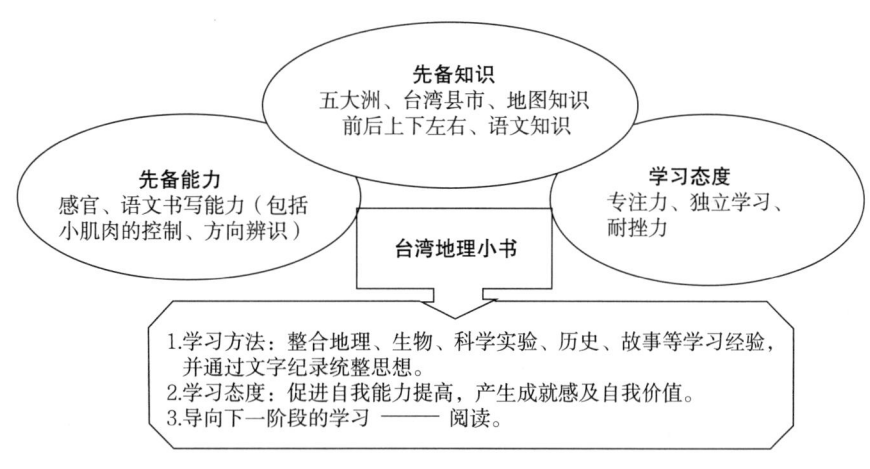

图 17-7　地理小书统整概念图

通过地理小书的制作,幼儿得以应用先前学得的知识和能力,并巩固这些知识和能力,然后以此作为朝向下一阶段学习的基础,如此周而复始,幼儿的知识与能力得以稳定增长。

(三)个别性

蒙氏课程强调个别化教学,颜老师的班级为混龄班,幼儿最小年龄为2岁9个月,最大的年龄为5岁10个月。因为蒙氏的感官、日常生活、语文、数学等教具与活动之间具备系统性及顺序性的特质,活动开展有一定的程序性,因此笔者称其为"结构性课程"。而文化教育课程的安排很少固定不变。颜老师在课程规划及设计时的自主性较高,因此笔者将文化教育课程归纳为"非结构性课程"。

在结构性课程方面,颜老师会因着蒙氏教学法里既定存有的规例,依照个别幼儿的年龄发展与学习状况,为幼儿拟定个别的幼生辅导计划。

> 课前的准备相当重要,所谓课前准备,我们每位老师应该都要手上有一份幼生辅导计划……(访谈,021018)

每个辅导计划依幼儿的个别差异会有不同阶段与层级的学习项目,而这个部分的课程是以一个星期为规划,且依幼儿每周的学习状况来修订下一周的学习进度。

> 课程我事前怎么规划呢?每个活动对应一定的年龄层,就是大概参考的年龄层。这个年龄层的幼儿应该有这些活动能力了,例如,我会先规划这个年龄层应该可以做纺锤棒箱活动,可是这个孩子好像还没有做,这必须写在计划里,下一周或明天我要给他示范一下;那事前先做计划,然后在课堂我们在跟幼儿接触的时候,我们才会知道,他的能力到底发展到哪里?这个活动是不是太早介绍给他了?或是太晚介绍了?或者是这个活动还需要一些时间去酝酿?……下课之后,我们就要去思考、做一些纪录,然后到星期六的时候做整理,去修正下一周我要从什么方向去帮助他。(访谈,010905)

由于蒙氏课程注重对个别幼儿独立学习能力的培养,因此教师与幼儿之间有很多一对一的互动,依据幼儿个别辅导计划,在一周内每个幼儿都会被教师"提示"一次以上。因此,颜老师所指的"照顾"或"提示",都是指教师在蒙氏课程教学中,一对一正式地指导幼儿。

> 比如说我班有30个孩子,在一周以内,一定要每一个幼儿都起码会被照顾到一次到两次,所以呢,我会规划说星期一我大概要接触到几个孩子,哪个孩子在什么时候接触他,我在一周里面要怎么照顾到他。(访谈,021018)

教师在教导/辅导幼儿时,所采取的方法是提示,其方式可分为:集体提示、小组提示，以及个人提示。三种提示方式会因不同的教学过程、内容而改变。图 17-8 显示不同提示方式在不同课程中的重要程度。

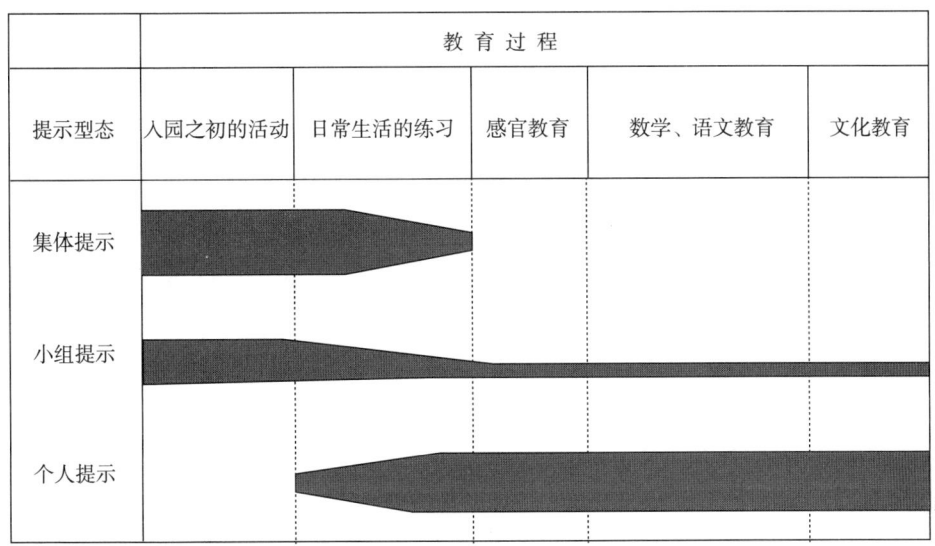

图 17-8　蒙氏课程教学过程中的三种提示状态图

蒙氏主张，幼儿要先依照其设计的操作形式进行活动，直到幼儿对该操作形式精熟之后，才能脱离形式，自由地应用材料活动。蒙氏强调的是有限制的自由，亦即在精熟之后才能获得的自由。

颜老师在规划环境时，除了会依照蒙氏课程系统呈现活动，以建立秩序感（左到右、上到下），同时也会依照幼儿的实际状况做弹性调整，而并非墨守成规。颜老师了解活动本身所内含的秩序与精神，并顺着其已有的秩序与精神去使用它，以避免流于过度形式化，这也反映出颜老师在做课程决定时，幼儿是其考虑的重要因素之一。

放材料的时候是由左到右、由上到下……可是这个粉红塔本来应该放在那边，我把它放这边，小朋友才会注意到……这个长棒本来应该放下面，我把它放这边，因为考虑到小朋友的身高，我这样是考虑到小朋友的发展。（访谈，021030）

（四）可调整性

一般蒙氏课程并不包含户外教学，这并不表示蒙氏课程就不能有户外教学。

颜老师的一周课程时间表中,每周二是固定的户外教学(参见表17-1)时间,而且,户外教学在颜老师的课程中扮演着重要角色。

第三节 课程结构实例:方案课程

一、时间结构

B园课程是以方案课程为主的。顾老师所进行的课程分别以学期、周、日、课堂等时间单位来呈现其时间结构,表17-4和图17-9可说明B园课程的时间规划。

表17-4 顾老师全学期之课程主题表

周数	课程							
	品格教育	方案课程	云门律动	体适能	良好习惯	生命教育	福禄贝尔恩物	全园活动
一	开学周							
二	专注	美化教室	踩一踩拍一拍	暖身向前走	刷牙、借书的方法 玩后要洗手		恩物1	律动:集合进行曲
三				暖身倒着走		我的家人:亲密家人		
四			玩圈圈画圈圈	暖身侧走	借书和还书	我的家人:我的妹妹不见了		
五	团体合作			暖身走平衡木		我的家人:爸爸你爱我吗	恩物2(三立体:立方体、圆柱体、球体)	律动:健康操
六			玩圈圈画圈圈圆圈会跳舞	暖身小跑步		我的家人:我的天才老爸		

(续表)

周数	品格教育	方案课程	云门律动	体适能	良好习惯	生命教育	福禄贝尔恩物	全园活动
七	集体合作责任	美化教室	大野狼与七只小羊	弯着走 大跑步	借书和还书	我的家人:我的天才老妈	恩物2(三立体:立方体、圆柱体、球体)	律动:健康操
八			"鬼"抓人	跑跳过障碍物		我的家人:我的爷爷奶奶		律动:捏泥巴
九			大野狼与七只小羊	跑并绕过S型障碍物		我的家人:我的亲戚		律动:我的身体最神气
十			"鬼"抓人			我的家人:陪爷爷上街		举办10、11月份生日会
十一			盖印章	接力跑				律动:复习教过的律动
十二	集体合作责任专注	大家来演戏	走一走拍一拍 橡皮筋乐园			(此课程结束)	恩物3(三立体)	律动:OH-My Baby
十三			走一走拍一拍	传球游戏:头上传球				复习教过的律动
十四			橡皮筋乐园	传球游戏:脚下传球				集合进行曲 向日葵进行曲
十五	(此课程从十五周之后融入方案课程中)		小园丁来种树	传球游戏:脚下传球过去→头上传球回来				向日葵进行曲 复习健康操
十六				丢球接球或(滚大龙球)			恩物4(三立体)	向日葵进行曲 律动:比一比
十七			爆米花	丢球接球或地上滚球(滚大龙球)				律动:复习比一比 举办12月份生日会
十八							恩物5(立方体)	律动:戴米饲阉鸡
十九			(此课程结束)	躲避球	(此课程结束)		(此课程结束)	复习教过的律动
二十								举办1、2月份生日会 本学期结业式+律动

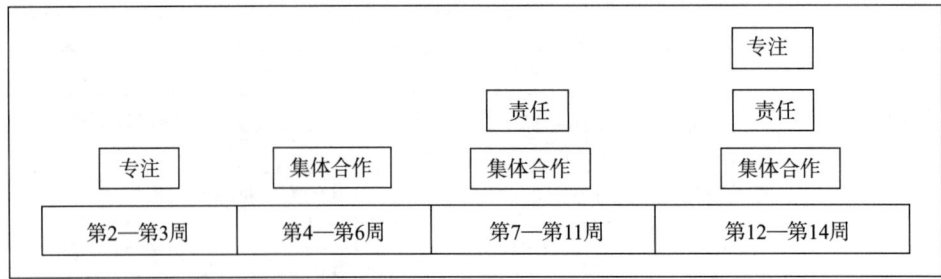

图 17-9　品格教育课程的主题及时间图

（一）以学期为单位

从"学期"的时间单位，可看出在一学期中所进行的方案课程的数目及种类。由于顾老师所进行的课程内容，包括品格教育、方案课程、云门律动、体适能、良好习惯、生命教育、福禄贝尔恩物，以及全园活动，所以下面将分别就个别课程内容来看其一学期的课程结构。

表 17-4 显示了顾老师在一学期中所进行的所有课程主题。其中，"品格教育"课程在时间规划上共进行了四大主题，包括：第 2—3 周进行"专注"主题、第 4—6 周进行"集体合作"主题、第 7—11 周进行"集体合作＋责任"主题、以及第 12—14 周进行"集体合作＋责任＋专注"主题，平均三至五周一个主题。

从图 17-9 的时间架构来看顾老师在一学期中所进行的品格教育课程，可以发现品格教育是以螺旋式进行的，主题之间会渐进地安排在一起，即刚开始是分别教学不同的主题，之后所有的主题将混合在一起。此课程采取如此安排方式的原因是，希望不断地提醒幼儿、不断地让幼儿练习。品格教育主题只安排到第 14 周，之后即将品格教育课程融入方案课程，意在进行方案课程时，亦培养幼儿专注、集体合作及责任的精神。

"方案课程"主要在时间规划上共进行两大主题，包括第 2—11 周进行"美化教室"主题、第 12—20 周进行"大家来演戏"主题。"云门律动"课程的时间规划上共进行十三个主题，原则上是每周进行一个主题活动，有些主题则是进行两周或三周，例如，第 4—6 周进行"玩圈圈＋画圈圈"主题。"体适能"课程的时间规划，大部分课程是每周进行一个主题活动，有两个主题进行三周，共进行十五个主题。至于"全园活动"课程进行的主题，包括"律动教学"及"每月生日会"，每周皆进行律动教学,每月进行一次全园的庆生会。"福禄贝尔恩物"课程在时间规划上共进行五种恩物,包括第 2—4 周进行"恩物 1"主题、第 5—9 周进行"恩物 2"主题、第 10—15 周进行"恩物 3"主题、第 16—17 周进行"恩物 4"主题、第 18—19 周进行"恩物 5"主题。

"生命教育"课程的时间规划是在第 3~10 周进行一个主题:"我的家人"。"良好习惯"课程的时间规划共进行两个主题,包括第 2 周进行"刷牙 + 借书的方法 + 玩后要洗手"主题、第 3—18 周进行"借书和还书"主题。

(二) 以周为单位

从"周"的时间单位可看出各个课程一周的安排及所进行的课程活动的主题。由表 17-5 可知顾老师在一周中所进行课程的时间规划,B 园的"品格教育"课程一周的安排为星期一至星期五皆进行;"方案课程"的安排亦为星期一至星期五皆进行;"云门律动"及"体适能"安排在星期一及星期二;"体能活动"及"生命教育"安排在星期四;"福禄贝尔恩物"的课程安排在星期五;"全园活动"安排在星期三及星期五;"良好习惯"课程则安排在星期三。

表 17-6 呈现了顾老师的一周课程的实例,从表中可以看出各个课程在第 2 周进行的主题。

表 17-5　顾老师的周课程设计时间及内容规划表

时间	星期一	星期二	星期三	星期四	星期五
8:30—9:00	入园及早餐时间				
9:00—9:40	品格教育				
9:40—11:30	方案课程				
11:30—14:30	午餐、清洁工作(擦桌子、扫地、刷牙)、午休				
14:30—15:00	下午点心时间				
15:00—16:00	云门律动 体适能	云门律动 体适能	全园活动 良好习惯	体能活动 生命教育	福禄贝尔恩物 全园活动
16:00	放学				

表 17-6　顾老师的第 2 周课程设计时间及内容规划实例表

时间	09/10 星期一	09/11 星期二	09/12 星期三	09/13 星期四	09/14 星期五
8:30—9:00	入园及早餐时间				
9:00—9:40	品格教育 专注	品格教育 专注	品格教育 专注	品格教育 专注	品格教育 专注
9:40—11:30	方案课程 制作窗帘	方案课程 染布	方案课程 再染布 制作画框	方案课程 制作个人画框	方案课程 制作个人画框
11:30—14:30	午餐、清洁工作（擦桌子、扫地、刷牙）、午休				
14:30—15:00	下午点心时间				
15:00—16:00	云门律动 踩一踩、拍一拍、体适能 暖身、向前走	云门律动 踩一踩、拍一拍、体适能 暖身、向前走	全园活动 律动：集合进行曲 良好习惯 借书的方法	体能活动 生命教育 我的家人	福禄贝尔恩物 恩物 1 全园活动 律动：集合进行曲
16:00	放学				

（三）以日为单位

由表 17-7 可知,顾老师在一天中所进行课程的时间规划。8:30—9:00,入园及早餐时间;9:00—9:40,品格教育及习惯培养;9:40—11:30,方案课程;11:30—14:30,午餐、清洁工作（擦桌子、扫地、刷牙）、午休;14:30—15:00,下午点心时间;15:00—16:00,集体活动课程;16:00,放学。

表 17-7　顾老师的日课程设计时间安排、内容规划及实例表

时间	课程内容	实例：以第六周 2001/10/01（星期二）为例
8:30—9:00	入园及早餐时间	入园及早餐时间
9:00—9:40	品格教育及习惯培养	品格教育：集体合作

(续表)

时间		
9:40—11:30	方案课程	方案课程:分组活动 彩绘花瓶、纸黏土做花瓶、钉画框、自由创作
11:30—14:30	午餐、清洁工作(擦桌子、扫地、刷牙)、午休	午餐、清洁工作(擦桌子、扫地、刷牙)、午休
14:30—15:00	下午点心时间	点心时间
15:00—16:00	集体活动课程	云门律动:圆圈会跳舞 体适能:暖身、小跑步
16:00	放学	放学

(四)以课堂为单位——以日课程中的方案课程为例

从表17-8可看出,顾老师所进行的约2小时的方案课程的时间安排。9:40—10:00(大约20分钟)进行集体讨论,由教师提供书籍或实物引发幼儿兴趣、讨论及示范制作方法,以及讨论幼儿在这堂课中将要进行的活动内容;之后10:00—11:00(大约1小时)幼儿进行个人或小组活动;11:00—11:05(大约5分钟)幼儿要停止活动,开始收拾工具、材料,并整理环境;11:05—11:30(大约25分钟)进行分享与讨论,幼儿分享彼此作品、心得及讨论活动中遇到的困难及问题解决方法。

表17-8 方案课程活动的时间安排、内容规划及实例表

时间	课程内容	实例:1990/09/24(星期一)为例
9:40—10:00	集体讨论: 引发动机、示范制作方法及讨论工作内容	集体讨论:引导并示范制作画框的方式,以及讨论分组方式,并进行分组(共分六组)
10:00—11:00	集体或分组活动: 进行个人工作活动	分小组活动:进行制作画框的活动
11:00—11:05	收拾工作: 停止个人工作活动及收拾	收拾及整理
11:00—111:30	分享与讨论: 分享彼此作品、心得及讨论工作中遇到的困难及问题之解决方法	分享:请幼儿说出他们如何分工合作把作品完成的 检讨:检讨工作无法完成的原因

二、概念结构

本章的概念结构是以总概念目标、整体的概念单元、中介概念单元等三个层级为主(可参考本章第一节,对此三层级的概念结构之前有过介绍)。

图17-10显示的是顾老师进行的"品格教育"课程的概念结构。顾老师所进行的"品格教育"课程是为了配合全园目标中的培养幼儿的品格而设置的,此即为品格教育课程的总概念目标,其内容主题包括专注、集体合作及责任,各个主题单元皆通过不同的活动及游戏(方法活动)来达成学得这些概念的目标。

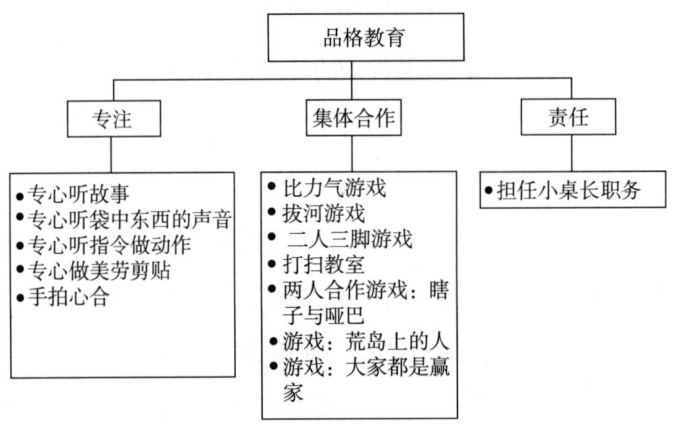

图17-10 "品格教育"课程的概念结构图

从概念结构来看顾老师进行的"方案课程",以"美化教室"方案课程为例,如图17-11所示。"方案课程"主要的目的是希望通过此一连串与主题相关的活动,让幼儿学习并达成增进思考与解决问题的教学目标。在"美化教室"主题下,其主要的教学目标为培养幼儿审美的情操、增进思考及解决问题的能力,以及培养创造力;而活动目标则是幼儿会利用各种素材创作出美的作品、活动中遇到问题会通过思考来解决,以及会讲解自己的作品。为了实现上述这些目标,共进行了制作窗帘、制作画框、布置教室、制作桌巾布、制作花瓶等八大类、与美化教室的概念相关及拥有相同的活动目标的活动。在不同的活动下面,又分别包含多种相同概念的类型活动,以完成对此活动概念的学习,例如,"制作窗帘"又包括染窗帘布、画窗帘布及缝窗帘布;"制作画框"则又包括画个人画框、小组画画框、制作画框、彩绘画框及钉画框。这些活动虽然可以依照拥有相同目标的活动及类型,分为相同概念之下的不同活动,但因为方案课程的进行并非完全沿着教师在课程之前事先规划好的路径,而是依照课堂中幼儿当时的兴趣及意愿进行,所以活动与活动之间并不具有时间上的顺序性,即有时会同时进行许多活动。

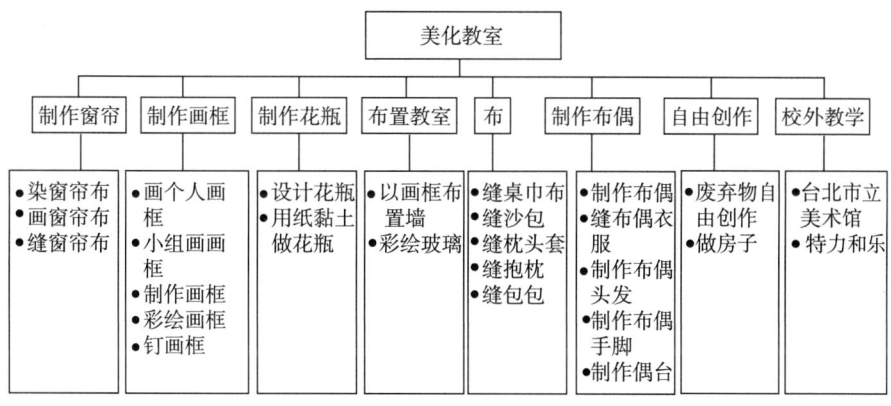

图 17-11 "美化教室"课程之概念结构图

图 17-12 显示的是顾老师进行"体适能"课程的概念结构,此课程的总概念目标为强健幼儿的体魄与动作技能的发展,主题内容包括走、跑步,以及传球游戏。在各项主题之下,分别进行类型不同但与主题相关的活动,以使幼儿能在不同的活动中强健体魄,例如,以向前走、倒着走、侧走及走平衡木,培养幼儿"走"的能力。此课程的主题内容及安排是有时间顺序的,即这些不同的单元间是有先后顺序的,例如,"走"单元进行之后才进行"跑步",再之后才进行"传球游戏";而在"走"这个主题内容中,依目标所设立的各活动间亦有先后顺序,例如,"向前走"之后再进行"倒着走""侧走",最后才进行"走平衡木"。

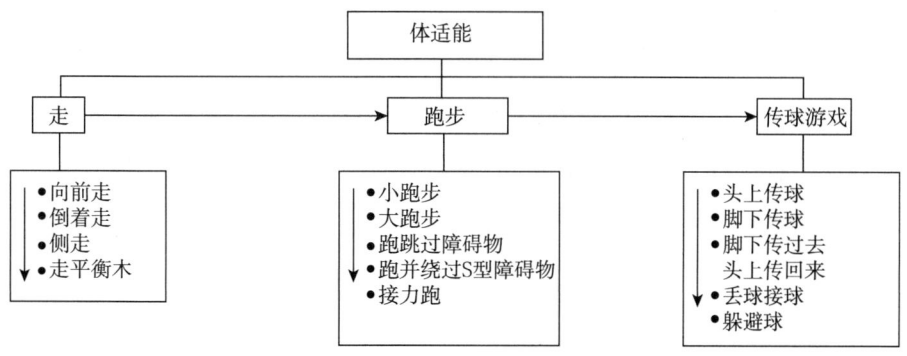

图 17-12 "体适能"课程之概念结构图

图 17-13 是顾老师进行的"福禄贝尔恩物"课程的概念结构图。"福禄贝尔恩物"课程安排的总概念目标为希望借由幼儿操作恩物,启发其思考能力、培养其美感,以及获得物体形状、颜色、空间、大小等的概念,其内容主题主要是利用恩物 1——六色球,恩物 2——球体、圆柱体、立方体,恩物 3——球体、圆柱体、立方体,恩物 4——长方体,以及恩物 5——三角柱、立方体,来学会比较、颜色、形状、排列、空间、大小等概念。此课程的内容主题亦与时间顺序有关,即这些不同的单元间是有先后顺序,例如,"恩物 1"单元进行之后才进行"恩物 2",再之后才进行"恩物 3",以此类推。

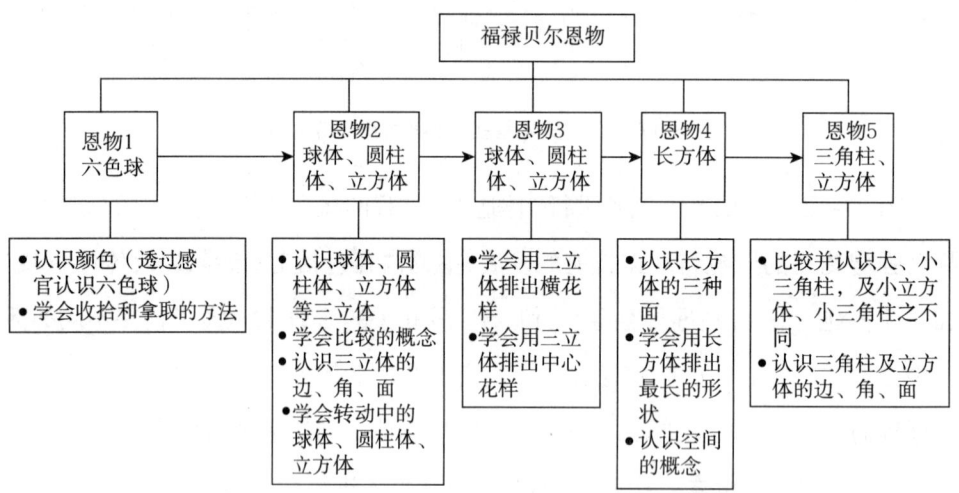

图 17-13 "福禄贝尔恩物"课程的概念结构图

综合上述课程结构的分析结果,可以看出 B 园课程的安排具有均衡性,即课程对于幼儿发展中的认知(方案课程和福禄贝尔恩物)、情感(生命教育和品格教育),以及技能(云门律动和体适能)等三方面的培养均有兼顾,并呈现出螺旋式上升的衔接性特色,例如品格教育课程。

第四节 课程发展实例：蒙氏课程的发展

图17-14所示的课程发展模式是A园颜老师实施一个非结构性课程时所经历的过程。颜老师的课程发展并没有明显的评价阶段，而是在课程实施过程中，不断地通过观察来了解幼儿的反应，以决定课程是否继续进行或转向。因此，颜老师的课程发展模式只有计划阶段及实施阶段，课程的发展路径并非线性，而是一个回路的形式。

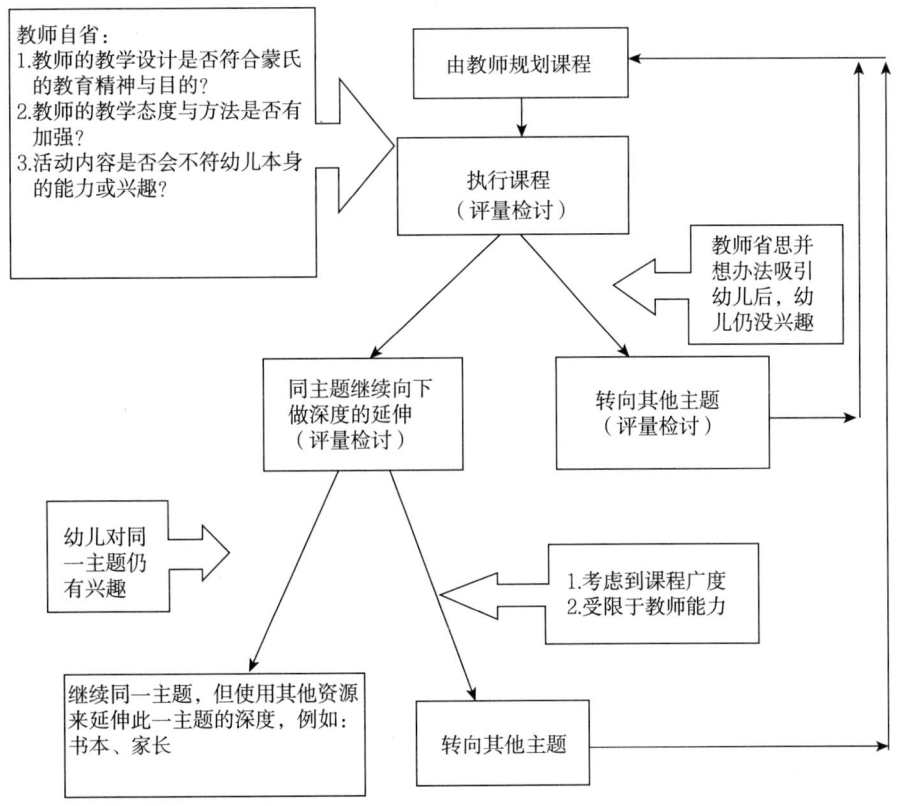

图17-14 颜老师的课程发展模式图

一、计划阶段

在符合蒙氏教育精神与目的的背景下,颜老师以自己的能力、兴趣和幼儿的兴趣来规划课程。

二、实施阶段

若当设计的课程无法引起幼儿兴趣时,颜老师会先检讨自己的设计是否有问题并进行修正,也会检讨自己的教学态度是否存在问题。

> 如果说今天幼儿对活动没有兴趣,那么其实是老师要检讨,那么我要先检讨的是我设计的这项活动,为什么他没有兴趣?我是不是要针对一个特别的幼儿再做一些努力和修正?是不是可以用另外一个角度切进去让他们去接触?……如果我就是很想让他按我的设想进行的话,那么我是不是需要重新修正?另外,是不是我在实施的过程中,我的态度、我的方法,都需要修正?(访谈,010905)

同时,整个课程的进度与深度可能会因为教师能力的限制而转变或中止。

> 如果我能力不是很好的话,那么我可能只能带到"火山"部门,我就没有办法再往下带到所谓"板块移动"那个部分,因为那个东西就真的愈来愈深;而且你还要做出模型,是要让他们有操作经验,这一点我做不到了,这时我就转成介绍地球。(访谈,010905)

若幼儿的兴趣依然持续,颜老师会请家长协助,以继续幼儿的学习。

> 我会跟幼儿做一个交代,我会跟他说,我会给他介绍几本书,那如果可以的话,我会跟他父母谈,我希望活动的延续就慢慢放到他父母身上……所以家长要出来协助,可能就是带着他去博物馆。如果学校可以做,我当然会做,万一是因为学校、我的时间,还有交通因素,我没有办法带他去博物馆,我就希望家长利用节假日时间;甚至他们家如果有百科全书,可以带着他继续往这条路走,所以家长的角色其实要利用。(访谈,010905)

因为颜老师在文化教育的课程教学中并非一次呈现一种主题内容,可能是双线、三线重叠交错,所以在结束点与转接上并不会出现太大的突兀。

> 基本上就是说我在给幼儿进行文化教育的时候,我不是只有一个课程在带,我是双线进行,两个、三个一直进行着,而且是一直重叠,交错着进行。(访谈,010905)

本章第二节出示的地理课概念结构图,也是颜老师的一个地理课的课程发展实例。

第五节 课程发展实例:方案课程的发展

从图 17-15 可以看出,B 园顾老师在进行"美化教室"方案教学的课程发展历程。课程的产生、课程的实施及课程的评价,三个阶段不是线性的关系,每个阶段间或与前两阶段间有不断的循环关系。以下将依照课程发展模式的三个阶段分别说明。

一、课程的产生

顾老师在方案课程开始前,会和班上另一位教师先讨论活动的主题及可以进行的活动。

> 我跟高老师(协同教学的老师)不断地讨论,在讨论的时候就会发展出可进行的方向。在活动和活动之间也会讨论,今天的活动进行下来,若这个活动进行得让孩子感到蛮有兴趣的,我们下礼拜就会让孩子继续该

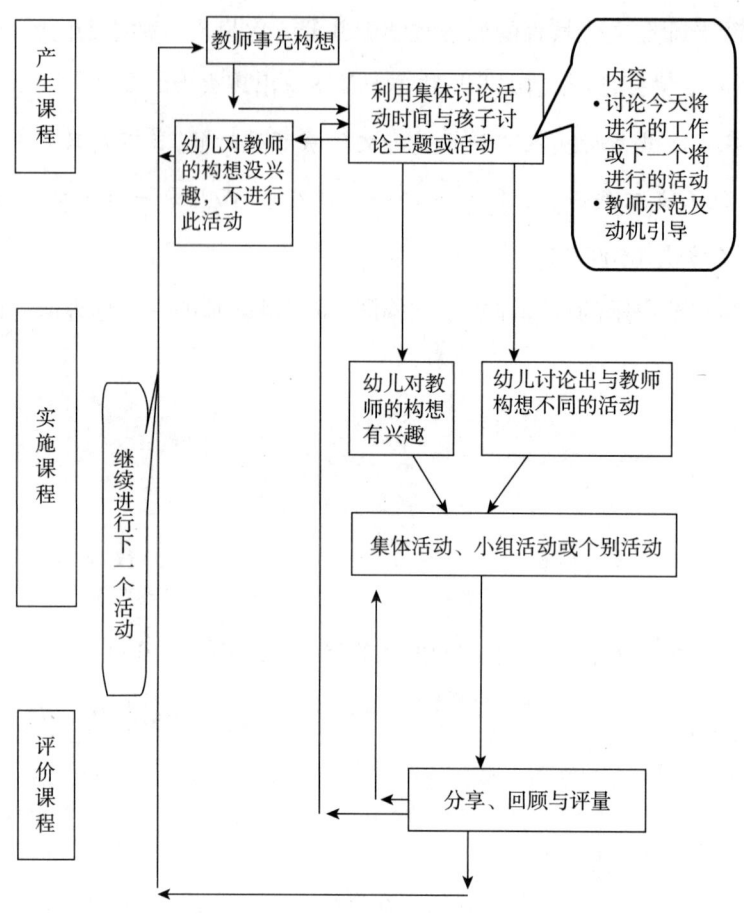

图 17-15 顾老师的"美化教室"课程发展历程图

活动,并引发他们新的想法。(访谈,021030)

当顾老师对课程有构想后,即开始实施方案课程。一开始先进行集体的讨论,利用不同的工具或教学材料引发幼儿对教师事先所构想的主题的兴趣。

> 之前我们老师就设计好要制作"窗帘"……今天就以我们所设计好的课程来进行讨论,还准备了各式的窗帘及工具书让他们参考。还将以前别班做过的成品给大家欣赏,以便引起孩子的兴趣。(档案,010910)

在引导幼儿讨论"美化教室"主题时,教师或是引导幼儿进入自己事先构想的活动:教师告诉他们,后面那个窗户是透明的,耀眼的阳光会照射进来,问小朋友怎么办?小朋友就想到做窗帘布。或是依照教师引导幼儿讨论出来的活动进行。

教师:教室哪里还需要美化?

幼儿：教室的玻璃都透明，没有图案很不好看。

教师：怎样使玻璃上有图案？

幼儿：色纸剪贴、贴有动物或卡通的贴纸。

教师：小朋友能自己动手画吗？

幼儿高兴欢呼地说：我们用广告颜料来画。（档案-1）

在"美化教室"主题中，主题活动产生的方法可归纳出两种。

（1）教师预先构想好及期望幼儿学会某些能力的活动。

两位老师构想先让幼儿进行染布活动，并以成品"窗帘"来布置教室。（档案-1）

教师希望幼儿能通过活动学习"与人合作"，并期待借由合作，激荡出更多不同的创意和作品形式。（档案-1）

（2）在教师与幼儿讨论互动中产生活动。

幼儿：教室的墙壁白白的很不好看，可以在墙壁上画上图案。

教师：墙壁涂上颜料就擦不掉，有没有什么方法让我们教室的白墙变漂亮呢？

幼儿开始热烈讨论，有人提出在墙壁上贴上白纸，然后在上面画画。这当然也是个好方法，这时我就引导他们（幼儿）看吊在铁丝上的画框来引起他们的注意。他们看到就说："对呀！我们可以用那些画框来布置墙。"（档案，010928）

在讨论主题下的活动时，虽然教师会预先构想活动，但若幼儿对教师预先构想的活动显现出没兴趣，即大多数幼儿不选择此活动时，教师亦不要坚持自己先前的想法，而应尊重幼儿的兴趣，另外找符合教育目标的活动继续下去，例如，"我事先就讲好今天要进行分组活动（制作门帘和彩绘玻璃两组），但小朋友都要彩绘玻璃"（访谈，011004），所以，"本来要制作门帘，试了一下但没有往下走，那时发现彩绘玻璃带给孩子们很大的乐趣，所以制作门帘就没拿进来跟幼儿讨论"（访谈，021017）。

二、课程的实施

顾老师每天在方案课程开始之前,都要进行集体讨论,除了对继续进行的活动进行讨论外,还要讨论幼儿今天的活动计划。"团队讨论是一个统整的时段,统整今天要做什么,大略说一下,然后再来小组活动。"(访谈,021030)

集体讨论之后,开始实施课程,即进入集体活动或分组活动的阶段。在 B 园"美化教室"方案课程中,一开始是从集体活动开始(例如,一开始进入主题时,大家一起进行染布,制作窗帘布),"对于染画的步骤及材料,昨天就已示范给幼儿看了,今天主要是让幼儿实际操作"(档案,010910)。接着,由于幼儿的兴趣不同,加上教师继续给予引导,而分出不同的活动小组(制作花瓶、缝沙包、缝桌巾布、钉画框等),之后开始进行分组的活动。在此方案课程中,有三种产生分组活动内容的方式。

(1) 教师直接提供给幼儿资源材料,让幼儿依照自己的兴趣进行下一项活动。

"做窗帘布时,有些(幼儿)已经画完了,不知道要做什么。那时刚好教室里还有剩的布,我们(老师)就引导幼儿做其他的东西,老师提供新的东西,他们(幼儿)就会继续做,原来的东西做完,他们会选择别的东西继续做。"(访谈,021030)

(2) 教师提供许多与主题相关的成品,给幼儿参考学习。

"我(顾老师)会放很多关于布的成品在教室中,譬如包包、我自己做的布偶,他们(幼儿)就会看到成品而学着做,所以后来会有很多幼儿制作布偶。"(访谈,021112)

(3) 让幼儿自己摸索创作。

"像他们(幼儿)制作花瓶,到后来有用蕾丝装饰花瓶,之后有些小朋友就用这个蕾丝来装饰自己缝的包包。"(访谈,021112)

就因为如此,"美化教室"主题后来发展出同时进行五六组不同主题活动的小组(包括制作花瓶、缝沙包、缝桌巾布、钉画框、自由创作、制作布偶)。

方案课程结束时或在完成一项作品之后,幼儿要先收拾整理,之后再进行分享与讨论。分享与讨论的内容包括作品欣赏:"今天先让大家慢慢欣赏每个人的作品,然后请小朋友说一说别人的作品,比较一下还没进行分组活动之前的作品与现在所看到的有没有什么变化,增加了哪些东西。"(档案,011118)并思考问题解决的方法:"第一次染的布我们设定了要染出的花纹,后来小朋友染出来的布没看到花纹,小朋友说是因为包石头的布绑得不够紧。为了证实假设,就决定再做一次染布活动……结果发现作品有更多不同的变化。"(档案-1)

三、课程的评价

课程执行之后即进入课程评价阶段,它可以是以每天、每个小成品或是整个大方案的完成为评价的时机。进行分享与讨论的时间,同时也是教师进行学习评价的时机:"针对染画作品的分享与讨论……进行中发现他们观察力很强,通过观察会做比较,也会把两者之间的问题提出来,并找出解决的方法。"(档案,010912)

评价可以帮助教师在课程后对课程进行省思:"在欣赏作品时……有一位孩子对画家所画出来的画发表自己的想法,引起了其他孩子对每一幅画进行讨论。……当我再做反思时,发现孩子对于画家的作品很感兴趣,我们可以安排对画家作品的欣赏,让孩子认识及学习各画家的作品。"(档案,010925)

讨论和分享时段是评价的好时机:"我个人觉得一个活动的进行,讨论与分享占很重要的地位,如果没有这两项活动而只是一味地进行工作式活动,真的无法激发幼儿的思考,根本无法让幼儿进步,幼儿就会在原地踏步,学习得索然无味,教师在教学上也会不带劲。"(档案,011002)

分享与讨论之后,课程发展则会回到教师预先的构想,或团体活动与讨论的部分,以进行下一主题活动:"针对染画作品的分享与讨论……接着是讨论我们下一个活动——制作'画框'……"(档案,010912)或继续小组活动的模式:"孩子还没做完,他会继续做,到后来他自己缝包包,他自己设计自己缝。"(访谈,021017)

图17-16是顾老师在进行"美化教室"方案课程时,所进行的各项活动的时间、活动内容,以及各活动内容发展变化转折点的轨迹图。整个课程共花费了10周时间,在此图中借由课程活动转折点的说明,详细描绘出课程发展的过程。

综合以上的数据可知,顾老师在课程进行之前,会对课程有个预先的构想计划,但因秉持着"以幼儿为本位"的精神,所以活动从幼儿的兴趣出发、配合着目标、已有资源等,对预先的构想在必要时稍做修改后再进行教学活动。课程活动执行是从集体讨论、教师引发幼儿的动机进入教师事先计划的课程活动,或通过与幼儿讨论后达成共识的活动。经由教师示范或动机引导后，才开始进入集体活动、小组活动或个别活动。进行何种小组活动是由幼儿自行依照自身兴趣选择；之后，师

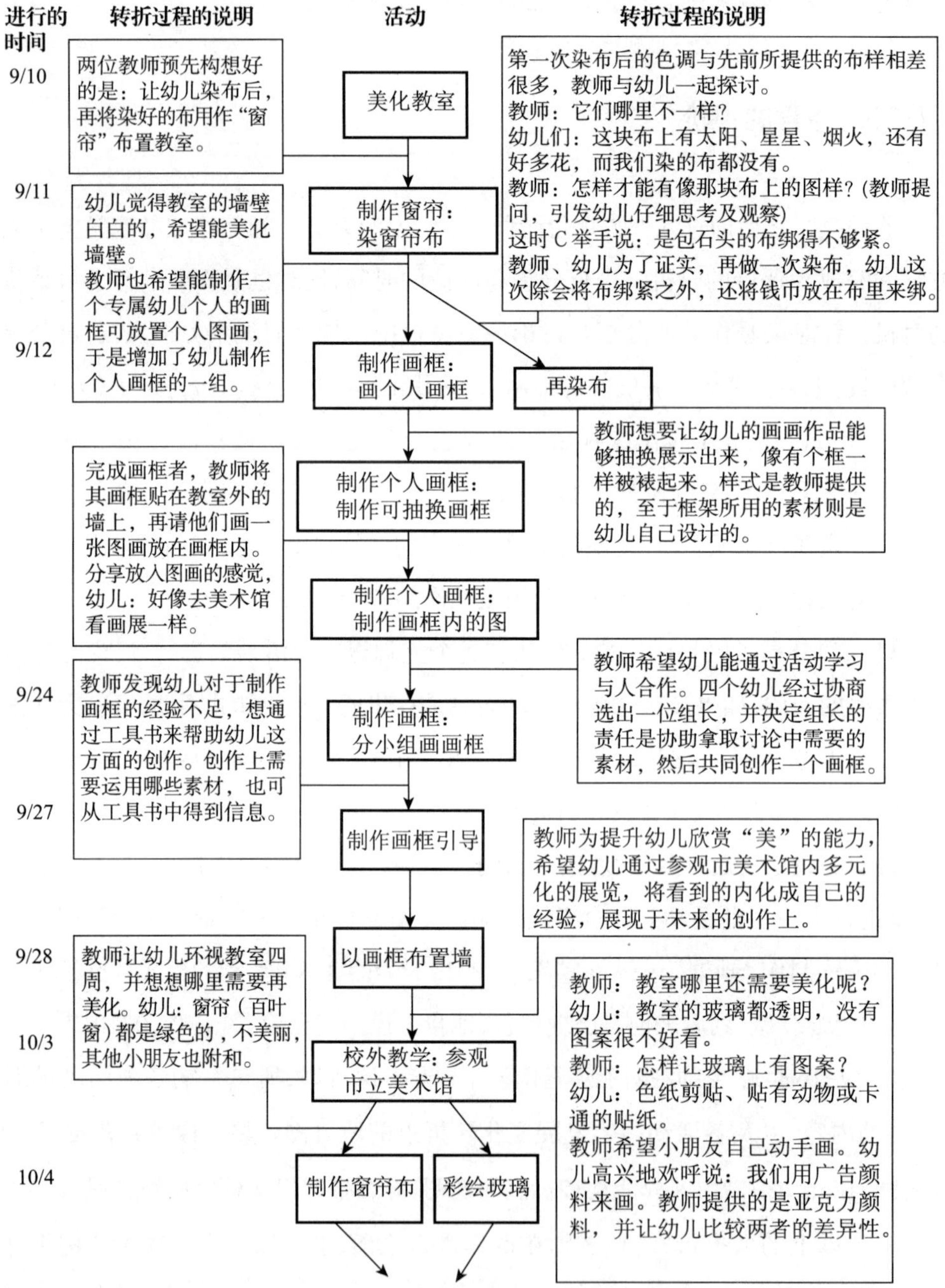

进行的时间	转折过程的说明	活动	转折过程的说明
9/10	两位教师预先构想好的是：让幼儿染布后，再将染好的布用作"窗帘"布置教室。	美化教室	第一次染布后的色调与先前所提供的布样相差很多，教师与幼儿一起探讨。 教师：它们哪里不一样？ 幼儿们：这块布上有太阳、星星、烟火，还有好多花，而我们染的布都没有。 教师：怎样才能有像那块布上的图样？（教师提问，引发幼儿仔细思考及观察） 这时C举手说：是包石头的布绑得不够紧。 教师、幼儿为了证实，再做一次染布，幼儿这次除会将布绑紧之外，还将钱币放在布里来绑。
9/11	幼儿觉得教室的墙壁白白的，希望能美化墙壁。 教师也希望能制作一个专属幼儿个人的画框可放置个人图画，于是增加了幼儿制作个人画框的一组。	制作窗帘：染窗帘布	
9/12		制作画框：画个人画框 → 再染布	
	完成画框者，教师将其画框贴在教室外的墙上，再请他们画一张图画放在画框内。分享放入图画的感觉，幼儿：好像去美术馆看画展一样。	制作个人画框：制作可抽换画框	教师想要让幼儿的画画作品能够抽换展示出来，像有个框一样被裱起来。样式是教师提供的，至于框架所用的素材则是幼儿自己设计的。
		制作个人画框：制作画框内的图	
9/24	教师发现幼儿对于制作画框的经验不足，想通过工具书来帮助幼儿这方面的创作。创作上需要运用哪些素材，也可从工具书中得到信息。	制作画框：分小组画画框	教师希望幼儿能通过活动学习与人合作。四个幼儿经过协商选出一位组长，并决定组长的责任是协助拿取讨论中需要的素材，然后共同创作一个画框。
9/27		制作画框引导	教师为提升幼儿欣赏"美"的能力，希望幼儿通过参观市美术馆内多元化的展览，将看到的内化成自己的经验，展现于未来的创作上。
9/28	教师让幼儿环视教室四周，并想想哪里需要再美化。幼儿：窗帘（百叶窗）都是绿色的，不美丽，其他小朋友也附和。	以画框布置墙	
10/3		校外教学：参观市立美术馆	教师：教室哪里还需要美化呢？ 幼儿：教室的玻璃都透明，没有图案很不好看。 教师：怎样让玻璃上有图案？ 幼儿：色纸剪贴、贴有动物或卡通的贴纸。 教师希望小朋友自己动手画。幼儿高兴地欢呼说：我们用广告颜料来画。教师提供的是亚克力颜料，并让幼儿比较两者的差异性。
10/4		制作窗帘布　彩绘玻璃	

图 17-16　课程发展轨迹图——以"美化教室"为例

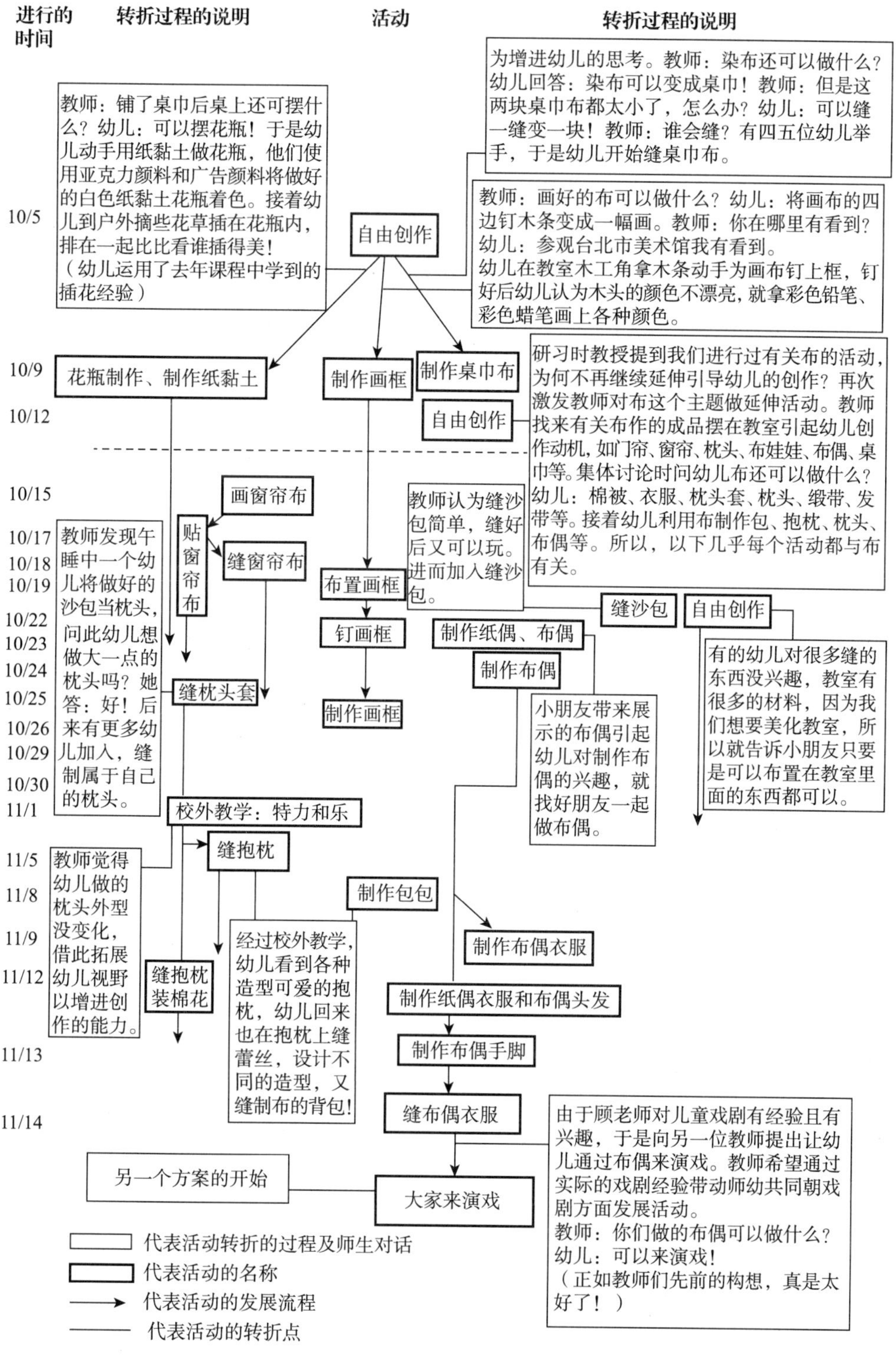

第十七章　蒙氏课程与方案课程实例：让课程与教学看得见

进行的时间	转折过程的说明	活动	转折过程的说明

10/5 — 教师：铺了桌巾后桌上还可摆什么？幼儿：可以摆花瓶！于是幼儿动手用纸黏土做花瓶，他们使用亚克力颜料和广告颜料将做好的白色纸黏土花瓶着色。接着幼儿到户外摘些花草插在花瓶内，排在一起比比看谁插得美！（幼儿运用了去年课程中学到的插花经验）

自由创作

为增进幼儿的思考。教师：染布还可以做什么？幼儿回答：染布可以变成桌巾！教师：但是这两块桌巾布都太小了，怎么办？幼儿：可以缝一缝变一块！教师：谁会缝？有四五位幼儿举手，于是幼儿开始缝桌巾布。

教师：画好的布可以做什么？幼儿：将画布的四边钉木条变成一幅画。教师：你在哪里有看到？幼儿：参观台北市美术馆我有看到。幼儿在教室木工角拿木条动手为画布钉上框，钉好后幼儿认为木头的颜色不漂亮，就拿彩色铅笔、彩色蜡笔画上各种颜色。

10/9 花瓶制作、制作纸黏土　制作画框　制作桌巾布

10/12 — 自由创作

研习时教授提到我们进行过有关布的活动，为何不再继续延伸引导幼儿的创作？再次激发教师对布这个主题做延伸活动。教师找来有关布作的成品摆在教室引起幼儿创作动机，如门帘、窗帘、枕头、布娃娃、布偶、桌巾等。集体讨论时问幼儿布还可以做什么？幼儿：棉被、衣服、枕头套、枕头、缎带、发带等。接着幼儿利用布制作包、抱枕、枕头、布偶等。所以，以下几乎每个活动都与布有关。

10/15
10/17 — 教师发现午睡中一个幼儿将做好的沙包当枕头，问此幼儿想做大一点的枕头吗？她答：好！后来有更多幼儿加入，缝制属于自己的枕头。
10/18
10/19
10/22
10/23
10/24
10/25
10/26
10/29
10/30
11/1

画窗帘布　贴窗帘布　缝窗帘布　布置画框　钉画框　制作画框　缝沙包　制作纸偶、布偶　制作布偶

教师认为缝沙包简单，缝好后又可以玩。进而加入缝沙包。

自由创作

有的幼儿对很多缝的东西没兴趣，教室有很多的材料，因为我们想要美化教室，所以就告诉小朋友只要是可以布置在教室里面的东西都可以。

小朋友带来展示的布偶引起幼儿对制作布偶的兴趣，就找好朋友一起做布偶。

缝枕头套　校外教学：特力和乐　缝抱枕

11/5
11/8 — 教师觉得幼儿做的枕头外型没变化，借此拓展幼儿视野以增进创作的能力。
11/9
11/12 — 缝抱枕装棉花

经过校外教学，幼儿看到各种造型可爱的抱枕，幼儿回来也在抱枕上缝蕾丝，设计不同的造型，又缝制布的背包！

制作包包　制作布偶衣服　制作纸偶衣服和布偶头发　制作布偶手脚　缝布偶衣服

11/13
11/14

另一个方案的开始　大家来演戏

由于顾老师对儿童戏剧有经验且有兴趣，于是向另一位教师提出让幼儿通过布偶来演戏。教师希望通过实际的戏剧经验带动师幼共同朝戏剧方面发展活动。教师：你们做的布偶可以做什么？幼儿：可以来演戏！（正如教师们先前的构想，真是太好了！）

▭ 代表活动转折的过程及师生对话
▢ 代表活动的名称
→ 代表活动的发展流程
── 代表活动的转折点

图 17-16　课程发展轨迹图——以"美化教室"为例（续）

幼进行分享与讨论，即幼儿的成品分享及讨论活动中出现的问题的解决方法。教师评价幼儿，除了整个课程进行中的观察外，亦会在分享与讨论期间评价幼儿的行为表现；以及教师自我评价，以作为下次课程进行的参考及改进方向的依据，并紧接着进行下一个可能由教师构想出来或由幼儿讨论出来的活动。

归纳分析上述的数据，对于A园，课程发展的样貌在课程规划阶段就已俨然成形，所以在课程的实施中，教师只需要依据计划执行，或是对幼儿学习状况给予帮助或将课程稍做调整。而对于B园，教师在计划阶段尚未规划出课程发展的最后样貌，因为课程的发展需由教师及幼儿在执行过程中一起共创。

因此，笔者认为在课程发展中的教师角色，A园的教师属于课程的执行者及辅导者，B园的教师则是课程的引导者。

第十八章
课程模式、课程决定与教师教学关系的实例探讨

从课程发展的过程来看,"课程发展"是动态的,这可分为两方面的意义:纵的演变或横的发展。纵的演变即"课程的历史变化",横的发展即"课程编制与修订"(简楚瑛,1981)。课程的历史变化涉及时间维度的问题,课程编制与修订涉及学习内容的问题。葛拉松(Glatthorn,1994)指出,课程发展的过程是团队合作的过程,是教育行政单位、学校行政领导者、教师、学生及家长分享领导权的过程。因此,课程发展不仅是技术的问题,同时也是不同层级介入运作的问题,这个运作包括:政策的决定、内容的选择、技术的发展,以及机会的安排(游淑燕,1994),亦即是"课程决定"(curriculum decision making)的问题。

古德拉德(Goodlad,1979)认为,"课程决定"系指在做决定的各个政治阶层内,不同的个人和团体为有关教育及学校的教育目的和手段所做的种种决定。因此,从国家中央层级、地方教育部门,到学校校长、教师或学生等,都可能是课程决定者。游淑燕(1994)归纳相关学者的说法指出:"课程决定是指一个人、一群人或一个团体,就教育情境中,有关课程的相关问题,经分析、计划、执行及评鉴的过程,研拟有关的变通方案,进而提出最佳选择的过程。"近来受到"学校本位课程"趋势的影响,有关"课程发展"的研究(Glatthorn,1994)都从"学校"层级进行探讨,这样的研究取向让我们了解到学校外部系统与社会大系统之间的关系,但是对于

教室内的教师与幼儿间的关系以及师幼所生活的教室却了解有限。

有关"教师"对课程决定作用的研究,有关注教师课程决定的"权力"的(游淑燕,1996,1998;McNeil,1990),有关注教师课程决定的"过程"的,有关注影响教师课程决定的因素的(吕若瑜,1994;杜美智,1997;沈桂枝,1995;高敬文,1994;高新建,1991;游淑燕,1994;Klein,1981;Schmidt, Porter, Floden, Freeman, & Schwille,1987)等。对于教室层级的"课程发展"与"课程决定"两个因素之间互动状况的探讨所知有限,同时,不论是哪种课程模式,都会涉及"课程决定"的议题。

本章将通过观察一个幼儿园教室中"课程发展"与"课程决定"的过程,呈现两者之间的关系,并提出值得思考的教学问题。

本章的观察以前章中的B园所进行的一个方案课程为例,先呈现其课程发展的历程与转折原因(如图18-1所示),进而说明与分析教师的角色与教学中的问题。

第一节 课程发展与课程决定:以"动物园"方案为例

图18-1是一个"动物园"方案的课程与教学内容及发展过程轨迹图。整个纪录内容的进行时间为一学期,图表所要呈现的焦点有二:一为课程从无到有的过程,及其发展的顺序和大致的内容;二为每个转折点的产生和变化是如何在教室情境下由师幼互动而来(见框格内描绘情境、师幼互动的文字)的。以下简略地就"动物园"方案的源起、发展、结束做一说明,并加以评析。

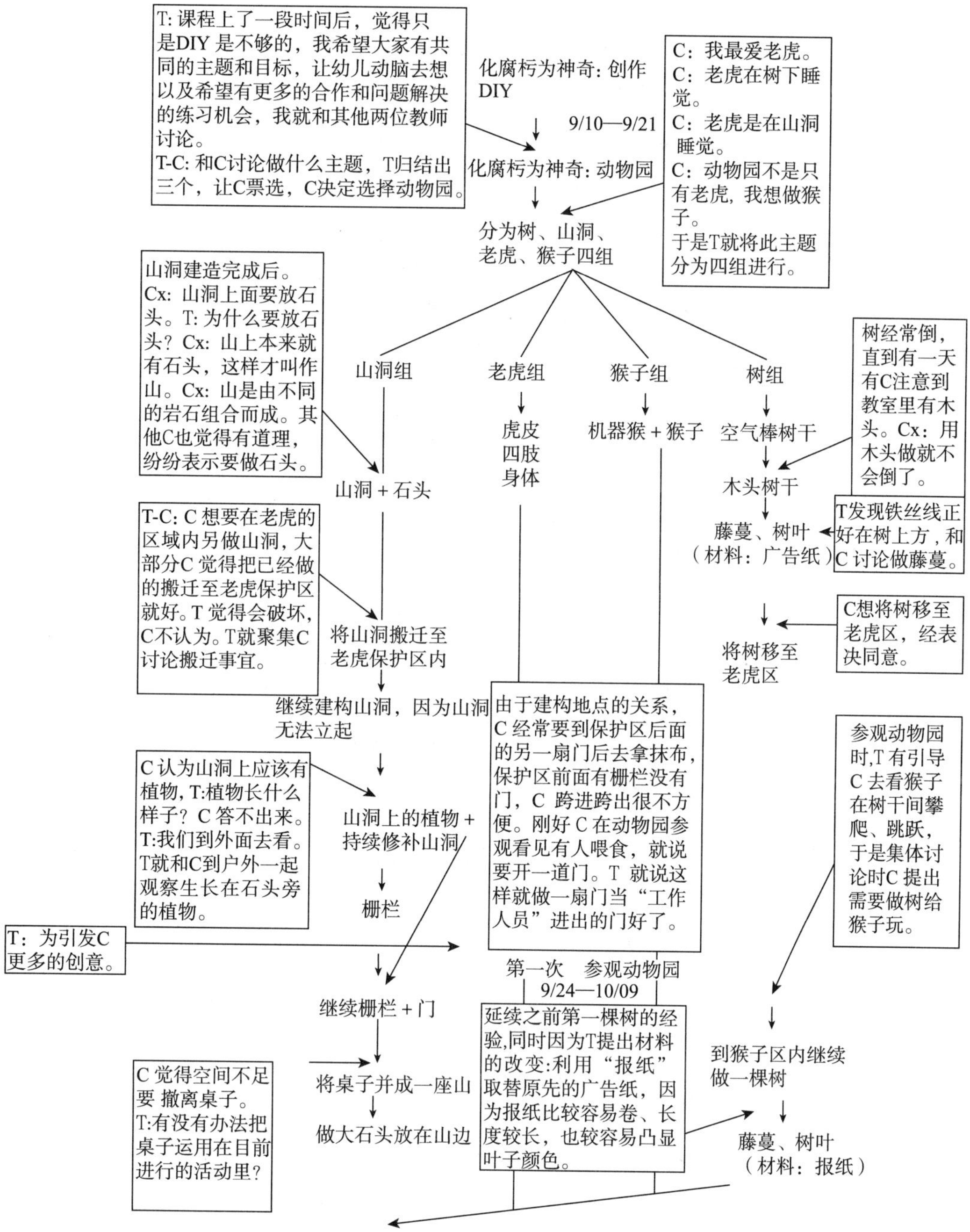

图 18-1 "动物园"方案的课程发展轨迹及其转折原因图

注：T 指老师，C 指幼儿；T-C 指师幼的互动；Cx 指某一位幼儿。

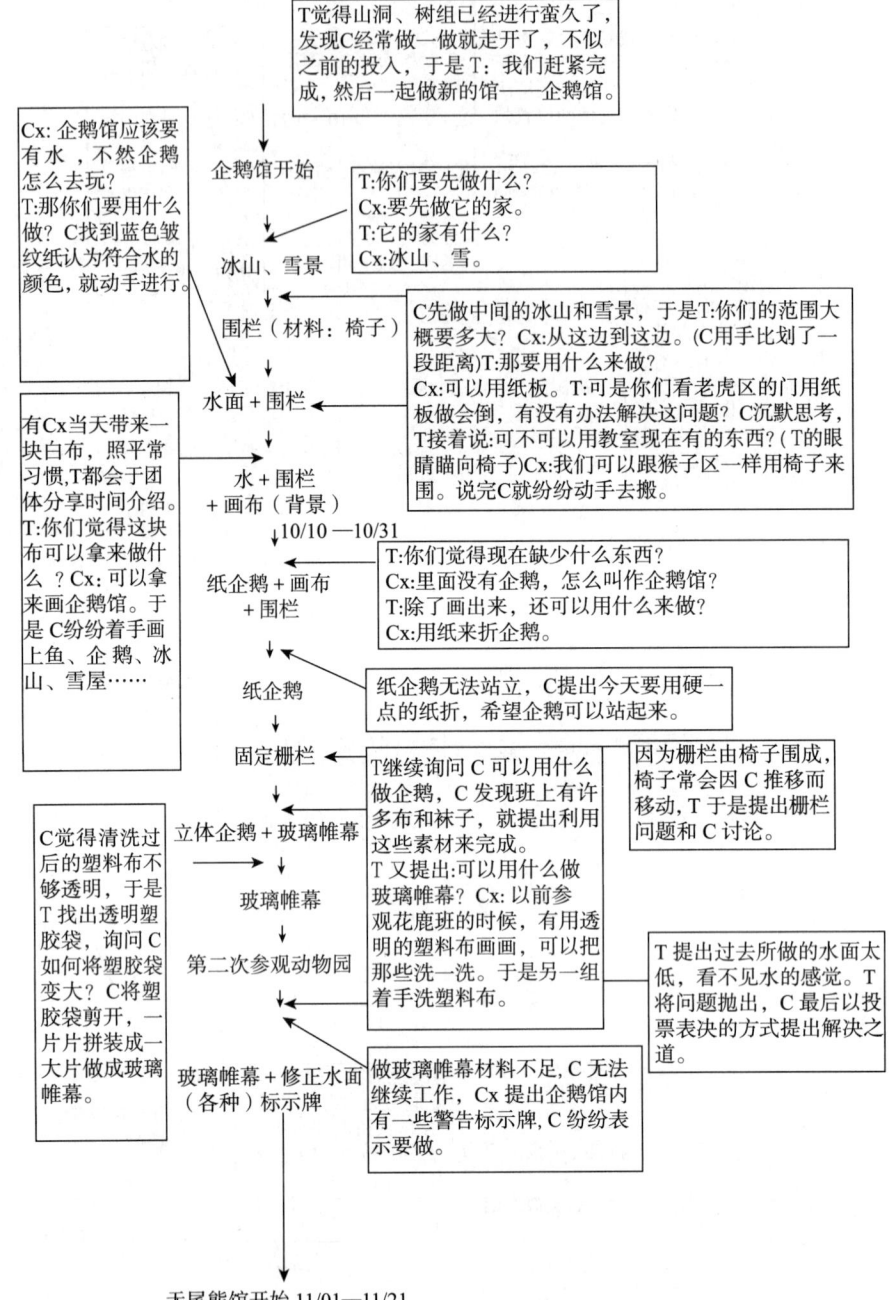

图18-1 "动物园"方案的课程发展轨迹及其转折原因图(续)

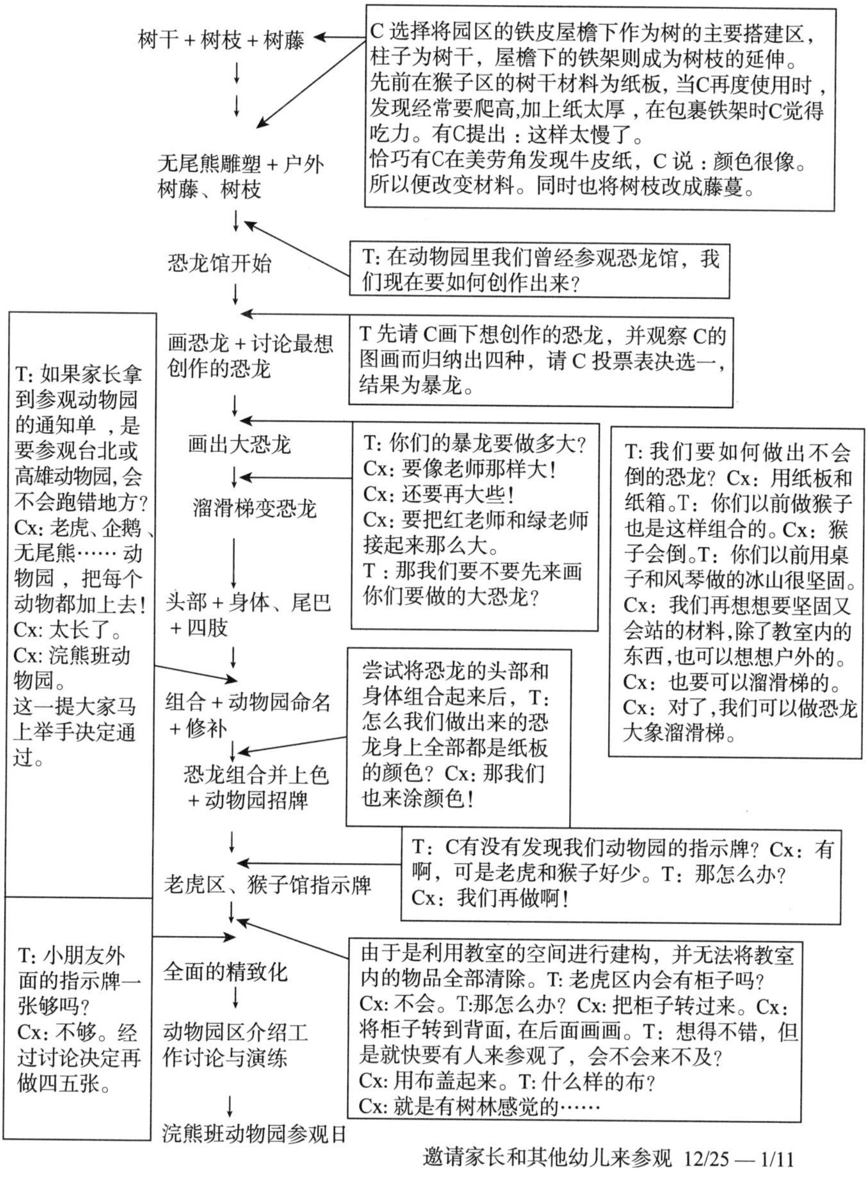

树干+树枝+树藤 ← C选择将园区的铁皮屋檐下作为树的主要搭建区，柱子为树干，屋檐下的铁架则成为树枝的延伸。先前在猴子区的树干材料为纸板，当C再度使用时，发现经常要爬高，加上纸太厚，在包裹铁架时C觉得吃力。有C提出：这样太慢了。恰巧有C在美劳角发现牛皮纸，C说：颜色很像。所以便改变材料。同时也将树枝改成藤蔓。

↓

无尾熊雕塑+户外树藤、树枝

↓

恐龙馆开始 ← T：在动物园里我们曾经参观恐龙馆，我们现在要如何创作出来？

↓

画恐龙+讨论最想创作的恐龙 ← T先请C画下想创作的恐龙，并观察C的图画而归纳出四种，请C投票表决选一，结果为暴龙。

↓

画出大恐龙

↓

溜滑梯变恐龙

T：你们的暴龙要做多大？
Cx：要像老师那样大！
Cx：还要再大些！
Cx：要把红老师和绿老师接起来那么大。
T：那我们要不要先来画你们要做的大恐龙？

T：我们要如何做出不会倒的恐龙？Cx：用纸板和纸箱。T：你们以前做猴子也是这样组合的。Cx：猴子会倒。T：你们以前用桌子和风琴做的冰山很坚固。Cx：我们再想想要坚固又会站的材料，除了教室内的东西，也可以想想户外的。Cx：也要可以溜滑梯的。Cx：对了，我们可以做恐龙大象溜滑梯。

↓

头部+身体、尾巴+四肢

↓

组合+动物园命名+修补 ← 尝试将恐龙的头部和身体组合起来后，T：怎么我们做出来的恐龙身上全部都是纸板的颜色？Cx：那我们也来涂颜色！

↓

恐龙组合并上色+动物园招牌

T：如果家长拿到参观动物园的通知单，是要参观台北或高雄动物园，会不会跑错地方？
Cx：老虎、企鹅、无尾熊……动物园，把每个动物都加上去！
Cx：太长了。
Cx：浣熊班动物园。
这一提大家马上举手决定通过。

↓

老虎区、猴子馆指示牌 ← T：C有没有发现我们动物园的指示牌？Cx：有啊，可是老虎和猴子好少。T：那怎么办？Cx：我们再做啊！

↓

T：小朋友外面的指示牌一张够吗？
Cx：不够。经过讨论决定再做四五张。

全面的精致化

↓

动物园区介绍工作讨论与演练 ← 由于是利用教室的空间进行建构，并无法将教室内的物品全部清除。T：老虎区内会有柜子吗？Cx：不会。T：那怎么办？Cx：把柜子转过来。Cx：将柜子转到背面，在后面画画。T：想得不错，但是就快要有人来参观了，会不会来不及？Cx：用布盖起来。T：什么样的布？Cx：就是有树林感觉的……

↓

浣熊班动物园参观日

邀请家长和其他幼儿来参观 12/25 — 1/11

图18-1 "动物园"方案的课程发展轨迹及其转折原因图（续）

一、轨迹

（一）源起

此方案为全班幼儿均参与的方案，共有30位幼儿、3位教师（原带班教师2位与实习教师1位）。这主题一开始并不是"动物园"，"教师所提出的初步构想是

'化腐朽为神奇',想利用各式资源回收素材让幼儿进行创作","后来教师发现只是让幼儿自由DIY,似乎没有共同的目标","于是教师向幼儿提议大家决定一个主题来共同完成","投票后",决定以"动物园"为主题,此方案就此确定。

(二) 发展

主题决定后,幼儿提出多种想要完成的动物,经"投票表决"先从"老虎"和"猴子"两种动物着手,从中又细分出"山洞"组和"树"组,于是就变成同时有四组在进行。各组内容的建构由教师和该组幼儿讨论而逐步增添完成,其内容变化如图18-1所示。在此过程中,"教师为激发幼儿更多的创意,于是提议去参观动物园"。也因着幼儿在进行动物园的方案,使得此次动物园参观之行显得更有目标,引起幼儿专注参与的动机与兴趣。动物园建构活动持续约一个月的时间,教师根据幼儿在参加过程中的投入程度,"发现幼儿的兴趣似乎降温了,于是建议幼儿建构新馆(企鹅馆),以此作为新的刺激,希望再度引发幼儿的动力"。

教师这一举动,可说是一个成功的转折点,即使得幼儿能有动力将(手边)的工作做完,并顺利地进入另一个阶段——企鹅馆。当企鹅馆的情境、企鹅宝宝的创作都渐渐成熟后,教室似乎不再是教室,而是一间拥有老虎、企鹅和猴子三个馆的小型动物园。此时,方案并没有因为教室空间的狭小而受到限制,幼儿提出可以向教室外延伸动物园范围的想法。此时,正巧台北市木栅动物园有无尾熊的"相亲"活动,不少媒体的相关报道牵引着幼儿的心思,幼儿主动地提问:"里面做不下,可不可以放到外面去?"在"教师和园长的同意"下,幼儿打破了教室界线,在教室外建立无尾熊馆的点子蹦了出来。无尾熊馆开始之时,时间已从学期初的9月走到了11月底。在这过程中,家长、幼儿的兄弟姊妹不时地往教室探望,好奇教室内的样貌为何这样,"教师也想带领幼儿一起和众人分享这学期努力的成果"。表面上建构无尾熊馆的车轮正轰轰地向前驶去,殊不知最后的高潮活动——动物园参观日,也同时渐渐在师幼心中酝酿和发酵着。一种兴奋、神秘却又紧张的氛围在教室内外形成。

（三）尾声

继无尾熊馆之后，"教师提出了建构恐龙馆的想法"，在教师提示的引导下，幼儿动手对既有的室外溜滑梯进行加工，而呈现出一只立体暴龙，以此作为恐龙馆的象征。之后，幼儿和教师就为整个方案课程的高潮进行最后的修饰和精致化工作。在动物园参观日当天，幼儿邀请爸爸、妈妈和全园的小朋友一起来参观浣熊班动物园，且由几位幼儿担任解说，解说参观的注意事项，同时分享大家在建构过程中的点滴，一学期的"动物园"方案课程也随之落下了句点。

（四）其他

原先幼儿是依所建构的内容不同而分组，随着幼儿渐渐熟悉了这样的课程进行方式，幼儿也就能随时融入正在进行的建构活动。课程发展至中后期时，逐渐打破最初固定的分组形式，幼儿可以自己决定当天所要加入的工作组，或是延续自己过去所进行的工作内容，或是变换组别及工作内容。

二、形式和内容

统整"动物园"方案的形式和内容有以下几方面。

（1）讨论：幼儿和教师讨论全班共同的建构焦点——动物园；讨论接下来要增添的内容，例如，"企鹅馆有冰山、有雪，还有什么？"讨论使用什么材料来进行，例如，"企鹅馆的水面要用什么做？"以及针对发生的问题进行讨论，例如，"塑料布的玻璃帷幕清洗后不够干净和透明，怎么办？"也讨论到动物园"观赏的焦点和注意事项"。

（2）绘画：幼儿在布上绘制企鹅馆的背景图、绘制动物园的导览地图。

（3）观赏影片与图片：观赏参观动物园时所拍摄的影片，以及与动物相关的图片和模型。

（4）实地经验：实地参观动物园，到校外看看生长在石头旁的植物。

（5）劳作：无尾熊雕塑、企鹅折纸、设计标示牌等。

三、形态（指的是教学过程中幼儿组合的方式）

教学过程中幼儿组合的方式如下。

（1）个人：个人制作一个无尾熊雕塑和折纸、立体企鹅模型。

（2）小组：小组共同完成一棵树，共同裁剪（小）塑胶袋，并粘贴成一大片玻璃帷幕。

（3）大团体：参观动物园、讨论和观赏影片等。

教学形态的变化其实并非由教师刻意固定其形态所导致的，而是顺着课程内容自然形成的。一开始"动物园"主题的决定，是经"大团体"的讨论形成的；当决定分区建构时，"小组"的形态就出现了；而小组活动中则根据建构内容的差异，而出现个别的学习，例如，在企鹅馆小组内，有一幼儿提出要个人独立制作一个告示牌。在进行过程中，若教师认为需要与全班进行某议题的讨论，例如，对"教室空间已不够使用了，怎么办？"，其关系全部幼儿的想法和有参考全体幼儿意见之必要性时，则"大团体"形态的教学即因应而现。整体而言，"小组"的形态多于另外两者，原因有二：一为培养幼儿"在团体中合作"的态度与能力，是教师所设定的教学目标之一；二是每日活动进行的内容多是互动所产生的（例如，要做树的话，要用哪些材料？怎么做？做多大的树？如何固定？），并非教师的设计与固定步骤，是由幼儿负责执行的缘故而所需要的。

四、教师的角色

（一）观察与记录幼儿的行动、对话和完成成品的过程

教师可从观察中发现幼儿的人格、发展和学习、社交等多种重要层面。一个在教室游走未投入工作的幼儿，可能是因为缺乏他人的鼓励，也可能是缺乏工作上的技巧与理解，或可能刚与其他幼儿发生争执而离开其正在进行的工作，教师对于幼儿个别化的教学有赖教师的观察。

（二）记录整个课程发展的进度与轨迹

在课程进行中，教师要记录整个课程发展的进度与轨迹，作为课程和幼儿成长的档案，及以后进一步总结、改进的基础。

（三）提供幼儿技术上的协助

借由提问引导幼儿，使幼儿能顺利进行活动和将想法呈现出来，例如，幼儿想要用桌子来做冰山，可是不知道要怎么摆放，于是教师和幼儿以对话和技术上的协助，互动如下[①]。

S1:要有溜滑梯，另外一边要有楼梯，才能从一边爬上去、一边溜下来。

T:既然要溜下来，那要怎样做才能有溜下来的感觉？

S3:要高一点，才能溜。

S2:对，要这么高。(幼儿将手放在自己胸部的地方)

T:好，那我们要怎样用这些桌子来搭建？

S3:就把两张桌子并起来就好。(指一般幼儿园的方桌)

T:那，圆桌要怎么用？(指一般幼儿园所见的圆桌)

S2:放在上面啊！

T:放在上面做什么？

S5:可以当冰山啊！

T:其他人觉得呢？

Sm:可以啊。

于是，教师协助幼儿将桌子和圆桌依幼儿所说的加以固定……

---

① 对话中的符号，其符号意义各不同。
S1(2)(3):指某位特定的学生(每一个独立);T:指教师;Sm:指多个学生;>:指对谁说话，例如，教师对学生说早安，即是 T > S:"早安。"

（四）教师是给予者

1. 教师作为给予者的三种角色

教师有三个给予的角色：一为适时地对幼儿的创作给予意见；二为给予幼儿思考的机会并鼓励之；三则是给予幼儿行动的机会。

（1）对幼儿的作品表示意见，例如，幼儿使用长条形皱纹纸来表现企鹅馆的水面，却将皱纹纸贴得高高低低，教师说："这样看起来像是起伏很大的海浪一样，你们想一想，企鹅馆的水应该是浪很大的，还是较平静的？"

（2）给予幼儿思考的机会，例如，幼儿折纸时发现纸太小，教师不是给幼儿大一点的纸，而是问："怎样能把纸变大？"于是幼儿想起用小色纸粘贴成大色纸的办法。又如，教师对幼儿说："企鹅除了可以用画的，还可以用什么来做？"

（3）给予幼儿机会实践自己的想法，例如，幼儿想将已有彩绘图案的塑胶布清洗后作为玻璃帷幕；教师同意让幼儿自己动手去清洗，使幼儿体验自己想法落实后的效果。

笔者将教师的"给予"角色细分为三，乍看之下，似乎没有多大的区别和不同的意义。事实上，笔者的目的是希望教师能更积极地发挥自己的角色作用，并更了解自身行动所承载与传递的力量。换言之，教师做出的"决定"可能促进幼儿不同的学习。更详细地来说，当幼儿没有主动提问或发现问题时，教师可以先刺激幼儿的知觉，然后再提出与该情境有关的想法；当"问题情境"出现时，教师所扮演的角色是刺激幼儿在该情境下进行深入的问题探索；当幼儿有想法主动希望尝试时，教师的认同与机会的给予，可以使幼儿有检视思考与行动之间关联性的机会。

2. 教师作为给予者三种角色之间的关系

教师的三个"给予"角色之间有彼此包括、包容的关系，说明如下。

（1）教师是幼儿的伙伴、协助者：幼儿想将自己拼贴成的大玻璃纸粘贴在天花板上，做成企鹅馆的玻璃帷幕。可是天花板太高，于是教师变成幼儿的伙伴，由教师来粘贴天花板的部分，幼儿在下面帮忙撕胶带递送给教师。

（2）教师是课程决策者：从图18-1和对"动物园"方案课程发展之轨迹的呈现与数据分析可以看到，教师才是教室里课程决定的主要决策者。本书介绍的各种课程模式，几乎都强调教师教学时居于课程决策的地位，该地位应该是深具弹性

的。因幼儿的年龄、兴趣、能力、家长与社会的期待、政府的政策等因素,教师决定在该模式理念下课程活动的内容与方法。

(五) 幼儿的角色

上述我们谈论教师在课程中的角色,谈论教师如何给予幼儿协助、回应以及成为幼儿的伙伴等,事实上,幼儿在课程发展过程中亦处于极重要与有影响力的地位。

1. 幼儿是知识(概念)的提供者

我们往往将课程局限在教师和学校所能带给幼儿的种种经验或知识(不管内容是多精彩、生动还是看似单调、重复的课程皆然)。事实上,幼儿也可以是其他幼儿(甚或教师)的知识提供者,例如幼儿说:"山是由不同的岩石组合而成。"其他幼儿纷纷认同。该课程的教师也曾提及:"我那时候就不知道他们是怎样分肉食性和草食性的,他们就说因为肉食性的恐龙牙齿比较尖,草食性的比较平,我才知道,我以为是看爪子。很丢脸呢!"(访谈,020418)还要提及的一点,就是所谓"向孩子学习"应该不只是学习孩子的童心,还可能涵盖成人自以为一定比孩子多的概念和知识。

2. 幼儿是教师的工作伙伴

我们说教师是幼儿的工作伙伴,所指的是教师可以和幼儿一起进行"幼儿"正在进行的工作,那么,从这个课程发展的轨迹图来看,幼儿不也是教师规划课程的工作伙伴吗?幼儿提出他们想要进行的下一个活动、想使用什么材料、协助材料的搜集(曾有家长跟教师说:我们家小朋友说纸板、保特瓶不可丢,学校要用。跟上小学的姐姐抢资源回收,说要平均分配带到学校。),以及整个课程的部分构思;有时孩子的一句话,也可能启发教师进行另一种活动的灵感(如幼儿主动提出:我们再去参观动物园,好不好?)。这些不都可能是其他教师也会提供的吗?当教师将幼儿视为自己的工作伙伴时,笔者认为那种对幼儿的看重,隐约多了一份对幼儿的尊重和珍视,似乎也更容易让一位教师尝试着放下自己的身段,做到所谓去"贴近"幼儿的作为。

3. 幼儿是教师专业能力的促进者与挑战者

从图18-1的课程发展轨迹来看,教师和幼儿的对话、幼儿所提的意见,有极大的部分是教师必须临场与他们互动和反映的内容（当然也有另一种可能性，容稍后再议）。幼儿意见有不确定性和可能性，若是教师确切地开放与之讨论，且能不忘教育、活动的目的，对于教师来说，其实是给自己挑战专业能力的好机会，当然也是专业能力提升的机会。然而，笔者想要提醒与厘清的是，如果教师只是照着幼儿的意见而快速更动课程内容，那么教师的专业性就在这里消失殆尽（请参考简楚瑛，1999年《引导课程发展与教学方向的岂只是师生间的对话而已》一文）。这中间的摇摆和拿捏，正是教师专业性成长的空间。

六、方案评析

简楚瑛（2001）提出的方案教学包括：以"解决问题"为终极目标、强调"步骤性"的"学习过程"、强调学习活动对学生的意义性、强调"做"的要素，以及强调"思考"的要素等五个方面，下面以此五个方面来评析与检视"动物园"方案课程。

（一）以"解决问题"为终极目标

在"动物园"的方案中，幼儿和教师试图将一间教室变成一个静态的动物园空间。如何规划动物园的空间与内容？要使用哪些材料去建构？建构的过程中会面临和需要解决哪些问题？例如，材料的适当性等，从构想、设计内容到行动，再回归到构想一个新馆区的循环过程，幼儿和教师可说是一直处于面对待解决的问题、寻找解决问题的策略、行动和评价成果的环境之中，其终极目标在于培养幼儿解决问题的能力。以企鹅馆为例，小至画布的内容：

T：你们要用这条布画什么来当作企鹅馆背景？
S1：我想画企鹅住的房子。
S2：我想画冰山。
S3：我想画云……

大如企鹅馆的整个内容问题：

T：你们的企鹅馆范围要到哪里？
T：你们要先做什么？

S4：先做它们的家。

S5：企鹅馆里有水……

T：那要怎么做水？

教师引导幼儿或是做决策都是以终极目标为指针，此方案的终极目的即在解决"从一无所有到建立一个静态动物园"的"大"问题上。

（二）强调"步骤性"的"学习过程"

这里要评析的有两个内容：一个内容为"学习过程"，从整个"动物园"课程的轨迹发展图来看，很明显地可看出那是幼儿的一个学习过程。当然，学习过程可以是整个的方案过程，也可以聚焦于小活动。以"企鹅折纸"为例，幼儿不是由教师给予材料再依教师的步骤完成一个成品，企鹅折纸只是整个课程中的一部分，而幼儿从"色纸企鹅"学习到纸质过软无法使成品站立，从而自己提出要使用厚纸板重新制作，这便是一个学习过程。另一个内容为"步骤性"，杜威提出解决问题的五大步骤，依序为：发现问题→确定问题性质→提出可以解决的方法→实验→解决问题，其与幼儿的"企鹅折纸"过程相对应，其过程亦符合步骤性。笔者将两者对照如下：发现问题"企鹅站不起来"→确定问题性质"纸质问题——太软"→提出可以解决的方法"换另一种纸"→实验"用厚纸板试试看"→解决问题"站立的厚纸板企鹅"。当然，若是提出的解决方法不适合，则要修正，进行反复性步骤。

（三）强调学习活动对幼儿的意义性

有意义的学习迥异于被动、索然无味的学习。以上述的"企鹅折纸"为例，幼儿因为要建构企鹅馆的模样，希望能让人看见站立的企鹅，所以当色纸企鹅无法站立时，幼儿提出要尝试不同的材料，企图达到自己所想要的效果。这与教师将色纸发给幼儿，然后教幼儿折纸的步骤而完成一只企鹅，是不同的。前者，幼儿知道自己想要达成的目标是什么，纵使挫败也愿意再尝试；后者，幼儿只是听命于教师，只是被动地完成作品而已。

（四）强调"做"的要素

在"动物园"方案中，幼儿所思考的抽象观念是"盖一间动物园"，并在实际动手过程中，将自己的想法一一呈现出来，也就是将程序性的思维借由素材来具体表现（上述幼儿利用桌子建构冰山即是一例），而不仅止于"说"或是"讨论"动物园的样子而已。

（五）强调"思考"的要素

方案的每一个步骤都应涉入"思考"的活动。从"动物园"究竟要包含哪些馆？企鹅、老虎、还是恐龙馆？决定要有企鹅馆后，那么企鹅馆要包含哪些内涵？决定要有立体企鹅后，那么要使用哪些材料建构出立体企鹅？一旦开始动手，就启动了"思考"的活动！在这过程中，碰到不如规划时所期望的部分，就产生继续"思考"的情境，例如，幼儿在粘贴玻璃帷幕，做到一半时发现没有塑胶袋了，那么原本预期的建构进度如何完成呢？幼儿在"思考"后，发现可以先做一些馆内的标示和警告牌（禁止抽烟、禁止拍打、禁止摄影……）。

S1：要有"请勿照相"的标示，因为闪光灯会吓到企鹅。

S2：闪光灯会让企鹅头晕。

S3：要有"禁止吃东西"的牌子，这样企鹅馆才不会脏。

S4："禁止跨越栏杆"，要不然小朋友去拍玻璃会吓到企鹅。

于是当日的活动得以继续进行，帷幕所需的素材就去继续寻找、思考，过了一些时日，想出办法时，建构帷幕的工作就再继续下去，直到完成为止。

第二节 教学上的两难问题

在开放式教育、以幼儿／学生为中心的教育或建构式教学等理念下，教师对于自己教学行为的拿捏，常面临进退两难的困境。小红老师在教学日志中写道（两例）：

在尚未户外参观时，已经和孩子们讨论到动物园时要观察哪些动物的特征及周边环境，因此，今天一到动物园，孩子们应该是清楚我们观察的目的所在。大部分的孩子都会仔细地观察，不过我仍不放心，所以会一直提醒孩子要观察的部分。我会不会是在强迫孩子观察？若不一再地提醒，孩子们会仔细观察注意到那些细微差异的地方吗？此时我有种感觉，好像一个人手上抱着一个气球，不抱紧害怕被风吹走，抱紧又害怕气球会破。后来，我发现我这样提醒孩子是有用的（孩子会把刚刚看见的斑马和环尾狐猴做比较，因为它们身上都是一黑一白的条纹，不过斑马的线条有长有短，环尾狐猴的线条则是一圈黑、一圈白；同时，孩子们也会将动物的脸型、尾巴和耳朵的不同做比较。这时我的感觉是回到家气球没有破，才跟自己讲说刚刚抱那么紧是对的）。

今天半数以上的孩子都参加亲子旅游去了，班上剩下 11 位孩子。基于安全的考虑，我希望他们的活动不是分散在教室内外太广的地方，而是在我能掌握的状况下进行。因此，我希望他们是做小型恐龙馆。但问他们时，他们希望在教室内进行藤蔓的制作和到教室外去悬挂藤蔓（我是否应该顺着他们的期望去走？是的话，安全问题怎么办？不顺着他们的兴趣走，要求他们做小型恐龙馆会不会太强迫孩子了？）。为了安全问题,因此我问孩子们:我们上次去动物园有参观恐龙馆,今天要不要试试看、做做看?结果投票表决,有9位赞成。孩子们遂进行小型恐龙馆的建构,我观察原先说要做藤蔓的孩子也快乐地沉浸在创作的乐趣中(我这样做应该不会太主导吧?)。

在教师教学中,常害怕自己是不是在主导课程的决定,是不是在强迫幼儿的行为,也常疑惑自己的教学是否太开放和主导。在上述两个案例中,小红老师虽也有两难的时候,但她都会检视(观察)自己行为的结果,也就是教师会去看孩子们在自己的教学行为下的反应是什么?案例一,教师认为孩子们的确更专心地观察了;案例二,教师认为孩子们也都沉浸在创作之中,检视结果最后均肯定了自己的决定。教师对于两难的问题,需要反复思考、讨论(自我对话或是与人、与书对话),进而得到解决的答案。

表18-1为佩利(Paley)的例子,除了呼应上述两个例子,说明两难的困境是教师发展课程与教学决定时常面临的处境外,重要的是对因应困境时的信念与策略的省思。从下面的例子可以看到佩利老师常在情境、理念和与幼儿的对话中,通过不断地反思、行动、观察与验证,来处理两难的处境。佩利不仅仅是以幼儿/学生为中心,她同时又坚持对每一个幼儿/学生公平地对待,以及民主化教育的理念,养成幼儿对他人的关怀,并以教育的方式(讨论、分享想法、提供幼儿/学生间互动以建构新思维/观点的方法)处理两难的问题。

表18-1 佩利的例子[①]

情境	教师的思考	教师与幼儿的行动	分析
	60岁以后,我对教室里排挤他人的声音特别敏感,尤其是"你不能玩"这句话,听起来真让人感到难受,孩子们常因不经意的一句话而决定了另一个孩子的命运。		1. 从幼儿园很普遍存在的四个字"你不能玩",佩利思考其中所隐含的意义及这句话对孩子的影响。 2. 对长久以来教育现象的观察和省思:拒

---

① 本表的阅读方式为:先看"教师的思考",再看"教师与幼儿的行动",之后再回到"教师的思考",依此类推。"分析"一栏是笔者针对上述两项的分析,当看到段落后有"分析"一项时,再看即可。

(续表)

情境	教师的思考	教师与幼儿的行动	分析
	长久以来,教师们努力地禁止学校里打人和骂人的行为,但对此具有破坏力的现象(拒绝他人)却视而不见。并任其在每个年级中像野草一样地蔓延着。事情非得如此吗?今年我下定决心要找出答案。(分析1~3)	T:我向孩子宣布"在教室里不能说'你不能一起玩'"这项新规定。 S:我不相信你真要我们这么做。 讨论规则时,孩子们迫切地想找出漏洞。25个孩子中只有4个觉得蛮好的,而这些正是常吃闭门羹的孩子。(分析4~5)	绝他人比打人骂人的伤害性小吗? 3. 从全面性看问题存在的严重性和亟待解决的需要:因为事实上各个年级都存在拒绝他人的现象。 4. 孩子同意或不同意教师的新规定,乃基于新规定与自己有无利益的冲突为出发点。 5. 孩子可以思考教师所提出的规定的合理性而不是绝对服从,这才是真正讨论的精神。
	到别的城市演讲的路上,我脑海里不断地想着,安泽是不是在和别人打架?当卡萝躲在小小的游戏屋时,谁来安慰她?(分析6)		6. 教师脑海中时常浮现孩子的情况,关于孩子的问题可能随时出现,而不仅只在学校的教学时间内。
班级讨论的时间到了	多年来,我一直不曾正视这个问题,但却愈来愈清楚听到孩子内心寂寞的哭声,难道是我太敏感了吗?(分析7)	T:今天在玩积木的时候发生了一件不愉快的事,我还不知道怎么处理,现在卡萝很伤心,她觉得别人不要和她玩……(孩子转头去看卡萝) S:老师快点啦,卡萝快哭了。	7. 教师对自己产生怀疑:也许是太敏感了?问题和现况有这么严重吗?真的有必要在意吗?

（续表）

情境	教师的思考	教师与孩子的行动	分析
		卡萝：茜雅和莉萨在盖房子给他们的狗狗住，问他们可不可以也让我一起玩，他们说不行，因为我只有猫咪，没有狗狗。还说我不是他们的朋友。	8. 孩子对于朋友的定义在哪里？实际反应在行为上的是什么？（教师可以与孩子深入探讨） 9. 孩子对于加入者的要求标准是什么？（教师可以与孩子深入探讨）
	孩子自己炒热了这个话题，每个人都听过"你不可以玩""你不要坐我旁边""别老是跟着我们""走开"。这些话在大人的世界里是件极大侮辱的事，但在教室里却一再发生……	丽莎辩说：我们有说过只要她带一只胖狗狗来就可以玩的呀！ 尼森：宾宾也不让我玩。 宾宾急着说：才不是我啦！是查理，他才是老大。 安泽也说：我也一样，他们都不让我玩……哼！我才不要在乎他们。 （分析8~10）	10. 一个话题引起大家激烈的讨论，平时隐藏的声音和感受都浮现了。因着讨论，孩子压抑的情绪和平时未发出的声音，在讨论过程中都显现出来了。 11. 教师看重孩子的感受和可能受到的伤害，同等地看待孩子和大人的世界。如果大人觉得受侮辱，难道在孩子的世界里不应被正视吗？
事情发生的时候，卡萝躲到小洞里去哭，我发现她一个人坐在那里，就带卡萝去找他们谈…… （分析12）		莉萨说：我不想要其他人来玩，而且两个人玩就够了。	12. 如果你是教师，你认为受排挤的孩子会不会因为有什么特质而导致被排挤呢？（教师应该观察被排挤的孩子是否有哪些特质或行为，导致他们无法加入游戏，

(续表)

情境	教师的思考	教师与孩子的行动	分析
			这样在辅导这些被排挤的孩子时,就可以针对其个别的弱势点加以处理。
		T:虽然不想让别人参加,可是卡萝需要你们呀!茜雅垂下眼睑说:我有要她跟我们玩呀。 莉萨哭了起来:这是我的游戏,我有权决定让谁玩。(分析13~14)	13. 孩子如何认定游戏是谁的?(教师可以带领孩子做深入的讨论) 14. 若是属于自己的东西,就有权做任何决定吗?考虑点应包含哪些?(教师可以带领孩子做深入的讨论)
	我又得赶去演讲了。孩子们回答的声音,常可以帮我厘清一些问题,因为往往当场讨论时,并不能完全理解他们的意思,所以我把录音数据拿到飞机上听……	T:我本来想帮卡萝的忙,但这么做是不公平的。我会破坏莉萨和茜雅的游戏,不过如果卡萝加进来,真的会破坏游戏吗?怎么破坏呢?	15. 教师将自己的立场和疑惑与孩子分享。 16. 教师说明自己的想法让孩子知道,并提出一些问题激发孩子的思考。
		T:今天我一直在想一个问题,其实在学校里,小朋友是不是可以不准其他人加入他们的游戏?那样公平吗?因为教室是大家的,不像家是自己的地方。(分析15~16)	17. 教师重视孩子讨论时的声音,并使用录音的方式记录,以方便能再次聆听孩子的看法。

（续表）

情境	教师的思考	教师与孩子的行动	分析
在飞机上，我听着录音数据。莉萨说：那干嘛还玩呢？尼森说：你就只想和茜雅玩。	我们的所作所为无形中就变成游戏规则，并进一步成为日后的生活模式。难道玩的目的就是寻找一个好朋友，然后紧紧抓住他不放？或是看谁能当老大？如果占有确实就是游戏的最大特质，那么我们又该如何打破这种伤心的占有权？		18. 教师不停地问自己问题，思考如何解决孩子在游戏中想占有某些朋友和整个游戏，因此某些人遭到拒绝和被剥夺游戏权利的问题。 19. 从社会现象反思教室里所看到的情境，将面临之两难问题变为教学的内涵，进而确定应坚持自己的信念。
	现今的民主化教育，大部分都用表决的方式来决定事情，但是我们却默许孩子在教室里排挤他人或当老大，仔细想想看，帮派老大正逐渐消失，我们却允许孩子在教室和游戏的空间中建立藩篱。（分析18~19）	一个五年级的学生跟我说：你又不可能一辈子吃闭门羹，所以不如现在就有点经验，有了经验，当你被排挤时，就不会难过了。但我仍然没有放弃我的主张，我说：那些受排挤的孩子年复一年地被剥夺玩游戏的权利，被排斥的重担都由几个人来承担，公平吗？（分析20）	20. 教师以刺激学生思考的方式表达自己的观点，坚定自己的信念。
和孩子分享自己到亚利桑那州演讲的经验……		T：我也问这些教师在教室游戏时，如果有孩子不让别人玩怎么办？	

(续表)

情境	教师的思考	教师与孩子的行动	分析
这是孩子第一次对我所扮演的角色提出强烈质疑,事实是他们警觉教室规则将有所改变而产生反弹?当孩子们的态度这么坚决时,我怀疑自己是否有权强迫他们接受我的意见?		T:有些教师要大家相亲相爱,让别人也能一起玩,如果不行的话,他们就帮受到排挤的人找新朋友,像我们一样;但也有些教师觉得应该要让孩子自己解决。 S:那我们该怎么办才好? T:我试着不要给你们一些意见,我们得坐到这边来。 S:还要讨论…… T:我不是要告诉你们该讨论些什么?我只想仔细听每个人到底说什么。 S:那我们得轮流说话。	21. 教师从孩子的态度中再度反思自己的权限,对自己所制定的规定进一步地思索。
以往,我常建议圈外人建立某种特质和管道,以便被大部分的同事接受,这次我却要求大团体主动改变态度去适应未被体制接受的小众人士。(分析23)		T:我要和高年级的孩子谈一谈,春假回来以后,我要和一、二、三、四、五年级的孩子们讲话,我们就会知道哥哥姐姐对于不可以说"你不能玩"这个新规定的看法。(分析22)	22. 从开学讨论至此时,已历时约一个多月近两个月的时间。 23. 教师察觉此次的特殊性,乃由于与过往主张不同。(教师自我解构)

（续表）

情境	教师的思考	教师与孩子的行动	分析
放学前，我把一年级的谈话内容翻一翻，孩子吵着要看讨论的事项。	一年级孩子的强烈反应吓了我一跳，对问题表现出极端不认同且夹杂着浓烈的情绪。	民意调查——春假过后，我整理了一张与高年级谈话的时间表。 T 把簿子高高举起来，一面念着： A. 也许新规定会引起争吵。 B. 也许太多人想一起玩同一个游戏。 C. 也许有人会对你很凶。 D. 如果别人要玩，就得当强盗才可以玩，这样公平吗？ E. 如果已经对一个人说不可以，能对另一个人说可以吗？这公平吗？ F. 如果带头玩的人说不准，别人能说可以吗？ G. 女孩子可以说只许女生玩，男孩子可以说只许男生玩，除非有人觉得好奇想加入对方的游戏。 孩子们都吓了一跳，没想到教师的主张会得到那么多响应。	
教师慢慢地翻着书页，"你看！这是我写下来的故事，我希望你们能帮我画小小的图。"	如果教室像这样，我们就不需要规定了，因为每个孩子都参与教师指定的计划，包括每一个人。 新的游戏规定是用在别的时候，当孩子的利益与公众的利益产	话还没讲完，莉萨已经画好喜鹊……教室里瞬间乱成一团，有的拿剪刀、有的拿蜡笔……	24. 教师厘清使用新规定的情境。

（续表）

情境	教师的思考	教师与孩子的行动	分析
一天早上，我在慢跑时……	生冲突时，才需要用规则来加以限制。（分析24） 我想着孩子忍受教师已够受的了，还要被同学排斥，不是很惨吗？我这种道德诉求合理吗？其他精神上的需要可以不顾吗？比如学生可以自由地选择玩伴，爱跟谁玩就跟谁玩。不过想跟谁玩，不想跟谁玩，是不是人的天性呢？在心理学上，这是否跟想咬人是属于同一类型的欲望？有些2岁的孩子有咬人的欲望，当他们学习去控制冲动时，他们就觉得好多了。也许破坏也是一种负担。是的，当你的快乐不再建立在别人的痛苦之上时，那就是一种解脱。对学生的行为规范，我们常常患了脚踏两条船的毛病，我们犹豫不决，这样好吗？对吗？公平吗？我已经决定不再犹豫了，我对新的规定要速战速决。（分析25~28）		25. 教师再次思考这次规定的合理性。 26. 教师试着从不同孩子的需求这个角度去思考问题，进行自我辩证。 27. 教师认为孩子可以经由学习来控制自己。 28. 自我思辨后有了确定的想法，亦即要快速处理新规定落实的问题。
开始喽！孩子们仔细看着我贴在钢琴上方墙上的规定"不可以说：'你不能玩'。"	我们设计一个方法，让孩子不那么难过，公开让大家知道这个规定。	孩子彼此看来看去，显得有些不自在。（分析29）	29. 教师观察孩子非语言的反应，以了解孩子对新规定正式宣布后实施的反应。

（续表）

情境	教师的思考	教师与孩子的行动	分析
	孩子根本就不需要我解释，我觉得很欣慰。	T：这个规定的意思是比如，有一次，莉萨和茜雅告诉卡萝说没有狗狗就不能玩。 安泽抢着说：宾宾不让我加入恐龙帮。 卡萝说：佳美说我不能坐她旁边。（分析30） 莉萨嘟着嘴说：这样子不公平，我以为我们只是说说而已。 我说：莉萨我知道你的感受，你还是可以常常跟你喜欢的人一起玩。 莉萨不为所动：有些人我就是不喜欢嘛！ 安泽说：你就是不喜欢我。	30. 经过长期的讨论，孩子们对规定的内涵更加清楚，并知道落实到实际教室活动指的是哪些行为。
一个五年级的学生告诉我：如果他们班有人因为这个规定被处罚的话，他们一定不在乎。	就以这个新规定做实验吧！如果莉萨能在故事或游戏中接受安泽，那么这个规定就成功了。（分析31） 他的评语使我惊讶，让我觉得还要对规定再多做解释。"不可以说你不能玩"，不像其他的规定，它是从许多不同的角度来反省自己的行为。		31. 教师在心中定了一个目标，也可说是评价新规定是否行得通的标准。 32. 即使新规定已经实行，教师仍在不断思索可能引发的问题，以发现所规定的事项是否有不足之处。

（续表）

情境	教师的思考	教师与孩子的行动	分析
途中，莉萨向我抱怨：茜雅对我不好，我给她看我的新皮包，她就说："那有什么了不起，我有几百个这种皮包。" 莉萨有些怀疑：那算不算违反规定？ 当天下午，角色更换了，茜雅向我告状说莉萨对她不好，因为她和玛丽讲悄悄话，这样算不算违反规定呢？我说是的……	既然孩子最在乎游戏，在游戏中使用负面字眼，是很容易检视的。（分析32） 这是一个值得探讨的问题，它是不是有更深的含义、是不是意指"我不想让你跟我们玩。" 现在，每一件小事都可以放在这个规定里来检视。每一次我们分析这个规定的道理时，我们同时也在反省自己行为背后的意念。（分析33）	T：我把茜雅叫过来…… 茜雅补充说：莉萨，我说错了，我奶奶刚刚给了我一个新皮包，我也不晓得一共有多少皮包了。莉萨和我对这种解释都觉得很满意。	33. 规定使得孩子能思考和检视行为背后的意念。

（续表）

情境	教师的思考	教师与孩子的行动	分析
隔天,莉萨和广子留在教室,莉萨对广子说:假装我们住在一个美丽的城堡……珍妮跑进教室,莉萨像皇族一样欢迎她。	这些女孩子都是原先莉萨不喜欢的人,这证明一点:排斥人是会逐渐增强的。孩子已经知道打开心门接纳他人比排斥他人容易得多呢!（分析34）	这是莉萨第一次邀请广子或珍妮一起玩。	34. 教师从孩子的行为看见孩子的改变及自己推行新规定的成效。
大约是新规则实行后的两星期,在学校里,虽然游戏时间逐渐变得相安无事,不过我们却面临了另一个难题。	在这片混乱中,我看清楚一件事:教室里的"公平宣言"并未包括讲故事这个活动。说故事的人拥有选择角色的权利。孩子仍然可以在讲故事时,拒绝他人。	教师:我了解你的感受,不过我认为如果大家游戏时可以一起,为什么讲故事就要选人。我们得先试一阵子,如果不行再恢复以前的……	35. 对规则的定义认知不同,因此引发新的争议。
在讲故事和演戏的活动中,莉萨发火了:不公平,你答应过我的……茜雅焦虑地说:我只说大概可以……茜雅妈妈问:怎么一回事?茜雅快哭出来说:我不让她演我说的故事,所以莉萨很生气。	有两天,查理和丽莎拒绝参加讲故事活动,但后来就像没事一样,又加入了。随着新规定而来的调整是: A. 角色的改变:讲故事的人会因为轮到你表演,你就是女生,故事角色是男生,就自动改成女生。 B. 加入角色:加入一个你想演的角色。		36. 孩子自我调适并学会为他人着想。

（续表）

情境	教师的思考	教师与孩子的行动	分析
故事表演开始前……		C. 若不能改变角色，欲参加者就接受一些不受欢迎的角色。（分析36） 莉萨私下跟我说：我还是不喜欢新办法，茜雅和玛丽也一样。 教师：不过你让魏老师和我很快乐。以前，你总是拒绝和安泽在同一组玩数数看的游戏，但是现在…… 莉萨马上想起那件事：现在我把糖给他了，而且也没说过难听的话。 我说：莉萨，你现在看见他要演你故事的角色时，你会对他笑吗？ （分析37~39） 我再次说明我喜欢新规定的原因：你们真是可爱的小朋友，现在讲故事的人不再选人演戏，演戏的人也接受说故事的人所分配之角色，记不记得，你们以前不喜欢谁就不肯演她的故事…… （分析40）	37. 教师经由和孩子谈话，告诉孩子她带给老师的快乐，使孩子知道自己行为的影响力和带给他人的良好情绪。 38. 教师借此明白地说出（描述）孩子现在和以往的不同在哪里，并回馈给孩子，同时也增强了孩子下一次愿意继续去做的动力。 39. 孩子也清楚并说出自己和以往不同的行为表现。 40. 教师知道孩子无法注意到教室里每一个细节的变化。于是再次回馈给孩子时，教师要说出孩子进步的地方和以往的差异。 让所有的孩子都看见自己的转变和带给他人的快乐。

资料来源：游淑芬译（1996）

注：情境、教师的思考、教师与幼儿的行动三部分的资料改写自佩利著作《孩子国的新约：不可以说"你不能玩"》；分析的部分则为笔者对佩利教室里师幼之对话、行为和佩利的思考的再分析与厘清。

第十九章
课程模式、教师角色与"以幼儿为中心"理念的实例探讨

对许多幼教工作者而言,开放教育中"以幼儿为中心"的诉求已是朗朗上口、毋庸置疑的一个名词。幼教教师在教学中以"人"为本位,将幼儿的发展、兴趣及能力作为课程发展的首要的和最起码的考虑。在前面介绍的课程模式里,几乎所有的模式都自认为自己是从以学习者为中心的角度去思考学习的问题的。然而,在这一片声浪中,仍有学者提出关于"开放教育""以幼儿为中心"的盲点与迷思。余安邦(1997,2001)指出,对"以幼儿为中心"为理念的开放教育,如进一步去探究教师实质上的教学活动、课程设计与实施情形,其仍是以教师为主要掌控的一方,意即教师个人的个性、喜好、价值观以及所有的生活经验,皆在有意无意间左右着每一项教学内容的选择与教学方式的实施。教师在教学实施历程中,时时刻刻需要考虑幼儿在学习上的兴趣及能力展现,但教师本身的专长、知识、个人兴趣及特性,又是决定课程的影响因素,不是标榜着"以幼儿为中心"的课程即可代表教学质量的保证。因此,笔者意图探讨"以幼儿为中心"的信念与做法,在课程与教学上的意义及其衍生的问题是什么。基于上述的动机,本章有两个基本的目的:一为了解班级层级中师幼的课室言谈;二为从资料分析的结果,反思以"幼儿为中心"的课程与教学的意义与可能衍生的问题,以及教师在课程与教学中可扮演的决策者的角色问题。

第十九章 课程模式、教师角色与"以幼儿为中心"理念的实例探讨

本章搜集的幼儿园课程的特色资料是针对"以幼儿为中心"的课程。研究班级为中小班,共有30位幼儿,其中年龄属于中班的幼儿共9人(男生6人、女生3人),年龄属于小班的幼儿共有21人(男生6人、女生15人)。研究对象是小绿老师。小绿老师已有二十多年的教学经验,在教学上非常强调与幼儿双向互动,并借由讨论来了解幼儿的内心想法。她认为,语言是表达内心思想的管道,所以通过互动性的讨论,才能真正了解幼儿的想法与行为背后的原因,进而才能针对其需求进行教学。她同时认为,个人若只是在有限的知识中打转,是无法继续成长的,必须要有一位能力较高的人适时来给予指引,为其搭建学习的鹰架。

本章搜集的数据是整个方案课程资料,包括,整个方案课程所进行的活动内容、主题活动的活动内容、课堂活动的活动内容,以及课堂时段内的教室言谈的资料。数据的分析范围是从 2002/09/09—2003/01/04 所进行的方案课程活动内容,从 2002/11/04—2003/01/04 中的主题活动的活动内容,并从中选取 2002/12/11 方案课程所进行的课堂活动的活动内容,以及 2002/12/11 当日 10:16—10:29 课堂时段内所进行的课程活动及教室言谈的资料(如图 19-1 所示)。数据分析架构是参考狄克逊和格林(Dixon & Green, 2000)所提出的,分析教师在教学活动中所产生事件数据的架构,可从微观至宏观,依序按"活动时段—活动—日—月—学期"进行分析。数据分析方法是采质性研究方法,即先将资料依照其具有的相关意义加以群组起来,以界定数据属性,例如,本研究中的情境或课堂时段单位的切割;之后再将分割的数据,或独立或彼此之间聚合起来,以进行第一次与第二次的分析及比较,并对复杂的现象及各单位彼此之间的关系进行了解;最后,根据分析及比较结果发现教学事件背后隐含的意义,进而深入讨论相关议题。

幼儿教育课程模式

方案：面粉

日期	活动内容
2002/09/09—2002/09/13	有色面团
2002/09/13—2002/10/14	面泥糖
2002/10/14—2002/10/28	酵母实验
2002/10/28—2002/11/04	认识测量单位
2002/11/04—2002/11/25	1. 制作好吃的馒头 2. 彩色面团塑形
2002/11/25—2003/01/04	分为三组： 1. 馒头 2. 捏面人 3. 面团工厂
2003/01/04	馒头组成果展

91学年度第一学期方案课程

（方案课程在整个课程结构中的位置，请参考本书的第十七章表17-4）

主题活动：馒头——如何制作好吃的馒头

日期	活动内容
2002/11/04	品尝与比较自制及买来的馒头
2002/11/08	制作白馒头
2002/11/28	制作草莓馒头
2002/12/09	制作苹果馒头
2002/12/11	讨论改善已制作的苹果馒头
2002/12/12	制作葡萄馒头
2002/12/13	品尝昨天制作的馒头
2002/12/18	制作香蕉馒头
2002/12/19	讨论第二次制作的香蕉馒头
2002/12/20	分享家长试吃的心得
2002/12/31	制作葡萄干馒头
2003/01/04	成果展

课堂活动：苹果馒头（2002/12/11）

日期	活动内容
10:14	品尝昨天制作的馒头
10:16	讨论幼儿制作的缺点以及改善方法
10:29	针对材料的分量，讨论下一次制作馒头时各种材料的分量是否做增减
10:31	询问下一次要做什么口味的馒头
10:31	比较自己做的馒头和顾老师带来的馒头
10:33	询问下一次要做什么口味的馒头
10:42	询问及确认每一个幼儿需负责携带的材料
10:50	结束

课堂时段

时间	师幼对话
10:16	情境 1
10:18	情境 2
10:19	情境 3
10:20	情境 4
10:22	情境 5
10:29	情境 6

图 19-1 "面粉"方案的课程内容图

第十九章 课程模式、教师角色与"以幼儿为中心"理念的实例探讨

第一节 班级里师幼教室言谈案例之分析

图 19-1 所呈现的既是资料搜集与分析的架构图,也是小绿老师一学期的"面粉"方案的课程内容图。以下即从微观至宏观的方面依序分析与叙述。

一、课堂时段(早上 10:16—10:29)

笔者撷取早上 10:16—10:29 作为分析时段,此时段主要在讨论上一次制作馒头中存在的问题,并希望幼儿能提出改善的方法。

(一)情境内的对话内容及分析

1. 活动目标

该日的活动主要在讨论上一次所制作的苹果馒头有没有达到预期的结果、是否有需要改进的地方、如需要改进那么可行办法为何,讨论出结论之后将于下一次制作馒头时尝试。

2. 师幼对话内容及分析

依照对话内容重点的转换,笔者将 14 分钟的对话切割成六个情境,分别进行描述与分析。

> 情境 1:教师针对幼儿上一次制作的苹果馒头没有苹果味道的问题继续提出讨论,但是,师幼间的对话并未依教师的期望发展。

10:16

T:有吃到苹果的味道吗?

CS:没有。

C1:好苦(指馒头)。

T:像什么一样苦?

C:像咖啡一样苦。

C2:像柠檬一样苦。

T:他说(手指馒头)像咖啡一样苦,有谁喝过咖啡?

C2:我。

T:你喝过啊!你喝咖啡加不加糖?

C2:加。

……

分析

教师根据上次活动的结果,期望这次的讨论目的是检讨做出的馒头在味道上为什么没有达到预期结果,幼儿虽回答没有苹果的味道,但是并未继续讨论下去;因为此时C1提出这个苹果馒头吃起来很苦,于是小绿老师延续着幼儿所说的意见,提出"像什么一样苦"的讨论,转移了原先讨论的焦点。此外,在前次活动中及此次讨论时,师幼对"预期结果"是什么似乎没有共同的认识。这个"预期结果"是要"做出"有"苹果味道"的馒头,强调成品的完成,还是要"实验"加入苹果之后馒头味道出现变化,强调实验过程中变项的控制与实验结果间的关系?从教师的提问来看,小绿老师所预期的结果是"做出有苹果味道的馒头",然而,幼儿的回答却倾向于馒头加入苹果之后味道的改变。师幼间的对话显然欠缺共同的认识。

> 情境2:教师提出糖的分量应改变多少的问题,但是幼儿讨论的则是加糖的方法。

10:18

T:这次的苹果馒头要多加一点什么?(手指着墙上贴的白纸上所写的字——水与糖)水跟糖,因为要做甜一点的馒头。昨天加了多少糖?

C1:两汤匙。

T：两汤匙的糖都是四分之一的糖，是不是？是两个四分之一的糖……你觉得呢？（问一位小朋友）

C1：太少了。

T：为什么太少了？

C1：我爸爸都是用倒的。

T：你爸爸都是用倒的呀！倒下去的。（手做出倒东西的动作）

C1：不用全部倒。

T：不用全部倒，这样会比较甜吗？

C1：你要把它搅拌一下。

T：要搅拌一下。

分析

在这段的对话中，可以发现师幼对话有两处有答非所问的情况。教师问"为什么太少了"，C1 却回答"我爸爸都是用倒的"；教师问"这样会比较甜吗"，C1 回答"你要把它搅拌一下"。双方对话没有交集。不过，幸好小绿老师在接续的提问中适时地将话题拉回，继续讨论糖应该加多少份量的问题（情境 3）。

> 情境 3：接续情境 2，教师讨论如要改善这一次馒头的缺点，那么糖的份量是不是要做增减，但是幼儿的回答则是朝着馒头尝起来的味道如何的方向前进。

10:19

T：那我们下次做的时候糖要放多少的比例？今天的馒头有没有很甜？

CS：有。

T：那我们要放多少的糖才会比较甜？你们觉得今天的苹果馒头需不需要再放多一点的糖？

CS：要。

T＞C2：你觉得呢？这样的馒头需不需要多放一点糖？

C2：要要要。

T＞C4：你觉得今天的馒头怎么样？

C4：很不错。

T＞C4：很不错啊，怎样很不错？

……

分析

小绿老师的问话与幼儿的回答一直绕着馒头的味道尝起来如何的问题。从第一句的提问以及下一句的提问的两次提问来看，小绿老师在一句话中一连问了两个问题，幼儿容易对后一个问句进行回答，以致一直无法将幼儿带领到教师心中想讨论的甜度、面粉和糖之间的关系问题上。

情境4：承接情境3，教师欲继续与幼儿讨论，如要增加馒头的甜度，那么糖的分量应如何调整，但是对话的结果却走向个人对馒头甜度的感受上去了。

10：20

T：C1的比较苦，为什么会这样？

T：那为什么会这样？今天做的苹果馒头……

C：这个没味道。

T：这个没味道，然后……

C3：我的吃起来刚刚好（手摇了摇），不酸不苦。

T＞C3：有没有甜？

C3：没有，刚刚好。（手摇了摇）

T：可是我们这里（指白板上）写了要多加一点糖会比较甜，这样够吗？

CS：我的甜甜的。

T：有的人说刚刚好。刚刚好的举手，不会太甜，不会很甜，也不会不太甜，有点甜的举手。

C5、C6、C7举手。

T＞C6：觉得有一点甜，你觉得吃起来好吃吗？

C6点点头。

C5：我也是。

T：你觉得吃起来怎样？

……

分析

小绿老师希望继续讨论如何调整糖的份量以增加馒头的甜度（第八句），但（第十二句）"你觉得吃起来好吃吗？"的问话，顿时将讨论的焦点转移至个人对馒头甜度的感觉上了，使得原本想讨论的焦点被转移了。

> 情境5：小绿老师请幼儿从触觉、味觉、嗅觉及视觉等多方面做观察。比较自己做的馒头与张阿伯所做的馒头之间的差异，希望借由专家所制作的馒头，刺激幼儿再观察自己制作的馒头的不足。

10:22

T：好，现在把你手上的馒头先放着。我们来比比看张阿伯做的馒头（将大馒头拿起并掰开）。请拿到的时候先不要吃。我要你们先去压压看（手做压的动作）、捏捏看，先不要吃。（将馒头掰开，分别发给每一位小朋友）

C1：好软哦。

CS：好香哦。

C2：有热热的味道、热热的味道。

T：好，压压看，是张阿伯的比较软，还是我们做的比较软？

C3：张阿伯做的好软。

T：比较软，那要不要吃吃看？（吃一口张阿伯做的馒头）

C4：甜甜的。（继续吃馒头）

T：除了甜甜的，还有吃到什么？咬起来的感觉？

CS：软软的。

T：为什么张阿伯做的比较软？

C3（举手）：因为他有加很多水。

T：加比较多的水。还有呢，为什么张阿伯做的馒头比较软？

T:好,那你打开(指张阿伯做的馒头,掰开让小朋友看),有洞洞哦。然后掰开,有一条哦……我们自己做的馒头有吗?

CS:有。

T:我们做的馒头你掰开,有没有洞洞?(拿起小朋友做的馒头并将它掰开)有没有?这个是洞洞(指着馒头的洞洞让小朋友看)。颜色是不是一样?做的颜色?

CS:没有。

T:张阿伯做的馒头颜色跟我们做的馒头(将两种馒头摆在一起),有什么不同?

CS:……颜色比较白。

T:我们的颜色比较白一点,对不对?

……

分析

小绿老师在这一段话中话锋一转,拿出示范样本——张阿伯制作的馒头——与幼儿自己做的相比较,从触觉、味觉、嗅觉及视觉等多方面引导幼儿观察。幼儿虽可以比较出两者的不同,却无法提出造成差异的原因,并说出如何改进的方法。意即,教师原意希望借由张阿伯的馒头刺激幼儿说出自己所做馒头的不足,并提供改进的方法,但是仅停留在比较的阶段,并未在后续提出更深入的解决办法,让人有功亏一篑之感。

> 情境6:在情境1中教师已与幼儿讨论过为什么自己做的馒头没有苹果味道,当时并未得到结论,于是教师在此又再次地提出这个问题。教师欲讨论的是如何改进味觉上没有苹果味道的问题,但是与幼儿的对话却走到了另一个方向。

10:29

T:我们做的苹果馒头,为什么大家没有吃到苹果呢?那苹果到哪里去了?

C2:因为它都捏在馒头里了。

T:那为什么里面含有的苹果不够多,你有吃到苹果的味道吗?

CS:没有。

CS:……

T:苹果,那下次要怎么做?

C3:苹果都被包起来了。

T＞C3:可是你有吃到包起来的苹果吗?

C3:没有。

T:为什么?

C3:融化掉了。

T:融化掉了,融化在哪里?

C5(拿馒头给老师看):里面。

T:什么叫融化?

C4:融化就是消失。(将双手向外划大)

T＞C4:消失在哪里?

C4:消失在馒头里。

T:哦,消失在馒头里呀。

C4(点头):嗯。

T:那应该吃的出来还是吃不出来?

C4:(摇头)吃不出来。

T:吃不出来。那怎样才会吃到苹果的味道?

C5:……原味的苹果馒头……

T:好。我刚才问要怎样做有苹果味道的馒头?

C5:……

C6:……馒头。

T:对,可是我刚才问你们的,你们都不回答我。还是你们还没想到?

C5:都还没有想到。

T:我要看谁的头脑最会想。

C7:想到了。

T:好,你说。

C7:有点甜甜的。

C3:加更多糖。

分析

教师问"为什么大家没有吃到苹果呢?那苹果到哪里去了?"意思是指没有吃到苹果味道,而不是真的指苹果本身,但是教师所使用的语言不够精确,从幼儿的反应("融化掉了""消失在馒头里")显示幼儿理解到的是苹果本身,因此3分钟的对话都在没有交集的情况下进行。最后,教师再次回到本次活动的目标之一——"怎样做有苹果味道的馒头",答案却是"有点甜甜的""加更多糖",仍是鸡同鸭讲、答非所问的讨论。

(二)小结——平凡的瞬间露出了滴水穿石的威力

若将6个情境串联起来看,在历时14分钟的对话情境中,可以发现小绿老师心中欲讨论的重点有二:一为"如何解决苹果馒头中苹果味道太少"的问题;二为"糖的分量应为多少"的问题。但由于教师语言上的不准确、带领幼儿讨论时焦点的不断转移,师幼间对话的失焦性、讨论目的的不明确性等状况,导致在14分钟之内,整个教学过程未能达到教师所设定的活动目标。

二、课堂活动(早上10:14—10:50):苹果馒头

(一)课堂活动时间、教学流程及其分析

对课堂活动的分析,从图19-2来看,可以看到以下两个现象。

(1)讨论问题、教学活动间的转换太频繁,欠缺提供让问题深化所需的时间。在37分钟内,讨论四五个主要的问题。一个问题尚未解决就提出第二个问题,第二个问题尚无结论又出现第三个问题。

(2)教学欠缺衔接性。在10:14、10:16及10:29三个时段是品尝及检讨上次做的馒头,并讨论下一次如何改善苹果馒头,到了10:31及10:33时,讨论话题却变成"下一次要做什么口味的馒头"。本次活动是"讨论、改善已制作的苹果馒头",在活动中却出现了"下一次要做什么口味"的讨论。活动时段之间欠缺衔接性。

第十九章 课程模式、教师角色与"以幼儿为中心"理念的实例探讨

10:14　品尝昨天制作的苹果馒头
10:16　讨论学生制作的馒头的不足及改善方法
10:16　情境1——改善苹果味道过少的问题 ──── 没结论

10:18　情境2——糖的份量应增为多少 ──── 话题转移至加糖的方法

10:19　情境3——糖的份量应增为多少 ──── 话题转移至馒头尝起来味道如何

10:20　情境4——糖的份量应增为多少 ──── 话题转移至个人对甜度的感觉上

10:22　情境5——比较自己制作的和专家制作的馒头 ──── 幼儿能比较差异,但无法提出原因

10:29　情境6——改善苹果味道过少的问题 ──── 没结论

10:29　针对材料的分量,讨论下一次制作馒头时各种材料的分量是否做增减
　　　　・牛奶维持前次分量(200毫升)
　　　　・面粉维持前次分量(300克)
　　　　・酵母粉维持前次分量(两个1/4茶匙)
　　　　・糖的分量需增加(检讨昨天做的太苦,所以从原本的一个1/4茶匙增为两个1/4茶匙)

10:31　询问下一次要做什么口味的馒头 ──── 一句话带过,没有讨论

10:31　比较自己做的馒头和顾老师带来的馒头 ──── 因为幼儿吃不下,所以没有深入比较

10:33　询问下一次要做什么口味的馒头,依照个人意愿,
　　　　下次制作馒头分为三组: ──── 三组材料的分量,皆是今天所讨论的结果
　　　　1. 苹果(1人):想继续前一次的口味。
　　　　2. 葡萄果酱(7人):因为果酱比较方便。
　　　　3. 葡萄果粒(1人):因为以前已有使用过果酱的经验,所以想换果粒试试看。

10:42　询问及确认每一个幼儿需负责携带的材料

10:50　结束

图19-2　2002/12/11课堂活动时间的教学流程图

（二）小结——滴水汇成河川，缓缓而行，将行向何方？

在37分钟的时段里，教学活动依然未能达到教师所设定的活动目标与教学目标。

三、主题活动：馒头

（一）主题活动内容的发展及分析

1. 主题活动内容的发展

小绿老师在教学活动设计中说明了在进行"面粉"主题活动时，其教学目标为下列五项：① 增进团体合作的态度；② 增进语言表达的能力；③ 培养良好习惯；④ 培养科学研究的精神；⑤ 创作的能力。

在制作馒头的过程中，小绿老师主要欲达到的目标为"培养科学研究的精神"。由于小绿老师欲培养幼儿科学研究的精神，因此每一次在制作好吃的馒头的活动当中，她都会带领幼儿针对馒头的特性（味觉：甜度、草莓口味、苹果口味、香蕉口味、葡萄口味、葡萄干口味；触觉：软硬、干湿；视觉：光滑、颜色）做讨论。在这两个月的教学中，其课程发展如表19-1所示。

2. 主题内容之分析

在"面粉"方案中，小绿老师以"做馒头"为达到教学目标的方法（手段），幼儿的兴趣的确影响着教师的教学，活动的取舍常与幼儿的兴趣所在互相牵动。小绿老师在教学日志上曾提及："原来预定制作馒头时，我曾想，难道这一学期都要这样一直制作面粉制品吗？""幼儿会有兴趣吗？"她因为担心幼儿对于面粉制品的兴趣会消失，于是时常思考该如何引起幼儿的兴趣，以让活动持续进行。为了让幼儿保持制作馒头的高度兴趣，小绿老师采取的方式是让幼儿自己提议下一次要制作的馒头口味。

小绿老师依着幼儿的兴趣，忙着做各种不同口味的馒头，希望通过制作好吃的馒头来带领幼儿探索好吃的变项。教师带领着幼儿观察每一次制作的不同口味的馒头可以改进之处，并提出具体办法以在下一次制作时尝试。小绿老师在课堂中谈到影响馒头好吃的变项有三项，但是却没有知觉到口味的改变也是馒头实验中

第十九章 课程模式、教师角色与"以幼儿为中心"理念的实例探讨

表 19-1　主题活动:"馒头"课程的发展

日期	活动目标 (欲解决的问题)	活动内容	教学方法	结果
2002/11/04	能比较出自制的以及买来的馒头两者间的差异	品尝与比较自制及买来的馒头	品尝、讨论	买来的比较甜、比较软、比较白
2002/11/08	味觉:如何让馒头甜一点?	制作白馒头	制作馒头、讨论	多加点糖
	触觉:如何让面团软一点?			少加点酵母
2002/11/28	触觉:如何让面团软一点?	制作草莓馒头	制作馒头、讨论	用力搓面团
	视觉:如何消除面团上的纹路,使之较光滑?			加水、加牛奶
2002/12/09	味觉:要如何做好吃的馒头?	制作苹果馒头	制作馒头、讨论	加水、加糖、加苹果
2002/12/11	味觉:如何让苹果馒头更有苹果味道?	讨论改善已制作的苹果馒头	讨论	问题没解决
	味觉:馒头的甜度够不够?糖的分量需不需要做调整?			增加糖的分量
2002/12/12	口味:为什么每个人所吃的口感不一样?要做什么口感的馒头?	制作葡萄馒头	制作馒头、讨论	尊重个人喜好
2002/12/13	触觉:如何解决馒头比较软,但是没有筋道的问题?	品尝昨天制作的馒头	品尝、讨论	用力搓面团,并带回家让爸妈品尝,让爸妈一起来评判
2002/12/18	味觉:如何解决馒头太苦的问题?	制作香蕉馒头	制作馒头、讨论	加糖
2002/12/19	视觉:香蕉馒头为什么会黑黑的?	讨论第二次制作的香蕉馒头	讨论、品尝	问题没解决
	味觉:如何解决馒头太苦的问题?			
2002/12/20	味觉:为什么每个人所吃的口感不一样?要做什么口感的馒头?	分享家长试吃馒头的心得	讨论	尊重各人喜好
2002/12/31	味觉:为什么馒头吃起来臭臭的?	制作葡萄干馒头	制作、讨论	因为酵母粉发酵过度

的变项之一,造成每一次制作时皆有两个以上的变项在实验中变化,其所预设要探索的主要变项被模糊化了,因此无法从实验结果得知究竟什么是造成改变的原因,幼儿也不清楚自己所面临的是哪些变项,由于推论、预测及实验过程中的变项过多,幼儿最后仍不知道哪些变项影响了馒头的口味与口感,例如,在制作香蕉馒头时,幼儿觉得面团太干硬,于是有幼儿提出可以再多加一点牛奶试验看看;在下一次制作馒头时牛奶的分量增多,但是他们未考虑到制作葡萄馒头中的果酱本身已含有水分,结果面团又变得过于湿黏;于是解决办法就变成多加一点面粉,加了面粉又导致过于干硬——整个馒头课程一直出现同样的问题,不停地循环,却无法解决。

另外,在讨论当中,教师希望通过提问,使幼儿自己发现并说出解决方法,也就是加多少分量的糖。然而,每位幼儿对于味道的感觉是不同的。小绿老师在制作好吃的馒头的后期才恍然大悟,自己对于带领幼儿制作所谓"好吃"馒头的迷思:

> 我将制作好吃的馒头当成教学目标,其实馒头好不好吃,可能因人而异,因为每个人的口感不同。如果要制作到如同专业水准的馒头,似乎又只落在对制作馒头的技术的钻研上,这似乎是馒头店的目标,并不是我们教学的目标。如果这样恐怕这学期都难达到,而幼儿的学习目标也会太狭隘。

(二) 小结——引导错误,载舟之水成为覆舟之用

小绿老师与幼儿共花费了两个月的时间制作好吃的馒头,其教学目标原本是要培养幼儿科学研究的精神,因此教学方法上应多做实验,在实验的过程中,学习通过变项的控制来看实验的结果。但从表19-1来看,小绿老师的教学强调与讨论的是馒头的制作,而不是强调实验。这导致目标与手段间的错置,致使教育效能无法彰显。

第二节 讨论与反思

一、讨论

对上述资料分析的结果,有下述三个值得深入讨论的问题。

(一)教学目标的问题

"以幼儿为中心"的课程与教学理念容易有语意表达上的限制,因此许多教师常误以为课程不需要事先规划,课程发展只要以幼儿为指标,没有目标也无妨。从小绿老师的个案分析可以发现看到目标的相关议题对其在课程与教学上所造成的影响。长久以来,学界与实务界常忽略目标在课程与教学中的重要性,这是一件值得注意与反思的事。

从泰勒(Tyler,1949)、威廉姆斯(Williams,1976)以及杜威(Dewey,1916)的论点来看,目标的功能在于引导教师在课程发展中的决定,唯有当教师清楚地理解和掌握了课程目标,才能使教育产生意义。本研究发现,目标的层级性、发展性及弹性与课程的发展等有着密切的关联性。以下分别叙述笔者个人的观点。

1. 目标的层级性及其间的穿梭性

一般人们提及"目标",都会想到行为学派的"行为目标"。从泰勒(Tyler,1949)在《课程与教学的基本原则》(*Basic Principles of Curriculum and Instruction*)一书中所举的例子可以发现,他所提的目标其实有两种:教育目标与行为目标。在他举出的有关一群英文教师定义目标的例子中,"能欣赏文学作品"是教育目标,而"学生想要多阅读文章、了解文章作者的欲望;阅读文章后刺激个人的创造力,并能表现出来;能认出文章中的角色;能判断文章之好坏等"则是行为目标(Tyler,

1949）。李子建、黄显华（1996）则将不同目标的分类归纳成垂直分类与水平分类，层级性的目标属于前者，而布卢姆（Bloom，1956）等学者对于认知、情感领域的目标分属于后者。不论是垂直分类或水平分类，分类层级愈低，目标就愈具体，层级愈高则目标愈抽象。

小绿老师的目标也是具有层级的，由高至低分别为教育目的、教学目标及活动目标。在约两个月的"馒头"课程中，小绿老师课程中的活动目标并未随着时间的推移而渐渐朝向高层次发展。在课程实施时，只停留在制作好吃的馒头上，导致高层次的教学目标"培养科学研究的精神"难以达成。由此，笔者看到了忽视或混淆"目标的层级性"的可能危机是，在选择课程内容及方法时，就会像小绿老师一样出现迷失在低层次的操作上的现象，只求活动的延续，而幼儿学习或获得的经验便琐碎而未经深化。严格而言，只能算是活动发展，不能算是课程发展。笔者认为，低层次的行为目标可以通过抽象的高层次教学目标予以具体化与外显化，而高层次的教学目标则是一个方向。活动目标需时时回扣教学目标，需时时检验教学目标的落实情况，课程才能呈现出一贯的关联性。活动目标与教学目标间的来回呼应、穿梭性的互动，有助于教育目的的达成。

2. 目标的发展性

从课程的模式来看，教学目标及行为目标的形成是事先设定的。然而从研究中得知，小绿老师的教学目标及活动目标其实是在过程中形成的。

3. 目标的弹性、不确定性与暂时性

杜威（Dewey，1916）认为，目标是需要有弹性的，且需参考实际情形而定；目标的弹性与其发展性是一体两面，无法相互排除的。当目标设定之后，小绿老师仍会依幼儿的实际情形来调整原定目标，也就是在发展过程中，目标是可以改变的。因此，目标是具有弹性特质的，例如，在制作馒头的过程中，小绿老师发现幼儿在观察到酵母发酵后使得面团"长大"时，幼儿抱持着极大的好奇心，小绿老师注意到这是教学机会，因此小绿老师停下原先的活动目标，让幼儿仔细探索酵母发酵的实验过程。

在这个例子里，小绿老师在课程发展的动态过程中，会从幼儿的反应掌握到教学机会，停止了原先预设的活动，而发展出有意义的教学活动，反而更能达到先前设定的高层次教学目标——"培养科学研究精神"。由此可知,刚开始默认的目标就成了暂时的目标,是可以变动的,而后续的目标又会因为难以预期的课程发展产生不确定性。换言之,弹性的另一个指向是不确定性及暂时性。

保持目标的弹性能够避免事先规划的课程无法因现状而变僵化的问题,但若目标的弹性过大,则易造成课程走偏的问题。如何决定弹性的程度?笔者认为目标的弹性应有一个指针来控制——就是活动目标、教学目标和教育目的之间的关联性。当教师要依实际教学情形来弹性调整活动目标时,若能时时检视活动目标、教学目标和教育目的之间的关联性,将教学目标与教育目的当成维持课程走向的总舵,就不至于产生课程偏向或是流于片段琐碎的问题。

上述目标的三点特性在课程发展与教学实施的过程中,是互相支持、互动的。当教师在发展课程时,目标的发展性使得目标能保持弹性,进而成为促进课程发展的"活力";目标的层级性更是增进教师在目标弹性拿捏上的依据,当教学目标与教育目的为主变项时,活动目标就是依变项,如此才能引导课程发展朝向有意义的学习,而非漫无目的地在知识的汪洋之中游移。

(二)教学方法的问题——"讨论"教学法

从分析结果发现,小绿老师常以与幼儿互相讨论的方式进行教学,然而却在带领讨论时,出现讨论焦点不断转移、师幼间对话失焦、讨论目的不明确性等问题,导致出现教学效能低落的现象。

讨论(Discourse)通常是泛指广义的对话活动。讨论的进行是由两个或两个以上的人针对一个主题进行对话,彼此之间的互动是借由语言交谈、非语言线索,或借由倾听来扩充见解的(Gambrell & Almasi, 1996)。讨论其实是包含一种社会与文化的概念(Billings & Fitzgerald, 2002);换言之,在讨论中彼此所产生的意义及见解,是来自其所处的文化和社会脉络中。巴赫金(Bakhtin, 1981)进一步认为,讨论是一种使意义之间持续互动的方式,在讨论的进行中,通过成员之间对于彼此意义或观点的相互流动,将使得讨论的成员获得新见解。同样地,在教室中的讨论,其主要概念亦是指成员在社会情境中使用语言来创造或协商(Negotiate)彼此之间的立场及角色(Mercer, 1995)。然而,与其他讨论不同的是,若要以讨论来进行教学,其讨论的重点在于与学科相关的问题及议题,希望幼儿能借由讨论而发现引起争论及值得思考的地方。此外,讨论议题的选择应考虑与幼儿的生活经验相关及学科中所包含的知识和程序(Brophy & Alleman, 2002);且教师要帮助幼儿,提升幼儿从事讨论主要议题及问题的能力。因此,议题及问题的选择将是影响讨论质量的最重要因素(Hogan, Nastasi, Pressley, 1999)。

课堂中的讨论,依照教师所欲达成的目的而有不同的形式,一般说来有两种:一种讨论是教师借由询问学生问题,然后以倾听学生响应的形式进行讨论。此种形式的讨论目的是希望引导学生了解课程的内容,并讨论教师认为重要的议题。然而,此种形式受批评的地方在于教师在讨论中过于主导一切,即只是鼓励学生进行聚敛式思考,如下例(引自 Hogan et al., 1999)。

教师:好,这里有一张固体的图片,如果你想要闻到固体的味道,你要怎样做?

学生1:把固体断开就可以闻到味道。

教师:这样就是断开了吗?

学生1:我的意思是把它断得很小很小,才能闻得到味道。

教师:你的意思是说还有东西比这些还要小?那你们要叫这些一块块的东西什么?

学生1:分子。

另一种讨论则是较自由的形式,讨论的成员彼此之间交换、分享彼此的观点,也可能创造出新观点。此种讨论形式的目的在于探索不同的观点及见解,广纳正反两面的意见,帮助学生创新,如下例(引自 Hogan et al., 1999)。

学生1:嗯……固体的味道。

(他们回忆并描述出实验活动)

学生1:哦!我知道为什么了,因为有像是小微粒(particles)的东西脱离出来。

学生2:对!但是这要怎么做呢?(手指着固体、液体及气体的分子结构图)

学生3:对呀!这……

学生1：可能是这微粒脱离出来。（手指着图片）

学生2：嗯……是这……

学生3：并不会有任何改变，所以不是……

学生2：不是啦！我们现在只讨论固体。

学生1：对啊！所以……

学生2：我们现在正讨论……，它并不是气体。

学生3：对呀！因为这所有都是固体。

学生1：是啊！

（……学生不确定味道是固体还是气体，所以继续讨论着）

这种较自由的讨论形式具有三种特性（Nystrand, 1997; Wells, 1999），包括：① 在讨论中被视为重要的讨论议题是参与讨论的成员所共同决定的；② 学生对于讨论议题的见解是他们自己创造出来的，而非教师给予的；③ 讨论的形成及内容并非由教师主导。

此外，教室中的讨论从理论上来看具有平等主义（Egalitarian）的本质，即所有讨论参与者关于主题的观点、信念和见解都是有价值的，且参与者有责任参与讨论及倾听。然而，在团体讨论中，只有少部分学生会积极参与或能产生有效学习，大部分的学生都只是被动的听众（Nuthall, 2002; Roth, 2002）。事实上，从研究结果显示，在教室中并不常出现真正的讨论（Mercer, 1995），就算有进行讨论的教学形式，最常出现的讨论只是 IRE（启动—反应—评估，Initiate-Response-Evaluate）的形式；换言之，课程进行的方式大都是遵循着教师先发问，学生回答，之后教师再来评价学生回答的答案的路径（Wells, 1993）。且大部分教室中的讨论皆倾向以教师为中心，只是培养学生复制教师所知道的知识（Danielewicz, Rogers, & Noblit, 1996; O'Connor & Michaels, 1996）。当讨论的进行受到教师控制时（即以教师为中心），则教师的角色是管理者（Manager）、程序上的促进者（Procedural facilitator）、评价者（Evaluator）、掌控者（Controller），以及指导者（Instructor）；相对地，学生的角色则为被动的观察者（Passive observer），与评论家（Critics）一样（Nystrand, 1997; Sperling, 1995）。讨论也可以应用在科学教育上，其教学方式亦可分为两种取向，包括教科书取向（Textbook-Focused）及探索取向（Inquiry-Oriented）。此两种取向在讨论上会呈现不同的教与学的情况。教科书取向的教学主要是要学生记忆科学的专有名词及解释,但并未教导学生将其应用于现实的日常生活;这样的学习使得学生无法通过经验来整合知识,此教学中的讨论是以教师起始的师生对话为主,师生互动多为教师说、学生响应,之后教师再评论的方式(似前述所提的教师主导的讨论及 IRE 形式)。而在探索取向的教学中,学生不必死背名词,通过许多直接参与的活动及讨论来学习科学知识,此教学中的讨论则多为学生起始的对谈,教师则是以开放性问题促进学生的学习(似前述所提到的成员间的自由讨论形式)(Roth, 2002)。不过,不论是教科书取向或是探索取向的教学,都只能帮助小部分的学生真正学得科学概念及科学的本质(Roth, Anderson, & Smith, 1987),因为有些教室中的讨论(Classroom Discourse),并无法帮助学生学到知识及转变先前已有的观念。之所以造成如此结果的原因有二:一种原因是在教室讨论中,只有少数的学生会参与讨论,绝大多数的学生都属于被动的聆听者,很少主动参与讨论;另一种原因是只借由某些学生进行讨论来获得知识,而在讨论中,应该经由每个人分享彼此的知识,并奠定在不需要解释或详述的已知知识的基础上,才能使学生皆参与讨论并学得知识(Ball & Bass,2000)。简言之,教室中的讨论无法真正帮助所有学生学习,是因为一些特殊学生的经验与班上其他学生的过于不同所造成。因此,讨论并非是课程进行中唯一值得进行的学习活动,有时候必须通过直接教学(Direct Instruction),以提供给学生与讨论议题相关的讯息(Bruner, 1990),并引导学生学习先备知识。

综合上述讨论及本研究的分析结果可知,在小绿老师的课堂中并未见到与幼儿之间有互动的讨论,大多数的情况是教师以问题引发幼儿的想法,情况如下。

教师:今天的馒头甜吗?

幼儿:甜了。

教师:你们觉得今天的馒头需不需要再多放一点糖?

幼儿:要要要。

教师:你觉得今天的馒头怎么样?

幼儿:很不错。

……

幼儿:苦苦的。

教师:你觉得苦吗?

幼儿:他的比较苦。

由此可以看出,小绿老师在课堂中的讨论是属于教师主导的类型。然而,在其主导的讨论中又缺乏评价幼儿响应的部分,因此导致小绿老师进行的讨论活动常会有失焦、讨论目的不明确的问题。

(三)教师学科知识及学科教学法知识的问题

舒尔曼(Shulman,1987)将教师的知识基础分为七项,分别是内容知识(Content Knowledge)、一般教学知识(General Pedagogical Knowledge)、课程知识(Curriculum Knowledge)、教学内容法知识(Pedagogical Content Knowledge)、学习者特质的知识(Knowledge of Learners and Their Characteristics)、教育情境脉络的知识(Knowledge of Educational Contexts),以及教育目的、目标与价值的知识(Knowledge of Educational Ends, Purposes and Values)。其中,以"教学内容法知识"最能显示出教师的专业性(Shulman,1987),因为此项知识混杂着学科内容及教学知识。科克伦与琼斯(Cochran & Jones,1998)进一步指出,学科知识应该包含四个要素,即关于学科知识的论据及概念的内容知识(Content Knowledge)、关于学科领域中典范的名词知识(Substantive Knowledge)、在此学科领域中获得新知的方法知识(Syntactic Knowledge),以及关于此学科的理念(Beliefs about the Subject Matter)。

根据上述所言,教师在进行科学教育课程时,最基本的是应该要具有科学学科知识及科学教学知识。关于科学学科知识方面,因为自然学科知识包罗万象,可包括物理、化学、生物、环境科学、地球科学等,对于幼教教师而言,无法一一获得各领域的相关学科知识,但必须要能了解科学知识的特性,包括:① 科学知识具有链接性及结构性;② 科学知识描述、预测、解释、设计及评价现实生活的现象;③ 科学知识是随着时间而不断改变的,应该要不断探索;④ 通过与他人共同合作建构知识,可以获得新知识及见解(Roth, 2002)。

小绿老师在进行科学课程教学中所产生的问题,原因之一为缺乏充分的学科及学科教学法的知识。在幼教课程与教学多元化及广博化的情况下,不同学科的教学上或专门知识和技能上的不足并非罪过,教师可以与学生同时学习某些学科知识技能,不一定要先比学生拥有,因此学科知识和技能只是充分条件而非必要条件。重要的是,教师要有反省能力,并思考其自身对于所掌握的课程专业知识和技能是否足以带领学生,如果不足,即要采取弥补的策略。

二、反思

根据小绿老师的说法,其课程实行的是开放式教育,是强调"以幼儿为中心"的课程及建构式的教学方法。小绿老师受建构论的影响,但并没有直接指出是受到哪一派的建构论所影响①。小绿老师的教学极为强调幼儿间与师幼间的互动,笔者拟以社会建构论来探究。

社会建构论主要论及的是学习理论,并非教学理论(Brophy, 2002),亦即此论点倾向学习的论述,而不属于教学的理论,尤其是他们较关心知识论(epistemological)的议题,亦即关心知识的本质为何、知识要如何建构,较不注重要结合哪些教学方法,才能使学生在知识的建构上达到先前想要达成的最佳效益目标的教学议题。在社会建构论的教学中,教师的角色是利用问题来挑战学生已有的知识及技能,使其能够通过认知历程来建立和实践学科概念的知识。此外,在学生有能力自己建构知识的情况下,教师则要避免直接提供给学生知识或解决问题的方法(Hoganetal., 1999)。另外,教师并非只需要促进学生探索的内在动机(Cobb, 1994),还需要提供示范(Modeling)、解释(Explanations),通过合适的问题及活动来支持学生知识的建构,并给予学生工作鹰架(Scaffold)支持。学生的角色亦不只是给予答案,还需要表达自己的信念,及支持其理念的证据或理由。由此可见,社会建构论对于学习与教学的观点具有四个特征,包括学习者自动建构知识、学习要立基于已有的知识、社会互动在学习中扮演重要角色、有意义的学习需

---

① 不同学者(朱则刚,1996;许健将,2000;杨龙立,1997;Cobb, 1994; Ernest, 1995; Henriques, 1997)对于建构主义有不同的分类观点,此不在本章的讨论范围。

要依赖在实务上的学习工作（Brophy, 2002）。

上述所提的鹰架支持是指有经验的人帮助学习者,使他们能够在其能力范围内进行工作,并对其无法处理的部分给予指引及帮助（Cazden, 1988; Wood, Bruner, & Ross, 1976）,例如,以下的互动即是表现出因为写作中必须要在一个段落之前写出要旨句子（Topic Sentence）,所以教师为学生提供鹰架,帮助学生学会写要旨句子（引自 Englert, Berry, & Dunsmore, 2001）。

教师:你写要旨句子了吗?

学生:没有。

教师:你的要旨句子要写些什么?

学生:和蚁后有关。

教师:我们可以写下我们所知道的吗?

学生:喔……我们可以告诉你关于这个蚁后的事。

从以上的互动例子可以看出,教师是利用问题来为学生搭建鹰架的。鹰架支持的结果是要使学习者以后在没有帮助的情况下,能够完成学习的工作（Maybin, Mercer & Stierer, 1992）。教师的责任不只是给予学生鹰架支持,还要能计划与组织一系列活动,让学生通过参与这些活动,不但可以获得课程的内容,还能发展出超越自己的能力（Vygotsky, 1987）,也就是说,教师要能在学生的最近发展区（Zones of Proximal Development, ZPD）中,提供协助和响应他们的需求（Wells, 1999）,接受学生多样性的表现,并和学生共同讨论课程议题,共同合作建构相关的知识及技能,以达成目标（Wells, 2002）。

总括来说,社会建构论者的教学活动的形成包括四个阶段:① 教学阶段,亦即是活动的开始,教学的方式可经由教师讲述、同学间的讨论,或利用指导手册进行,教学的内容主要是与特定活动及活动规则和程序有关。② 实行活动阶段,即经过教学阶段后,学生对于所要进行的活动具有基础概念、知识及觉知后,即开始进行活动。③ 成果呈现阶段,即在活动结束后,展现活动的成果。④ 结果讨论,即在成果展现后,教师通常会和学生进行结果的讨论,此时讨论的目的在于和学生解释此活动及其结果所具有的意义,教师可利用此机会帮助学生联结先前活动的相关经验和知识。

教学时若只应用社会建构论是不足的。许多学者都发现建构论的教学效能没有显露出来,因为他们认为要能实施有效能的教学,教师需要具备充分的学科知识及快速响应能力,且学生要能主动参与学习。社会建构论所强调的社会互动,也有可能会偏离课程的主题或目标(Airasian & Walsh, 1997; Brophy, 2002; Windschitl, 1999),因此学者建议有效的教学应该是讨论、直接教学、单独教学或团体教学都有(Bruner, 1990; Wells, 2002)。讨论不应是唯一的教学法,当教师面对还未能通过讲述和倾听来学习阅读和写作技巧的幼儿时,或学习者的先备知识非常贫乏或表达技巧不佳,而未能针对议题提供相关的响应时,若特别依赖社会建构论者的讨论模式,将会使得教学中断,而无法切中要点。

持有社会建构论观点的教学因常让人误解而存在着五大迷思,例如,不需要清楚的目标、不需要有详细的教学计划、不需要学习架构、只要学习者参与社会互动自然就能学习,以及教师在教室中较不重要(Applefield, Huber & Moallem, 2001)。这些迷思导致在教学和师资培育上产生问题。事实上,社会建构论者认为,完整的教学方案应该要包含传递(Transmission)与建构(Constructivist)两方面(Sfard, 1998; Staver, 1998; Trent, Artiles, & Englert, 1998; Wells, 1998)。

综上所述,从社会建构论的观点来看"以幼儿为中心"的理念,应该是尊重幼儿是主动建构知识的学习者,教师应避免直接提供唯一的答案,而应提供支持的鹰架,重视团体之间的互动及讨论,但并非完全是要以讨论的方式进行教学,亦要以直接教学奠定幼儿概念的基础,且对概念内容的选择要在幼儿的最佳发展能力的范围内。

小绿老师的教学经历丰富且完整,并且积极地追求专业上的成长,在教学中时时以"幼儿为中心"及建构式教学为念,但何以仍然产生前述的三大问题?深究其中的原因,笔者认为可能有三点:一为教师知识的问题;二为理论知识转化为教学实务上的问题;三为教师对教学行为的自我反省思考(Reflective Thinking)的缺乏或效果不足的问题,例如,在教导学生科学概念时,幼儿的反应不佳,教师反思原因后认为教导的内容知识太深奥,幼儿的发展还不足以吸收此概念,因而降低教学目标及活动内容,而不是思考到是因为幼儿拥有错误的概念(Misconceptions),而无法学得教师拟教导的概念(Gallas, 1995)。在师资培育过程中,要注意是否给学生提供了足够的教师知识,同时,教师培育往往只重视理论知识的教导,缺乏将此理论知识链接生态情境(Ecological Tradition)的经验,再加上教师对于教学行为缺乏转化与反思的工作,使得理论知识和实际教学之间出现鸿沟。卡特(Carter,1990)认为,要解决学习和教学之间的问题,必须要将知识与情境(Situation)紧紧联结在一起,也就是在各种不同的情境中学得不同的教学行为、教学主题及模式。芬斯特马赫(Fenstermacher,1994)亦指出,唯有通过反省性思考才能连结教学实务及理论知识。

三、结语

本章的研究结果除了呼应余安邦(1997,2001)对开放教育中"以幼儿为中心"的诉求的提醒外,更拟藉此突显师资培育机构及教师个人在提升幼教质量上所能扮演的角色,也是在教育改革呼声高扬之际,可以踏实前进的着力点。毕竟教师与幼儿相处的时间很多,在教学的每一时刻里,教师都是主控的一方。教师若能在每一个平凡的瞬间皆展现自身的专业知识、技能与精神,相信幼教质量的提升是指日可待的。不管是哪一种课程模式,教师还是是否可以将该模式理念落实的主要人物。

参考文献

中文部分

著　作

1. 程学琴."安吉游戏"教育模式[M].上海:华东师范大学出版社,2016.

2. U.戈斯瓦米.认知发展:好学的大脑[M].林慧丽,胡中凡,曹峰铭,黄启泰,蒋文祁,简惠玲,译.台北:双叶书廊有限公司,2013.

3. 杜成宪,单中惠.幼儿教育思想史[M].北京:人民教育出版社,2013.

4. S.安.学前教育中的主动学习精要:认识高宽课程模式[M].霍力岩,等译.北京:教育科学出版社,2012.

5. S.安.有准备的教师:为幼儿学习选择最佳策略[M].霍力岩,等译.北京:教育科学出版社,2012.

6. S.安.我是儿童艺术家:学前儿童视觉艺术的发展[M].霍力岩,等译.北京:教育科学出版社,2012.

7. 台北市人类价值教育学会.SSEHV服务手册[M].台北:台北市人类价值教育学会,2010.

8. 简楚瑛.课程发展理论与实务[M].台北:心理出版社,2009.

9. 唐淑.学前教育史(第二版)[M].北京:人民教育出版社,2009.

10. 陈秀云,陈一飞.陈鹤琴全集(1—6卷)[M].南京:江苏教育出版社,2008.

11. 简楚瑛.幼教课程模式:理论取向与实务经验(第二版)[M].台北:心理出版社,2003.

12. 黄晓星.迈向个性的教育:一位留英、美学者解读华德福教育[M].台北:文景出版社,2003.

13. 林玉珠.华德福幼教课程模式之理论与实务[M].载于简楚瑛.幼教课程模式:理论取向与实务经验.台北市:心理出版社,2003.

14. 史代纳.人智学启迪下的儿童教育[M].柯胜文译.台北:光佑文化事业股份有限公司,2002.

15. 威尔金森.善、美、真的学校:华德福教育入门[M].郑鼎耀译.台北:光佑文化事业股份有限公司,2001.

16. 简楚瑛.方案教学之理论与实务[M].台北:文景书局,2001.

17. B.C.路易丝.带回瑞吉欧的教育经验:一位艺术老师的幼教创新之路[M].薛晓华译.台北:光佑文化事业股份有限公司,2000.

18. 许健将.建构主义[M].载于洪志成.教学原理.高雄:丽文文化事业机构,2000:606.

19. D. Walker,D. & J. F. Soltis.课程与目的[M].许瑞雯译.台北:桂冠图书股份有限公司,1999.

20. T.Jareonsettasin.理论与实践:SSEHV 基础入门[M].汤维正译.台北:台北市人类价值教育学会,1999.

21. T.Jareonsettasin.为人父母:父母在 SSEHV 中之角色扮演[M].汤维正译.台北:台北市人类价值教育学会,1999.

22. Art-ong Jumsai Na Ayudhya.科学与数学:SSEHV 实际融入理科[M].汤维正译.台北:台北市人类价值教育学会,1999.

23. L. 巴罗斯.艺术与课外活动:SSEHV 实际融入人文学科[M].汤维正译.台北:台北市人类价值教育学会,1999.

24. L. 巴罗斯.探索教学核心:SSEHV 之教学技巧[M].汤维正译.台北:台北市人类价值教育学会,1999.

25. Artong Jumsai Na Ayudhya.五大人类价值与美好人性[M].汤维正译.台北:台北市人类价值教育学会,1999.

26. C.爱德华兹,L.甘第尼,G.福尔曼.儿童的一百种语言:瑞吉欧·艾蜜莉亚教育取向进一步的回响[M].罗雅芬,连英式,金乃琪,译.台北:心理出版社,1998.

27. F. 杰福克. 幼儿的工作与游戏:德国华德福幼儿园教学实务[M]. 邓丽君译. 台北:光佑文化事业股份有限公司,1998.

28. F. Carlgren, G. Kniebe, & A. Klingborg. 迈向自由的教育:全球华德福教育报告书[M]. 邓丽君,廖玉仪,译. 台北:光佑文化事业股份有限公司,1998.

29. 高桥弘子. 日本华德福幼儿园:实践健康的幼儿教育[M]. 刘禧琴,吴旻芬,译. 台北:光佑文化事业股份有限公司,1997.

30. A. D. 沃尔夫. 一间蒙台梭利教室[M]. 萧丽君译. 台北:新民文教事业有限公司,1996.

31. V. G. 佩利. 孩子国的新约:不可以说"你不能玩"[M]. 游淑芬译. 台北:丰泰文教基金会,1996.

32. 游淑燕. 教师课程自主之理论与实证分析:以私立幼儿园教师为例[M]. 台北:五南图书出版股份有限公司,1996.

33. 李子建,黄显华. 课程:范式、取向和设计[M]. 台北:五南图书出版股份有限公司,1996.

34. M. 蒙台梭利. 蒙台梭利教学法[M]. 吴旭昌编译. 台北:新民文教事业有限公司,1995.

35. 岩田阳子,南昌子,石井昭子. 蒙台梭利教育理论概说:日常生活练习[M]. 台北:新民文教事业有限公司,1995.

36. 蔡秋桃. 幼儿教育思想[M]. 台北:五南图书出版股份有限公司,1995.

37. M. 蒙台梭利. 蒙台梭利儿童教育手册[M]. 李季湄译. 台北:桂冠图书股份有限公司,1994.

38. J. 马利坦. 面临抉择的教育[M]. 高旭平译. 台北:桂冠图书股份有限公司,1994.

39. 高敬文. 课程的诞生[M]. 台北:丰泰文教基金会,1994.

40. M. 蒙台梭利. 吸收性心智[M]. 王坚红译. 台北:桂冠图书股份有限公司,1994.

41. M. 蒙台梭利. 蒙台梭利教学法[M]. 周欣译. 台北:桂冠图书股份有限公司,1994.

42. 戴自俺. 张雪门幼儿教育文集(上、下卷)[M]. 北京:少年儿童出版社,1994.

43. M. Montessori. 蒙台梭利儿童教学法[M]. 赖媛, 陈恒瑞, 译. 台北: 远流出版公司, 1993.

44. 简楚瑛. 方案课程之理论与实务: 兼谈意大利瑞吉欧学前教育系统[M]. 台北: 文景书局, 1992.

45. 岩田阳子. 蒙台梭利教育理论与实践(第三卷): 感觉教育[M]. 台北: 新民文教事业有限公司, 1991.

46. 岩田阳子, 南昌子, 石井昭子. 蒙台梭利教育理论与实践(第四卷): 算术教育[M]. 台北: 新民文教事业有限公司, 1991.

47. 岩田阳子, 南昌子, 石井昭子. 蒙台梭利教育理论与实践(第二卷): 日常生活练习[M]. 台北: 新民文教事业有限公司, 1991.

48. 石井昭子, 等. 蒙台梭利教育理论与实践(第四卷): 算术教育[M]. 台北: 新民文教事业有限公司, 1991.

49. 相良敦子. 蒙台梭利教育理论与实践(第一卷): 蒙台梭利教育的理论概说[M]. 台北: 新民文教事业有限公司, 1991.

50. 张春兴. 张氏心理学辞典[M]. 台北: 东华出版社, 1991.

51. E. M. 斯坦丁. 蒙台梭利: 生平与贡献[M]. 徐炳勋译. 台北: 及幼文化出版股份有限公司, 1991.

52. M. 蒙台梭利. 发现儿童[M]. 吴玥玢, 吴京, 译. 台南: 光华女中出版社, 1990.

53. 高敬文, 等. 幼儿团体游戏: 皮亚杰学说的应用[M]. 屏东: 屏东师范专科学校, 1985.

54. 张雪门. 中国幼儿园课程研究[M]. 台北: 童年书店, 1978.

55. 张雪门. 幼儿教材五种[M]. 台北: 童年书店, 1978.

56. 张雪门. 我的童年[M]. 台北: 文化图书公司, 1970.

57. 张雪门. 幼儿教育五十年[M]. 台北: 台湾书局, 1969.

58. 张雪门. 增订幼儿园行为课程[M]. 台北: 台湾书店, 1966.

59. 张雪门. 幼儿园科学教育集[M]. 台北: 童年书店, 1961.

论　文

1. 蔡金莲."安吉游戏"对教师角色的新启示[J].幼儿教育研究,2016(2):27-28.

2. 李岗,杨淑雅.自由与纪律:Montessori的人格教育思想[J].教育研究集刊,2016(1):71-116.

3. 赵慧.浅谈农村幼儿园引入"安吉游戏"教学尝试[J].教育实践与研究(幼教版),2016(1):33-34.

4. 张帅.感悟"安吉游戏"[J].早期教育(教师版),2015(9):1-1.

5. 姚笑吟.走进安吉,走进游戏[J].东方宝宝(保育与教育),2015(7):45-52.

6. 孔礼美.游戏如何在教学中实现蜕变:来自安吉游戏的思考[J].今日教育(幼教金刊),2015(6):32-33.

7. 孙丽华,孙晓女.瑞吉欧教育对中国当代幼儿教育的启示[J].学前教育(幼教版),2015(2).

8. 王和平.对我国儿童游戏权保障问题的研究:以"安吉游戏"游戏活动材料投放为例[J].西北成人教育学院学报,2015(5):101-104.

9. 胥兴春,陈玲洁.生命教育视角下的华德福幼儿教育解析[J].教育导刊(下半月),2015(3),86-89.

10. 叶欢平.程学琴:中国竹乡学前教育的举旗人[J].幼儿教育(教育教学),2013:6.

11. 霍力岩,高宏钰.中国一位幼儿教育家的特质及其启示——陈鹤琴[J].教育数据集刊,2012(53):1-22.

12. 张雅卿.教师对于张雪门幼教课程思想的初探[J].幼儿教育,2012(307):66-70.

13. 李煜.论陈鹤琴教育思想体系建构的理论基础[J].江苏教育研究,2011(22):64-66.

14. 台北市人类价值教育学会.人类价值[J].教育季刊,2010(47).

15. 李志方.安吉教育装备事业的三次腾飞:安吉教育装备事业三十二年历程纪实[J].中国教育技术装备,2009(17):18-20.

16. 庄美玲.华德福教育模式之探讨[J].教育研究月刊,2008(169):55-61.

17. 汤有根,程学琴,方永建.社会主义新农村建设的一件实事:关于安吉县农村幼儿教育改革发展情况调查报告[J].浙江教育科学,2006(4):3-9.

18. 余安邦.那株红杏不出墙?开放教育的诱惑与陷阱[J].应用心理研究,2001(11):175-212.

19. 简楚瑛.引导课程发展与教学方向的岂只是师生间的对话而已[J].国教世纪,1999(187):24-27.

20. 游淑燕.自主与责任:幼儿园教室层次的控制[J].嘉义师院学报,1998(12):219-239.

21. 蔡敏玲."内""外"之间与之外的模糊地带:再思建构论之争议[J].课程与教学季刊,1998(3):81-90.

22. 杨龙立.建构主义评析在课程设计上的启示[J].台北市立师范学院学报,1997(28):72.

23. 余安邦.真的是以孩童为中心吗?开放教育的盲点与迷失[J].师友,1997:366,307.

24. 林静子.张雪门先生的幼教思想及其行为课程检讨[J].国际人文年刊,1997(7):121-142.

25. 朱则刚.建构主义知识论对教学与教学研究的意义[J].教育研究,1996(49):395.

26. 游淑燕.幼儿园课程决定层级体系及运作情形分析[J].嘉义师院学报,1994(8):419-470.

27. 翁丽芳.张雪门幼教师资课程论及其实践[J].幼儿教育学报,1993(2):99-120.

28. 翁丽芳.张雪门的中国幼儿园课程.台北师院学报[J],1992(5):885-920.

29. 黄昆辉.克伯屈教育思想之研究[J].教育研究集刊,1968(10):177-302.

30. 华霞菱.张雪门先生和幼儿教育[J].国教世纪,1966(7):12-14.

其 他

1. 李华玉.基于社会资本视角下村园互动共治的个案研究[D].杭州:浙江师范大学,2015.

2. 陈映洁.陈鹤琴活教育思想历程研究[D].台北:台北市立教育大学,2014.

3. 黄常惠.张雪门幼儿教育思想及实践之研究[D].台北:台湾师范大学,2001.

4. 杜美智.小学社会科教师课程决定研究[D].花莲:花莲师范学院,1997.

5. 沈桂枝.小学教师体育教学决定影响因素之研究[D].台北:台北师范学院,1995.

6. 吕若瑜.小学社会科课程发展之研究[D].台北:台湾师范大学,1994.

7. 高新建.女子小学教师课程决定之研究[D].台北:台湾师范大学,1991.

8. 简楚瑛.课程发展模式之初探[D].台北:台湾政治大学,1981.

9. 程学琴.社会主义新农村家园小区共育的实践探索[R].学前教育研究会大会报告,2015.

10. 简楚瑛.学前教育效果之后设分析[R].台湾专题研究计划成果报告(NSC82-0301-H-134-001),1994.

英文部分

1. Adcok, E. P. et al.A comparison of half-day kindergarten class on academic achievement[M]. Baltimore, MD: Department of Education, Maryland State University,1980.(ERIC Document Reproduction Service No. ED194205)

2. Airasian, P., & Walsh, M.Constructivist caution[J]. Phi Delta Kappan, 1997, 78: 444-449.

3. American Montessori Society(n.d.). Consultation workshop registration[OL]. Retrieved from http://www.amshq.org/schools_consultation.htm.

4. AnjiPlay. Ms. Cheng Addresses MIT Media Lab[OL]. Retrieved July14, 2016, from http://www.anjiplay.com/happenings/2016/4/3/ms-cheng-addresses-mit-media-lab.

5. AnjiPlay. Philosophy of AnjiPlay[OL]. Retrieved June 22, 2016, from http://

www.anjiplay.com/philosophy.

6. Applefield, J., Huber, R., & Moallem, M. Constructivism in theory and practice:Toward a better understanding［J］. High School Journal, 2001,84:35-53.

7. Applegate, B. A meta-analysis of the effects of day care on development:Preliminary findings［M］. Baltimore, MD: Department of Education, Maryland State University , 1986.(ERIC Document Reproduction Service No.ED280114)

8. Arseven, A.The Reggio Emilia approach and curriculum development process ［J］.International Journal of Academic Research, 2014.6(1):166-171.

9. Bakhtin, M. M.The dialogic imagination: Four essays by M. M. Bakhtin (M.Holquist, Ed.C. Emerson,& M. Holquist, Trans.)［M］. Austin, TX:University of Texas Press,1981.

10. Ball, D. L., & Bass, H. Making believe: The collective construction of public mathematical knowledge in the elementary classroom［M］. In D. C.Phillips (Ed.). Constructivism in education: Opinions and second opinions on controversial issues. 99th Yearbook of the National Society for the Study of Education:Part I. Chicago, IL: University of Chicago Press,2000:193-224.

11. Bauer, P., & Mandler, J. Taxonomies and triads: Conceptual organization in one-to-two-year-olds［J］. Cognitive Psychology, 1989,21(2):154-184.

12. Becker, W.C., Engelmann, S., Carnine, D. W., & Rhine, W. R. Direct instruction model［M］. In W. R. Rhine(Ed.). Making schools more effective:New directions from follow through. New York, NY: Academic Press,1981:95-154.

13. Beckman, E. This is Anji Play［OL］. Retrieved July 14, 2016, from https://www.youtube.com/watch? v=HV0JIjxisUc.

14. Bereiter, C., & Engelmann, S. Teaching disadvantaged children in the preschool ［M］.Englewood Cliffs, NJ: Prentice-Hall,1966.

15. Biber, B. A developmental-interaction approach: Bank Street College of Education ［M］.In M. Day & R. Parker(Eds.). The preschool in action: Exploring early childhood programs(2nd ed.). Boston, MA: Allyn & Bacon,1977:421-460.

16. Biber, B. The evolution of the developmental-interaction view[M]. In E. K.Shapiro &F.Weber(Eds.). Cognitive and affective growth: Developmental interaction.Hillsdale, NJ: Lawrence Erlbaum Associates,1981:9-30.

17. Biber, B., Shapiro, E., & Wickens, D. Promoting cognitive growth: A developmental interaction point of view(2nd ed.)[M]. Washington, DC: National Association for the Education of Young Children,1977.

18. Billings, L., & Fitzgerald, J. Dialogic discussion and the Paideia Seminar [J].American Educational Research Journal, 2002,39:907-941.

19. Bloom, B. Stability and change in human characteristics[M]. New York,NY: John Wiley & Sons,1964.

20. Bloom, B. S.(Ed.). Taxonomy of educational objectives: The classification of educational goals: Handbook I, cognitive domain[M]. NewYork, NY:Longmans,1956.

21. Brophy,J.Social constructivist teaching: Affordances and constraints[M]. Oxford, UK: Elsevier Science Ltd,2002.

22. Brophy, J., & Alleman, J. Learning and teaching about cultural universals in primary-grade social studies. Elementary School Journal, 2002,103:99-111.

23. Bruner, J. S. The process of education[M]. Cambridge, MA: Harvard University Press,1960.

24. Bruner, J. S. The course of cognitive growth[J]. American Psychologist,1964,19 (1):1-15.

25. Bruner, J. S. Acts of meaning[M]. Cambridge, MA: Harvard University Press, 1990.

26. Bruner, J. S. Education and the brain: A bridge too far[J]. Educational Researcher, 1997,26(8):4-16.

27. Cain, R. Moral development in Montessori environments[J]. Montessori Life, 2005,17(1).

28. Carey, S., & Spelke, E. Domain-speci.c knowledge and conceptual change

[M]. In L. A. Hirschfeld & S. A. Gelman(Eds.). Mapping the mind:Domain specificity in cognition and culture. Cambridge,MA: Cambridge University Press, 1994: 162-200.

29. Carter, K. Teachers' knowledge and learning to teach[M]. In W. R. Houston (Ed.). Handbook of research on teacher education. New York, NY: Macmillan, 1990: 291-310.

30. Case, R. Changing views of knowledge and their impact on educational research and practice[M]. In D. R. Olson & N. Torrance(Eds.). The handbook of education and human development. Cambridge, UK:Blackwell, 1996: 75-100.

31. Cazden,C. Classroom discourse: The language of teaching and learning[M]. Portsmouth, NH: Heinemann, 1988.

32. Chard, S.C. The project approach: Practice guide: Developing the basic framework[M]. New York, NY: Scholastic, 1998.

33. Chow,K.L.,& Stewart, D. L.Reversalof structural and functional effects of long-term visual deprivation in cats[J]. Experimental Neurology, 1972,34:409-433.

34. Clarke-Stewart, K. A., & Gruber, C. P. Day care from and feature[M]. In R. C. Ainsile(Ed.). The child and the day care setting: Qualitative variations and development. New York, NY: Praeger, 1984: 35-62.

35. Clay,M.M.Emergent reading behavior. Unpublished doctoral dissertation[D], Auckland: University of Auckland, 1966.

36. Cobb,P.Constructivism in education[M]. In T. Husen & T. N. Postlethwaite (Eds.). The international encyclopedia of education. UK: Elsevier Science, 1994.

37. Cochran,K.F.,& Jones,L.L. The subject matter knowledge of preservice science teachers[M]. In B. Fraser & L. Tobin(Eds.). International handbook of science education. Dordrecht, The Netherlands:Kluwer, 1998: 707-718.

38. Copple, C. E. et al.Path to the future: long-term effects of Head Start in the Philadelphia School District[A].1987.(ERIC Document Reproduction Service No. ED289598)

39. Danielewicz, J. M., Rogers, D. L., & Noblit, G.Children's discourse patterns and power relations in teacher-led and children-led sharing time[J]. Qualitative Reference Education, 1996,9(3):311-331.

40. de Souza, D. L. Learning and human development in Waldorf pedagogy and curriculum[J]. Encounter, 2012,25(4):50-62.

41. DeVries, R., & Kamii, C.Why group games: A Piagetian perspective[M]. Urbana, IL:ERIC Publications Office, 1975.

42. DeVries, R., & Kamii, C. Group games in early education: Implications of Piaget's theory[M]. Washington, DC: National Association for the Education of Young Children, 1980.

43. DeVries, R., & Kohlberg, L. Programs of early education: The constructivist view [M].New York, NY: Longman, 1987.

44. DeVries, R., & Kohlberg, L. Constructivist education: Overview and comparison with other program[M]. Washington, DC: National Association for the Education of Young Children, 1990.

45. DeVries, R., & Zan, B.Moral classrooms, moral children: Creating a constructivist atmosphere in early education[M]. New York, NY: Teachers College Press, 1994.

46. Dewey, J. Democracy and education[M]. New York, NY: Macmillan, 1916.

47. Dixon, C., & Green J. Mapping the events of everyday life[M]. 台北:台湾示范大学理学院,2000.

48. Donofrio, R. I. The effects of the all-day everyday: Kindergarten program versus the half-day everyday kindergarten on student developmental gains in language, anditory,and visval skills[M]. Flagstaff, AZ: Northern Arizona University, 1989.

49. Education Consumers Foundation. Direct instruction: What the research says [M].Arlington, VA: Education Consumers Foundation, 2011.

50. Education, E. C.Values! A hot topic[J]. Anthropologist, 2014,17(2):491-500.

51. Edwards, C.Partner, nurturer, and guide: The role of Reggio teacher in action

[M]. In C. Edwards, L. Gandini, & G. Forman(Eds.). The hundred languages of children. Norwood, NJ: Ablex, 1993: 151-170.

52. Edwards, C. P, Gandini, L., & Forman, G. E.The hundred languages of children:The Reggio Emilia approach: advanced reflections[M]. Santa Barbara, CA: Greenwood, 1998.

53. Eisner, E.W.Recent papers[M]. Stanford, CA: School of Education, Stanford University, 1991.

54. Elkind, D.Montessori and constructivism[J]. Montessori Life, 2003 15(1):26.

55. Englert, C. S., Berry, R., & Dunsmore, K. L. A case study of the apprenticeship process: Another perspective on the apprentice and scaffolding metaphor[J]. Journal of Learning Disabilities, 2001,34(2): 136-152.

56. Ernest, P. The one and the many[M]. In L. P. Steffe & J. Gale(Eds.). Constructivism in education. Mahwah, NJ: Lawrence Erlbaum Associates, 1995: 459-486.

57. Evans, E. D. Curriculum model[M]. In B. Spodek(Ed.).Handbook of research in early childhood education. New York, NY: The Free Press, 1982: 107-134.

58. Fenstermacher, G. D.The knower and the known: The nature of knowledge in research on teaching[J]. Review of Research in Education, 1994,20:3-56.

59. Fodor, J. The modularity of mind: An essay on faculty psychology[M]. Cambridge, UK: MIT Press, 1983.

60. Forman, G.Multiple symbolization in the Long Jump Project[M]. In C. Edwards, L. Gandini, & G. Forman(Eds.). The hundred languages of children. Norwood, NJ: Ablex, 1993: 171-188.

61. Forman, L., Lee, M., Wrisley, L., & Langley, J.The city in snow: Applying the multisymbolic approach in Massachusetts[M]. In C. Edwards, L. Gandini, & G. Forman(Eds.). The hundred languages of children. Norwood, NJ: Ablex, 1993: 233-250.

62. Gallas, K.Talking their way into science: Hearing children's questions and

theories, responding with curricula[M]. New York, NY: Teachers College Press, 1995.

63. Gambrell, L. B., & Almasi, J. F. Lively discussion! Fostering engaged reading [M]. Newark, DE: International Reading Association, 1996.

64. Gandini, L.Foundations of the Reggio Emilia Approach[M]. In J. Hendrick (Ed.). First steps toward teaching the Reggio way. NJ:Prentice-Hall, 1997: 14-25.

65. Gardner, N.Frames of mind[M]. New York, NY: Basic Books, 1983.

66. Gilkeson, E. C., Smithberg, L. M., Bowman, G, E., & Rhine, W. R. Bank Street Model: A developmental-interaction approach[M]. In W. R. Rhine(Ed.). Marking schools more effective: New directions from follow through. New York, NY: Academic Press, 1981: 249-288.

67. Glatthorn, A. A.Developing a quality curriculum[A].1994.(ERIC Document Reproduction Service No. 378641)

68. Gof.n, S. G.Curriculum model and early childhood education: Appraising the relationship[M]. NY: Merrill, 1994.

69. Goodlad, J.Curriculum inquiry[M]. NY: McGraw-Hill, 1979.

70. Gopnik, A., & Wellman, H. M.The theory theory[M]. In L. Hirschfeld & S. Gelman(Eds.). Domain-specificity in culture and cognition. New York, NY: Cambridge University Press, 1994: 257-293.

71. Greenough, W. T., Black, J. E., & Wallace, C. S.Experience and brain development [J]. Child Development,1987,58:539-559.

72. Hainstock, E. G.The essential Montessori[OL]. Retrieved 1986, from http://www.amshq.org/documents/AMSstandards_8_08.pdf.

73. Hainstock, E. G.Teaching Montessori in the home[M]. New York, NY: Random House, 2013.

74. Henriques, L.Constructivist teaching and learning[M]. in 建构主义对科学教学、学校、师资教育与科学教育研究之启示研习会手册. 台北:台湾师范大学, 1997.

75. High/Scope Press.High/Scope Child Observation Record[M]. Ypsilanti,MI:

High/Scope Press, 1992.

76. Hočevar, A.,šEbart, M. K., & štefanc, D.Curriculum planning and the concept of participation in the Reggio Emilia pedagogical approach[J]. European Early Childhood Education Research Journal, 2013,21（4）: 476-488.

77. Hogan, K., Nastasi, B. K., & Pressley, M.Discourse patterns and collaborative scientific reasoning in peer and teacher-guided discussions[J]. Cognition and Instruction, 1999,17:379-432.

78. Hohmann, M., & Weikart, D. P.Education young children[M]. Ypsilanti, MI: HighScope Press, 1995.

79. Howard, E. M.A longitudinal study of achievement associated with participation a public school kindergarten[J]. Dr. Dissertation of Mississippi State University, MS, 1986.

80. Hunt, J.Intelligence and experience[M]. New York, NY: Ronald Press, 1961.

81. Hunt, J.Revisiting Montessori: In the Montessori method[M]. New York, NY:Schocken Books, 1964.

82. International Baccalaureate. Making the PYP happen: A curriculum framework for international primary education[OL]. Retrieved 2009, from http://tecnosanfran.wikispaces.com/file/view/Making+the+PYP+Happen.pdf.

83. International Baccalaureate. The IB Primary Years Programme[OL]. Retrieved 2012, from http://www.ibo.org/globalassets/publications/become-an-ibschool/ibpyp_en.pdf.

84. International Baccalaureate. The IB: An historical perspective[OL]. Retrieved 2012, from http://www.ibo.org/globalassets/digital-tookit/presentations/1503-presentationhistoryoftheib-en.pdf.

85. International Baccalaureate. What is an IB education?[OL] Retrieved 2013, from http://www.ibo.org/globalassets/publications/become-an-ib-school/whatisanibeducation-en.pdf.

86. International Baccalaureate.The IB: An historical perspective[OL]. Retrieved

2015, from http://www.ibo.org/globalassets/digital-tookit/presentations/1503-presentationhistoryoftheib-en.pdf.

87. International Baccalaureate. Essential elements in the PYP[OL]. Retrieved 2016, from http://www.ibo.org/programmes/primary-years-programme/curriculum/written-curriculum/.

88. Johnson, Jr. M.Definitions and models in curriculum theory[J]. Educational Theory, 1967,17(2):127-140.

89. Kagan, D. M., & Smith, K. E. Beliefs and behaviors of kindergarten teachers[J]. Educational Researcher, 1988,30(1):26-35.

90. Kamii, C. An application of Piaget's theory to the conceptualization of a preschool curriculum[M]. In R. Parker(Ed.). The preschool in action. Boston,MA: Allyn & Bacon, 1972.

91. Kamii, C.A sketch of the Piaget-derived preschool curriculum developed by the Ypsilanti early education program[M]. In S. Braun & E. Edwards(Eds.). History and theory of early childhood education. OH: Charles A.Johns, 1972.

92. Kamii, C.A sketch of the Piaget-derived preschool curriculum developed by the Ypsilanti early education program[M]. In J. Forst(Ed.).Revisiting early childhood education. New York, NY: Holt, Rinehart & Wineston, 1973.

93. Kamii, C.A sketch of the Piaget-derived preschool curriculum developed by the Ypsilanti early education program[M]. In B. Spodck(Ed.). Early childhood. Englewood Cliffs, NJ: Prentice-Hall, 1973.

94. Kamii, C.Number in preschool and kindergarten: Educational implications of Piaget's theory[M]. Washington, DC: National Association for the Education of Young Children, 1982.

95. Kamii, C.,DeVries, R.Piaget for early education[M]. In M. Day & R.Parker(Eds.). Preschool in action(2nd ed.). Boston, MA: Allyn & Bacon, 1977.

96. Kamii, C., & DeVries, R. Physical knowledge in preschool education:Implications of Piaget's theory[M]. Englewood Cliffs, NJ: Prentice-Hall, 1978.

97. Kamii, C., & DeVries, R. Group games in early education: Implications of Piaget's theory[M]. Washington, DC: National Association for the Education of Young Children, 1980.

98. Kamii, C., & DeVries, R. Physical knowledge in preschool education: Implications in Piaget's theory[M]. New York, NY: Teachers College Press, 1993.

99. Kamii, C., & Radin, N.A framework for a preschool curriculum based on some Piagetian concepts[M]. In I. Athey(Ed.). Educational implications of Piaget's theory. Waltham, MA: Xerox College Publishers, 1970.

100. Kanfush, P. M.Dishing direct instruction: Teachers and parents tell all![J]. The Qualitative Report, 2014,19(1):1-13.

101. Katz, L., & Chard, S.Engaging children's minds: The project approach[M]. Norwood, NJ:Ablex, 1989.

102. Kilpatrick, H. W.The project method. Teachers College Record[J], 1918, 616(4):319-335.

103. Kilpatrick, W. H.The Montessori system examined[M]. New York, NY:Houghton Mif, 1914.

104. Klein, M. F.Instructional decision in curriculum[M]. In H. A. Penna & W.F. Pinar(Eds.). Curriculum and instruction. CA:McCatechan, 1981: 149-161.

105. Kuyk, J. J. van. Pyramid: The method for young children(English version)[M]. Arnhem:Cito, 2003.

106. Kuyk, J. J. van. Holistic or sequential approach to curriculum: What works best for young children?[M]. In J. J. van Kuyk(Ed.). The quality of early childhood education. Arnhem: Cito, 2006: 137-152.

107. Kuyk, J. J. van.The pyramid method[M]. In 幼儿教育专业、品质与卓越:幼教课程与幼儿园经营.台北:台湾政治大学幼儿教育研究所, 2009.

108. Kuyk, J. J. van. Scaffolding: How to increase development[J]. European Early Education Research Journal, 2011,19(1):149-162.

109. Kuyk, J. J. van. The piramide method[M]. In J. L. Roopnarine & J. E. Johnson

(Eds.). Approaches to early childhood education (6th ed.). Upper Saddle River, NJ: Merrill Education, 2013: 299-330.

110. Kuyk, J. J.van.The pyramid project [A]. Retrieved 1997, from the ERIC database (ED420369)

111. Lazar, I., & Darlington, R. B.Lasting effects of early education: A report from the consortium for longitudinal studies [J]. Monographs of the Society Research in Child Development, 1982, 47 (2-3, Serial No. 195).

112. Lee, V. E. et al. Are Head Start effects sustained? A longitudinal follow up comparison of disadvantaged children attending Head Start [A]. No preschool and preschool programs. 1989. (ERIC Document Reproduction Service No. ED309880)

113. Leekeeman, D., & Nimmo, J. Connections: Using the project approach with 2-and 3-year-olds in university laboratory school [M]. In C. Edwards, L.Gandini, & G. Forman (Eds.). The hundred languages of children. Norwood, NJ: Ablex, 1993: 251-268.

114. Lillard, A.S.Montessori: The science behind the genius [M]. New York, NY: Oxford University Press, 2005.

115. Lillard, A. S.Playful learning and Montessori education [J]. American Journal of Play, 2013, 5 (2):157.

116. Lunenburg, F. C.Curriculum models for preschool education: Theories and approaches to learning in the early years [J]. Schooling, 2011, 2 (1): 1-6.

117. MacDonald, J. B., & Leeper, R. R. (Eds.).Theories of instruction [M]. Alexandria, VA:Association for Supervision and Curriculum Development, 1965.

118. MacDonald, R. A., & Leithwood, K. A.Toward an explanation of influences on teachers' curriculum decision making [M]. In K. A. Leithwood (Ed.). Studies in curriculum decision making. Ontario, Canada: OISE Press, 1982: 14-26.

119. Majmudar, M.Developing values education for the new millennium through a crosscultural approach: Sathya Sai Education in Human Value (s SSEHV):

Theory and practice[OL].Retrieved June 23,2016,from http://www.leeds.ac.uk/educol/documents/000000842.htm.

120. Malaguzzi,L.The very little ones of silent pictures[M]. Reggio Emilia,Italy: Coi Bambini, 1991.

121. Malaguzzi, L. Your image of the child: Where the teaching begins[OL]. Retrieved 1993, from http://emh.kaiapit.net/ShiningStars/.../YourImageChildTeachingBegins.pdf

122. Malaguzzi, L. The hundred languages of children[M]. Reggio Emilia,Italy: Coi Bambini, 1996.

123. Marchand-Martella, N., Slocum, T. & Martella, R.(Eds.). Introduction to direct instruction[M]. Boston, MA: Allyn & Bacon,2004.

124. Maybin, J.,Mercer, N., & Stierer, B. "Scaffolding" learning in the classroom[M]. In K. Norman(Ed.). Thinking voices: The work of the National Oracy Project(pp. 186-195). London, UK: Hodder & Stoughton, 1992.

125. McNeil, J. D. Curriculum: A comprehensive introduction[M]. IL: A Division of Scott, Froeman and Company, 1990.

126. Meltzoff, A. N., & Moore, M. K. Newborn infants imitate adult facial gestures[J]. Child Development, 1983,54:702-719.

127. Mercer, N.The guided construction of knowledge: Talk amongst teachers and learners[M]. Philadelphia, PA: Multilingual Matters, 1995.

128. Mitchell, A., & David, J.Explorations with young children: A curriculum guide from the Bank Street College of Education[M]. MD: Gryphon House, 1992.

129. Montessori, M.The Montessori method[M]. New York, NY: Schocken Books, 1964.

130. Montessori, M.The secret of childhood[M]. New York, NY: Ballantine books, 1966.

131. Montessori, M.The absorbent mind[M]. New York, NY: Dell, 1967.

132. Montessori, M.Dr. Montessori's own handbook[M]. New York, NY:Schocken

Books, 2011.

133. Nager, N., & Shapiro, E. K. A progressive approach to the education of teachers: Some principles from Bank Street College of Education[A]. Retrieved 2007, from ERIC database.(ED495462)

134. New, R. S.The integrated early childhood and curriculum: New interpretations based on research and practice[M]. In C. Seefeldt(Ed.). The early childhood curriculum: A review of current research. New York, NY: Teacher College Press, 1992:286-322.

135. Nicol, J.Bringing the Steiner Waldorf approach to your early years practice[M]. New York, NY: Routledge, 2015.

136. Nordlund, C.Waldorf education: Breathing creativity[J]. Art Education, 2013,66(2):13-19.

137. Nuthall, G.Social constructivist teaching and the shaping of student knowledge and thinking[M]. In J. Brophy(Ed.). Advances in research on teaching(Vol. 9): Social constructivist teaching. New York, NY: Elsevier Science, 2002.

138. Nystrand, M.Opening dialogue: Understanding the dynamics of language and learning in the English classroom[M]. New York, NY: Teachers College Press, 1997.

139. O'Brien, L. M.Teacher values an classroom culture: Teaching and learning in a rural, Appalachian Head Start program[J]. Early Education and Development, 1993, 4:5-19.

140. O'Connor, M. C., & Michaels, S.Shifting participant frameworks: Orchestrating thinking practices in group discussion[M]. In D. Hicks(Eds.). Effective teaching: Current research. Cambridge, UK: Cambridge University Press, 1996: 63-103.

141. Oliva, P. F.Developing the curriculum(6th ed.)[M]. Boston, MA: Allyn & Bacon, 2005.

142. Parkay, F. W., & Hass, G.Curriculum planning: A contemporary approach(7th

ed.)[M]. Boston, MA: Allyn & Bacon, 2000.

143. Piaget, J., & Inhelder, B.The early growth of logic in the child: Classification and sensation[M]. NY: Harper & Row, 1964.

144. Pinker, S.Language acquisition[M]. In M. Posner(Ed.). Foundations of cognitive science.Cambridge, UK: MIT Press, 1990: 359-399.

145. Pinkett, K. E. L.Preschool attendance and type of experience in advantaged children: long-term effects by third grade[A]. 1985.(ERIC Document Reproduction Service No.ED265947)

146. Pound, L.How children learn: From Montessori to Vygotsky-educational theories and approaches made easy(Vol. 1)[OL]. Charlottesville, VA:Montessori Accreditation Council for Teacher Education. Retrieved 2012 from http://www.macte.org/State.

147. Rabitti, G. An integrated art approach in preschool[A]. In L. G. Katz (Ed.). Reflections on the Reggio Emilia Approach. 1995.(ERIC Clearinghouse on Elementary & Early Childhood Education)

148. Ramey, C. T., Byrant, D. M., & Suarez, T. M. Preschool compensatory education and the modifiability of intelligence: A critical review[M]. In D.Ditterman (Ed.). Current topics in intelligence. Norwood,NJ: Ablex, 1985: 247-298.

149. Randoll, D., & Peters, J. Empirical research on Waldorf education[J]. Educar em Revista, 2015,56:33-47.

150. Rankin, B. M. Curriculum development in Reggio Emilia: A long-term curriculum project about dinosaurs[M]. In C. Edwards, L. Gandini, & G. Forman(Eds.). The hundred languages of children. Norwood, NJ: Ablex, 1993.

151. Rinaldi, C.The emergent curriculum and social constructivism[M]. In C.Edwards,L. Gandini, & G. Forman(Eds.). The hundred languages of children.Norwood, NJ: Ablex, 1993: 101-112.

152. Rinaldi, C.In dialogue with Reggio Emilia: Listening, researching and learning [M].New York, NY: Psychology Press,2006.

153. Roopnarine, J. L., & Johnson, J. E. Approaches to early childhood education (6th ed.)[M]. Upper Saddle River, NJ: Merrill Education, 2013.

154. Roth, K. J.Talking to understand science[J]. Social Constructivist Teaching, 2002,9:197-262.

155. Roth, K. J., Anderson, C.W., & Smith, E. L. Curriculum materials, teacher talk and student leaving case studies in fifth grade science teaching[J]. Journal of Curriculum Studies, 1987,19(6):527-548.

156. Salomon, G., & Perkins, D.Individual and social aspects of learning[M].In P. David & A. Iran-nejad(Eds.), Review of research in education . Washington, DC: American Educational Research Association, 1998: 1-25.

157. Sapir, E.Culture, language and personality[M]. Princeton, NJ: Princeton University Press, 1962.

158. Schmidt, W. H., Porter, A. C., Floden, R., Freeman, D., & Schwille, J.Four pattern of teacher content decision making[J]. Journal of Curriculum Studies, 1987,19(5):439-455.

159. Schweinhart, L. J. Curriculum and evaluation in early childhood programs [M]. In B. Spodek & O. N. Saracho(Eds.). Issues in early childhood educational assessment and evaluation. New York, NY: Teachers College Press, 1997: 48-68.

160. Schweinhart, L. J., & Weikart, D. P. Young children grow up: The effects of the Perry Preschool Program on youths through age 14[M]. Ypsilamti, MI: High/Scope, 1980.

161. Sfard, A.. On two metaphors for learning and the dangers of choosing just one [J]. Educational Researcher, 1998,27(2):4-13.

162. Shulman, L. S.Knowledge and teaching: Foundations of the new reform[J]. Harvard Educational Review,1987,57:1-22.

163. Sinclair, H. Piaget's theory of development: The main stages[M]. In M. R.L. Steffe, &S. Taback(Eds.), Piagetian cognitive development research

and mathematical education.Washington, DC: National Council of Teachersof Mathematics,1971.

164. Skinner, B. F. The science of learning and the art of teaching[J]. Harvard Educational Review, 1954,24:86-97.

165. Sommer, W. The general didactics of Waldorf education and Klafki's approaches in educational theory: Connections and divisions[J]. RoSE Research on Steiner Education, 2014,5(1):48-61

166. Sowell, E. J. Curriculum: An integrative introduction(2nd ed.)[M]. Columbus, PH: Merrill,2000.

167. Sperling, M. Uncovering the role of role in writing and learning to write[J]. Written Communication, 1995,12:93-133.

168. Spidell, R. A. Play in the classroom: A descriptive study of preschool teachers' beliefs [J]. Early Child Development and Care, 1988,4(1):153-172.

169. Spodek, B. Conceptualizing today's kindergarten[J]. The Elementary School Journal, 1988,89:203-211.

170. Stallings, J. Longitudinal findings for early childhood programs: Hocus on direct instruction[A].1987.(ERIC Document Reproduction Service No.ED297874)

171. Standing, E. Maria Montessori: Her life and work[M]. New York, NY:New American Library,1957.

172. Staver, A. Constructivism: Sound theory for explicating the practice of science and science teaching[J]. Journal of Research in Science Teaching, 1998,35:501-520.

173. Stein, M., Kinder, D., Silbert, J., & Carnine, D. W. Designing effective mathematics instruction: A direct instruction approach(4th ed.)[M]. Upper Saddle River, NJ: Pearson,2006.

174. Steiner, R. The education of the child[M]. MA: Steiner Books,1996.

175. Stenhouse, L. An introduction to curriculum research and development[M].

London, UK: Heinemann, 1975.

176. Taplin, M. 价值教育的评价标准[M]。载于香港赛巴巴教育中心. 如何将价值教育融入主流课程. 香港: 赛巴巴教育中心, 2006.

177. Thornton, L., & Brunton, P. Bringing the Reggio approach to your early years practice[M]. New York, NY: Routledge, 2014.

178. Thornton, L., & Brunton, P. Understanding the Reggio approach: Early years education in practice[M]. New York, NY: Routledge, 2015.

179. Trent, S., Artiles, A., & Englert, C. From deficit thinking to social constructivism: A review of theory, research, and practice on special education[M]. In P. D. Pearson & A. Iran-Nejad(Eds.). Review of research in education(vol. 23). Washington, DC: American Educational Research Association, 1998: 277-307.

180. Tyler, R. W. Basic principles of curriculum and instruction[M]. Chicago, IL: Chicago University Press, 1949.

181. Vygotsky, L. S. Thinking and speech[M]. In R. W. Rieber & A. S. Carton(Eds.). The collected works of L. S. Vygotsky(Volume 1): Problems of general psychology. Armonk, NY: Sharpe, 1987: 144-188.

182. Watson, R. Rethinking readiness for learning[M]. In D. R. Olson & N. Torrance (Eds.). The handbook of education and human development. Cambridge, UK: Blackwell, 1969: 148-173.

183. Weber, E. The kindergarten: Its encounter with educational thought in America [M].New York, NY: Teachers College Press, 1969.

184. Weikart, D. P. Quality preschool programs: A long-term social investment [A].1989.(ERIC Document Reproduction Service No. ED312033)

185. Weikart, D. P., Hohmann, C., & Rhine, R. High/Scope cognitively oriented curriculum model[M]. In R. Rhine(Ed.). Making schools more effective. New York, NY: Academic Press, 1981: 201-219.

186. Wellman, H., & Gelman, S. A. Cognitive development: Foundational theories of core domains[J]. Annual Review of Psychology, 1992, 43: 337-375.

187. Wells, G. Reevaluating the IRE sequence: A proposal for the articulation of theories of activity and discourse for the analysis of teaching and learning in the classroom[J]. Linguistics and Education, 1993, 5: 1-37.

188. Wells, G. Some questions about direct instruction: Why? To whom? How? and When?[J]. Language Arts, 1998, 76: 27-35.

189. Wells, G. Dialogic inquiry: Towards a sociocultural practice and theory of education[M]. Cambridge, UK: Cambridge University Press, 1999.

190. Wells, G. Learning and teaching for understanding: The key role of collaborative knowledge building[J]. Constructivist Teaching, 2002, 9: 1-41.

191. Wentworth, R. L. Montessori for the new millennium. Mahwah[M], NJ: Lawrence Erlbaum Associates, 1999.

192. Whorf, B. L. Language, thought, and reality. Cambribge[M], MA: MIT Press, 1956.

193. Wiesel, T. N., & Hubel, D. H. Extent of recovery from the effects of visual deprivation in kittens[J]. Journal of Neurophysiology, 1965, 28: 1060-1072.

194. Williams, C. R. In the beginning goals[J]. Theory into Practice, 1976, 15(2), 86-89.

195. Windschitl, M. The challenges of sustaining a constructivist classroom culture[J]. Phi Delta Kappan, 1999, 80: 751-755.

196. Wood, D., Bruner, J. S., & Ross, G. The role of tutoring in problem-solving[J]. Journal of Child Psychology and Child Psychiatry, 1976, 17: 89-100.

197. Woodhead, M. When psychology informs public policy: The case of early childhood intervention[J]. American Psychologist, 1988, 43: 443-454.

198. Woods, D. Teacher cognition in language teaching[M]. New York, NY: Cambridge University Press, 1996.

199. Zais, R. S. Curriculum: Principles and foundations[M]. NY: Crowell, 1976.